VIVIR A JORNADA COMPLETA

MAR CABRA

VIVIR A JORNADA COMPLETA

Un camino hacia otra forma más sana de trabajar

temas de hoy

Maquetación y corrección: Twist Editors

temas de hoy, un sello editorial de Editorial Planeta, S. A.
Avda. Diagonal, 662-664, 08034 Barcelona (España)
www.planetadelibros.com

Primera edición: febrero de 2026
ISBN: 979-13-87869-55-7
Depósito legal: B. 223-2026
Impresión y encuadernación: Rotoprint
Printed in Spain - Impreso en España

A mi madre, mi mejor maestra de vida

ÍNDICE

ABRÓCHENSE LOS CINTURONES

Viajar en avión es una de mis experiencias favoritas. En la última década, es algo que he hecho fácilmente más de doscientas veces. Mido metro y medio, así que no tengo problemas de espacio ni siquiera en las aerolíneas de bajo coste. En el momento en que me abrocho el cinturón, empieza para mí una aventura que la mayoría de las veces es maravillosa. Me siento tan en casa en los aviones, que a veces me quedo dormida antes de despegar. En otras ocasiones, me paso el tiempo mirando por la ventana. Me encanta observar el paisaje mientras me traslado de mi realidad a otros lugares fascinantes del planeta.

Cada vuelo es diferente, pero hay un momento que siempre es igual: cuando las azafatas (o los azafatos) con voz monótona y de carrerilla dan las instrucciones sobre cómo actuar en caso de emergencia. Me las sé de memoria y, por eso, no les suelo hacer caso. Quizás debería prestarles atención, porque entre sus frases hay algunas tan sabias como «Colóquese primero su propia máscara de oxígeno antes de ayudar a otros».

Este libro relata cómo el hecho de ignorar este importante mensaje de priorizarse tiene un alto coste. En mi caso, me pasé tantos años poniendo la mascarilla a otros que me acabé quedando sin oxígeno. A lo largo de estas páginas, voy a explicar con mucho detalle cómo llegué a quemarme y todo lo que tuve que hacer después para recuperarme y volver a ser yo misma. Me abriré en canal con un objetivo principal: que tú no tengas que pasar por lo mismo.

Te voy a contar una gran historia de amor: la mía con el trabajo. Durante años me creí a pies juntillas la frase de: «Si sigues tu pasión, no tendrás que trabajar ni un día en tu vida». He tenido la suerte de amar mi actividad profesional desde que salí del instituto. He podido hacer cosas tan divertidas como bailar en una película, o con tanto impacto como causar la dimisión de políticos que no hacían bien las cosas, o tan innovadoras como usar la tecnología para que casi cuatrocientos periodistas pudieran rebuscar desde cualquier parte del mundo entre los millones de secretos de personas de interés público.

Llegué a ser una verdadera máquina en mi profesión como periodista, hasta que me quebré. Tuve el privilegio de poder hacer un parón. Al «llevarme al mecánico», me di cuenta de que mi manera de enfocar el trabajo no era la correcta. Y que el problema no era solo mío, ni del periodismo, sino de la sociedad. Hemos permitido durante décadas una cultura tóxica, ejemplificada en frases como «al trabajo se viene llorado de casa», sin darnos cuenta de que el entorno laboral es una de las principales fuentes del sufrimiento actual. Hemos puesto el trabajo en un altar, como si fuera lo más importante, y nos hemos olvidado de nuestra humanidad.

Mi punto de quiebre no fue el final, sino el comienzo de un proceso de búsqueda de respuestas a una pregunta que aún me persigue: ¿Cómo podemos trabajar sin rompernos por el camino? Este libro es el resultado de esa investigación de diez años. Te hago un *spoiler*: se puede trabajar de una manera más sana. La clave está en cómo se consigue y pasa por respetar los cinco pilares fundamentales para cualquier ser humano: la atención, el cuerpo, el corazón, la mente y la comunidad. Este cambio de modelo se consigue no solo con mejoras individuales, sino estructurales, sobre todo desde dentro de las organizaciones.

Dice el refrán que «Nadie escarmienta en cabeza ajena», pero yo espero que leerme, como mínimo, te ayude a reflexionar sobre ti. ¿Estás viviendo la vida que realmente quieres? Tu voz interior más crítica va a estar muy presente y quiero pedirte que la metas en un armario antes de cada lectura. Mi invitación es que te acerques a lo que cuento con curiosidad. No te compares con mi experiencia. Lo que comparto es universal y te lo puedes aplicar igualmente si no tienes un Pulitzer, si eres hombre, si tienes hijos o si vives en China. No te voy a proponer una fórmula única que le funcione a todo el mundo por igual. Tendrás que aplicar tu creatividad para encontrar cómo los cambios que yo he realizado pueden encajar —o no— en tu día a día, ya sea que lideres un equipo, tomes decisiones para otros o simplemente respondas ante ti mismo. Para ello, hay tres preguntas que pueden servirte: «¿Cómo se conecta lo que cuenta Mar con mi propia experiencia?», «¿Qué puedo aprender de ello?» y «De lo que plantea: ¿qué es posible hacer en mi vida?».

He decidido transmitirte todo lo que he aprendido en este tiempo combinando mi propia experiencia vivida a modo de testimonio con evidencia científica y consejos prácticos. Es un equilibrio difícil que espero haber navegado bien. Sin embargo, soy consciente de que no es un libro breve. No nos engañemos: los datos demuestran que la mayoría de los lectores abandonan los libros antes de acabarlos. A los puristas de la literatura les va a parecer un sacrilegio esto que voy a decir a continuación, pero no me importa. Quiero proponerte algo: elige tu propia aventura. Te voy a explicar cómo está estructurado el texto para que, si prefieres ir a tiro hecho, puedas saltar directamente al capítulo que más te interese o resuene contigo en este momento vital. Por supuesto, si haces esto, te vas a perder en algunas cuestiones de mi propia historia. En cualquier elección, hay un sacrificio asociado.

Los contenidos están estructurados en dos partes. En la primera cuento la intrahistoria de cómo llegué a ganar un Pulitzer como parte del equipo de los Papeles de Panamá y lo que pasó después: tuve un *burnout*. Aprovecharé esto para profundizar en este trastorno ocupacional (capítulo 2). En la segunda parte, comparto mi proceso de recuperación a través de cinco pilares, que se centran en una cuestión en concreto. En cada uno, te explicaré en qué consiste el problema y daré posibles soluciones:

- En «La atención» describo cómo afecta la tecnología digital a nuestras vidas y qué ajustes puedes hacer a nivel individual para mejorar esa relación.
- En «El cuerpo» me centro, entre otras cosas, en qué es el estrés y cómo gestionarlo de manera más eficiente.
- En «El corazón» enfatizo la importancia de entender las emociones, lo cual puede serte útil si estás en un proceso de cambio vital o profesional.
- En «La mente» profundizo en cómo podemos trabajar de manera más sana en un mundo digitalizado.
- En «La comunidad» pongo el foco en las relaciones y en cómo generar entornos laborales más humanos.

Si decides ir dando saltos, otro modo de elegir por dónde empezar es leerte las páginas grises que hay detrás de los capítulos de la segunda parte y que he llamado «Autoinvestigación». En ellas te hago preguntas para que reflexiones sobre lo que he compartido justo en las páginas anteriores. Léelas y si te mueven de alguna manera, ese es tu capítulo. Y si no tienes claro por dónde empezar, te sugiero que confíes en el orden que te propongo. Mi editora y yo hemos trabajado durante muchos meses para que la narrativa fluya bien. ;)

Hablando de inicios, quiero contarte la historia de cómo comenzó este libro. Para mí es un gran ejemplo de que nunca sabes dónde te van a llevar las cosas que te ocurren. En junio de 2023 me llegó un correo electrónico de alertas de Google que tengo con mi nombre. Se hablaba de mí en una noticia de la revista *Ethic* titulada «12 trucos para la desconexión digital». El artículo era, básicamente, un resumen de recomendaciones que yo había ido dando sobre el tema durante meses en otro medio, *El Confidencial*. La periodista me mencionaba y las atribuía a mi persona, pero en ningún momento me llamó para preguntarme o comentarme nada. Inicialmente, me pillé un rebote monumental. Me pareció que su praxis sacaba a relucir muchas de las cuestiones que están mal en el periodismo actual: vamos rápido, necesitamos clics, pagamos mal y no cuidamos al otro. Me quedé con el consuelo de que, al menos, me citaba como fuente (lamentablemente, algunos compañeros no hacen ni eso). Seguí con mi vida y, dos días más tarde, Sergi Álvarez, el director de Temas de Hoy, me escribió para proponerme trabajar juntos. Cuando hablamos por primera vez, me confesó que había visto mi potencial como escritora en aquel artículo que ni siquiera escribí. A veces, situaciones aparentemente negativas son la puerta que da paso a oportunidades inesperadas. De esto voy a hablarte mucho a partir de ahora.

Al igual que hacen en los aviones, te voy a invitar a que apagues tu teléfono móvil. Estamos a punto de empezar este camino que nos lleva al pasado. Espero sinceramente que lo disfrutes. Primera parada: 2017.

¡Bienvenida, bienvenido, a este viaje hacia dentro!

PRIMERA PARTE
SOY UNA MÁQUINA

1
ÉRASE UNA VEZ EL ÉXITO

Los grandes premios suelen anunciar o celebrar a las personas ganadoras en una gala llena de glamur. Alfombra roja, vestidos de alta costura, *photocall.* En los Goya o los Óscar, el secreto lo revelan presentadores famosos. La ceremonia de los Nobel o de los Princesa de Asturias es elegante y, en ella, están presentes la élite intelectual y la realeza. En los Pulitzer no hay nada de esto, son lo más soso que te puedas imaginar. Se celebran en un almuerzo formal aburrido e insulso, semanas después de que se comunique la noticia de manera extremadamente sobria.

El administrador de los premios da a conocer los nombres de los afortunados desde la World Room (Sala Mundo), en la primera planta de la escuela de periodismo de la Universidad de Columbia de Nueva York, donde estudié entre 2009 y 2010. En menos de diez minutos se ventila, casi telegráficamente, la veintena de nombres de los premiados. Los interesados pueden seguirlo por *streaming.*

Ese lunes 10 de abril de 2017 yo estaba pegada a mi pantalla viendo la retransmisión, junto con el resto del equipo central del Consorcio Internacional de Periodistas de Investigación (ICIJ, por sus siglas en inglés). Durante un año, y en remoto, habíamos coordinado a un equipo de cientos de reporteros en los cinco continentes para analizar la mayor filtración de la historia del periodismo hasta entonces, los Papeles de Panamá. Habíamos generado un impacto a nivel mundial sin precedentes, digno de ser reconocido con un Pulitzer.

Así que allí estábamos, una docena de personas, siguiendo con mucha atención el anuncio por internet. Parecíamos una familia aferrada a su décimo de lotería frente a la tele esperando a ver si les toca «el Gordo». La tecnología nos unía de nuevo. Una videoconferencia conectaba a los que estaban en la oficina de Washington DC con el resto, desde ciudades como París, Múnich o San José. Yo estaba sola —y a la vez con ellos— en el salón de mi apartamento, en el norte de Madrid.

A las 15 horas de Nueva York, 21 hora peninsular, comenzó la retransmisión.[1] El administrador del premio en esa etapa, el periodista Mike Pride, se acercó serenamente al podio para decir el nombre de los ganadores por última vez, pues se despedía del cargo ese año, tras cumplir setenta. Era un tipo serio, llevaba gafas y un traje azul oscuro. Esa imagen tan formal quedaba desdibujada por su corbata azul brillante, que tenía un estampado que parecía inspirado en *La noche estrellada* de Van Gogh, con remolinos amarillos y blancos. Con su cara de poca guasa, trasladó esa chispa de color a sus palabras y puso una nota de humor antes de empezar: «Me estoy asegurando de que tengo el sobre adecuado», bromeó seriamente, provocando risas en la sala. Unos meses antes, en la gala de los Óscar, había habido un problema justamente con eso.

Tras unos segundos de silencio, empezó con el anuncio. Su tono era sobrio y neutro. Había poca improvisación: leía del papel. Primero, el premio de servicio público. Después, el de noticia de última hora. El tercero era el nuestro: periodismo de investigación.

«Por exponer, el flujo no controlado...», dijo. En la sala virtual y física del ICIJ estábamos emocionados. Evidentemente, pensé, estaba hablando del flujo no controlado de dinero en paraísos fiscales. «¡Somos nosotros! —grité mentalmente—. ¡Ya vamosssss!»

«... de opioides...», siguió Pride.

Mierda. Nosotros no éramos los de los opioides. Habíamos perdido.

Sentí una gran decepción y creo que mis compañeros también. Ya no quería seguir escuchando, me daban igual los otros premiados. Si no conseguíamos el premio con los Papeles de Panamá, no lo conseguiríamos nunca. Estaba en medio de decenas de pensamientos negativos y ajena a lo que ocurría en Nueva York, cuando Pride anunció a los ganadores de la categoría de periodismo en profundidad: «Por los Papeles de Panamá, que exploró la infraestructura oculta y a escala global de los paraísos fiscales».

No le escuchamos acabar: los gritos y la emoción explotaron en la videollamada. Esos sí éramos nosotros. En el mosaico de la videollamada eran todo caras sonrientes y los que estaban juntos en la oficina se abrazaron eufóricos. A posteriori, supimos que los jueces habían decidido cambiarnos de categoría y esto ayudó a garantizar que obtuviéramos el premio. Había pasado un año y siete días desde la publicación. No solo habíamos logrado mejoras que trascendían las fronteras, sino que nuestro esfuerzo había sido reconocido con el mayor galardón del periodismo.

La carrera hacia la cumbre

Nunca pensé que conseguiría un Pulitzer. No es falsa modestia. Yo no soñaba de pequeña con ser periodista: yo quería ser actriz. Así que, más de una vez, viendo los Goya en Televisión Española, fantaseé con cómo sería mi discurso si me dieran uno. Viendo la gala de los Óscar, me entretenía con la idea de estar algún día en Los Ángeles y llevar uno de esos vestidos espectaculares en la alfombra roja. En cambio, gané el premio que no estaba en mis planes.

He aprendido con los años que la vida que soñamos no siempre nos lleva a donde realmente queremos ir. Los sueños a veces proyectan una imagen idealizada del éxito que luego no nos hace sentir exitosos. O más: felices.

Yo intenté ser actriz, quería ser la nueva Penélope Cruz. Con dieciséis años comencé con clases los sábados y, antes de acabar el instituto, empecé la diplomatura en la prestigiosa Escuela de Nuevos Creadores, dirigida por Cristina Rota. Pero tras graduarme, me di cuenta de que el constante rechazo al que se tienen que enfrentar los actores, al no ser elegidos *casting* tras *casting*, me hacía sufrir demasiado. Sentir que mi valía no dependía de lo buena que fuera, sino de si encajaba o no en los caprichos de otros, me desquiciaba. Decidí que ese mundo realmente no era para mí.

Lo que me hacía vibrar era contar historias de otros, desde una cierta distancia. No tenía que ser una reina, una mujer luchadora o una abogada contestataria en primera persona, sino que podía darles voz detrás de la cámara. Aprendí a hacerlo en la carrera de Comunicación Audiovisual, que estudié como acuerdo con mis padres para tener un plan B por si no funcionaba lo del arte dramático. Me licencié con el premio al mejor expediente académico de mi promoción y en pocos días estaba trabajando como reportera de informativos en un nuevo canal de la televisión nacional, la Sexta. Años después, en Estados Unidos, me especialicé en periodismo de datos y fui una de las pioneras de esta disciplina en nuestro país.

Mi currículum, desde mis inicios profesionales hasta mis treinta y tres años, cuando ganamos el Pulitzer, dice a gritos que di todos los pasos correctos para conseguir un lugar de peso en el periodismo. Hasta podría parecer que lo estaba buscando. Prácticas en la BBC y en la filial española de CNN (CNN+), miembro del equipo fundador de la Sexta Noticias, beca Fulbright, máster en la Universidad de Columbia y publicaciones en los principales medios mundiales, desde el *International Herald Tribune* o la cadena pública estadounidense PBS, hasta *El País* o *Le Monde*. Todos nombres de medios muy reputados. Con veintinueve años, me reconocieron en España como la Periodista Joven del Año. La mía era una carrera imparable hacia la cumbre del periodismo.

A los que me preguntaban por aquel entonces cómo lo conseguía, les respondía: esfuerzo y persistencia. Y añadía: «Es que me encanta lo que hago». Me gustaba tanto mi trabajo que no me dolía ni me molestaba trabajar a todas horas (hasta dieciséis al día, en algunas ocasiones), o dormir poco. Me divertía tremendamente lo que hacía y vivía mi día a día con fascinación, como si estuviera dentro de una película de suspense. También tuve un componente de suerte: estuve en el momento justo en el lugar adecuado.

Cuando los Papeles de Panamá aparecieron sobre mi mesa, yo tenía mi trabajo ideal, era editora de la unidad de datos y tecnología del ICIJ. Esta organización une a periodistas de investigación de diferentes países para indagar sobre temas complejos que los poderosos quieren mantener ocultos. Es algo así como el equivalente en el periodismo al equipo de *Los Vengadores*, que unidos «luchan contra enemigos que ningún superhéroe por sí solo podría derrotar». No podía imaginar un mejor sitio donde trabajar.

Hasta ese momento, ningún periodista se había enfrentado a la responsabilidad de dar sentido a los contenidos de tantos documentos, 11,5 millones en nuestro caso. Los habían conseguido unos reporteros alemanes —Bastian Obermayer y Frederik Obermaier, del diario alemán *Süddeutsche Zeitung*— que sintieron que no podían afrontar el reto solos. Por eso, el ICIJ juntó a un grupo de más de 370 reporteros de todo el mundo, de medios como *The Guardian*, la BBC o *La Nación*, y en España, de *El Confidencial* y la Sexta. El rol del equipo que yo dirigía era fundamental para que ellos pudieran aplicar sus *superpoderes*. Nosotros nos encargamos de procesar los archivos y crear las herramientas digitales necesarias para que pudieran buscar y visualizar toda la información con facilidad, cada uno desde su país. La tecnología nos conectaba a pesar de las distancias.

Trabajamos en secreto durante un año. Nuestras familias no tenían ni idea de qué investigábamos, solo que echábamos muchas horas; demasiadas, para algunos de nuestros seres queridos. Yo me convertí en algo parecido a una espía, encriptando todos mis correos electrónicos y mensajes, para que si alguien los interceptaba no pudiera saber el contenido. En casa tenía varios discos duros con todos los documentos, con lo que traía pocas citas para pasar la noche, y cuando viajaba, mi portátil y mi móvil iban conmigo a todas partes. No se me ocurría dejarlos en la habitación del hotel o en la mesa de un restaurante mientras iba al baño. Era abrumador por momentos, y por otros, fascinante. Los subidones de adrenalina despertaban cada rincón de mi cuerpo de manera chispeante y me hacían sentir viva.

Al final, el domingo 3 de abril de 2016, a las 20 hora peninsular, más de cien medios de comunicación de casi ochenta países publicamos la noticia a la vez. Sabíamos que teníamos algo gordo entre las manos, pero creo que ninguno se imaginaba que íbamos a hacer Historia.

Los Papeles de Panamá revelaron, de una manera nunca vista, cómo los ricos de casi todos los países ocultaban sus fortunas en paraísos fiscales, en bastantes ocasiones para evitar pagar impuestos, esquivando sus responsabilidades y contribuyendo a la desigualdad global.[2] Entre los nombres, había famosos como Pedro Almodóvar, Emma Watson o Lionel Messi, y al menos ciento cuarenta políticos. En semanas, algunos de ellos dimitieron, como el primer ministro de Islandia o el ministro de Industria de España, José Manuel Soria. Otros fueron investigados por la justicia. El primer ministro de Pakistán, por ejemplo, fue condenado a prisión.

Gracias a nuestra investigación, numerosos países cambiaron leyes y sus autoridades fiscales recuperaron más de mil millones de euros en impuestos evadidos. Lo que conseguimos superó todo lo visto hasta entonces. Nadie había logrado cambios en tantos lugares, en tantos niveles a la vez y en tan poco tiempo con un trabajo periodístico.[3]

Y yo estaba en el centro de ese maremágnum. El día en que publicamos, mi vida pasó a ser una locura. Todo el mundo quería que les contáramos cómo lo hicimos y qué otros nombres quedaban por salir. Mis compañeros en países como Rusia, Ecuador o Turquía recibieron presiones políticas y amenazas. No fue mi caso, aunque la Agencia Tributaria española sí me hizo una petición formal de los datos, que yo denegué. Estuve en televisión de manera continuada durante varias semanas, me entrevistaron en radios y periódicos de decenas de países y viajé por medio mundo, desde Katmandú hasta Buenos Aires. Mis amigas me llamaban Willy Fog, porque decían que era como el protagonista de una serie de dibujos animados de nuestra infancia que daba la vuelta al mundo en ochenta días, como en el clásico de Julio Verne.

La gran paradoja

Ese 10 de abril de 2017, tras conocer que habíamos conseguido el premio, y celebrar brevemente en la videollamada con el equipo, colgamos y pasé a atender a mi móvil, que estaba ardiendo de la cantidad de notificaciones que tenía. Al activar el sonido, las numerosas alertas de WhatsApp, Twitter y otras redes sociales transformaron mi silencioso salón en una discoteca. En seguida, avisé de la noticia a mis padres y hermana pequeña en el grupo familiar. Mi padre, orgulloso, se lo reenvió de inmediato a muchos de sus amigos y conocidos.

Apenas pude saborear lo ocurrido, porque a las 22 h, una hora después del anuncio, tuve que unirme a una reunión virtual con un posible financiador. Tenía que haber asistido mi jefe, pero evidentemente estaba un poco liado en esos momentos. Yo me presenté con una sonrisa de oreja a oreja y eufórica, así que salió bien. Pocas veces se puede iniciar una conversación diciendo que te acaban de dar un premio tan relevante. Al terminar, volví de nuevo al teléfono.

«Los caribeños», el grupo interno de mensajes cifrados que tenía con los periodistas que habían trabajado en la investigación en España, se había convertido en una fiesta constante de risas, memes y mensajes ingeniosos. Mientras yo estaba en mi reunión, ellos habían decidido que teníamos que celebrarlo en persona. Eran pasadas las 11 de la noche y me lancé a la calle rápidamente, sin cenar. Al ser lunes, había pocos lugares abiertos y acabamos en un bar semivacío en el centro de Madrid festejando con *gintonics*. Cada vez que alguien decía «Pulitzer», había que dar un trago. Incluíamos la palabra en casi cada frase, así que las bebidas duraban poco. Creo que ellos tampoco habían pensado que conseguirían un Pulitzer en su vida. Nos sentíamos en la cúspide del mundo.

Me encantaría poder añadir: «Fue la época más feliz de mi vida». Pero no era así. Estuve a punto de no salir aquella noche. Estaba demasiado cansada y no tardé mucho en volver a casa. Aunque mis compañeros continuaron festejando hasta tarde, yo me cogí sola un taxi a mi apartamento antes de las 2 de la mañana. No me importaba el premio, tan solo quería dormir. Ni me lavé los dientes. Me desvestí rápido y caí rendida en la cama. Soñaba con que el mundo se apagara para poder descansar, por fin. Sin embargo, al día siguiente, el torbellino de actividad volvió a atraparme. Una semana más tarde, estuve de nuevo en movimiento: Zaragoza, Ámsterdam y Nueva York.

Mi trabajo ocupaba toda mi vida. Por aquel entonces, ya prácticamente no tenía vida social. Cuando llegaba el fin de semana —si coincidía que estaba en Madrid— mi agotamiento físico y mental era tan evidente que solo quería estar tirada en el sofá durmiendo o viendo Netflix en bucle.

Durante la semana, me costaba muchísimo concentrarme. Mi mente estaba cubierta de una nube gris que me impedía ver con claridad y tardaba el doble o el triple que antes en hacer las tareas. Solo pensaba: «Otra cosa más en la interminable lista que nunca voy a acabar». Sacar adelante los Papeles de Panamá había implicado un gran desgaste, pensando en la investigación casi todos los días, respondiendo a mensajes a cualquier hora y trabajando a destajo. En un periodo llegué a estar veinte días seguidos haciendo más de doce horas por día. La noche antes de publicar la pasé en vela terminando los últimos retoques.

Ahora, tras la premiación, el escenario no era mejor. Mi cuerpo estaba vacío, sin energía. Podía llevar más o menos adelante las cuestiones administrativas, como los emails o gestionar al equipo, pero escribir o hacer informes desde cero me costaba horrores. Era como si las palabras tuvieran un lastre que hiciera complicadísimo el camino desde mi cerebro hasta la pantalla del ordenador.

Había perdido la ilusión. Asistía a las reuniones con una mirada cínica, crítica con lo que hacíamos y cómo lo hacíamos, aburrida por los retos que había que afrontar y angustiada porque no tenía la energía necesaria para llevarlos a cabo. Mis colegas pensaban que era una borde, porque respondía seca o brusca a sus peticiones. Yo no comprendía qué me pasaba y me daba pavor compartirlo con nadie del ICIJ o de mi vida personal que no fuera mi psicólogo.

Todos estos sentimientos encontrados se magnificaban en los pocos ratos en los que no estaba trabajando, cuando comía o cenaba en casa, pero, sobre todo, cuando descansaba en la habitación de un hotel en alguna parte del planeta. Como en la suite del hotel de cinco estrellas en pleno centro de San Francisco o en el hotel con piscina en la azotea en Sao Paulo. Cada vez que me daban una cama de matrimonio o de tamaño extragrande (*king size*) me entristecía: «¿De qué sirve tanto lujo y confort si no puedo ni disfrutarlo ni compartirlo?». Vivía sola y me sentía sola. Mi última relación estable de pareja se había acabado tres años antes porque quería más a mi trabajo que a él.

La soledad se acrecentaba aún más cuando tenía apariciones públicas. Recuerdo ir una noche a la televisión, al programa «El Intermedio», uno de los más populares de España, y bordar mi intervención. En el coche de vuelta, tuve el privilegio de charlar de manera cercana con su presentador, El Gran Wyoming, una celebridad que yo veía desde pequeña en la pantalla y a la que admiraba. Cuando se bajó del vehículo, me puse a revisar Twitter. Había decenas de comentarios positivos alabando lo que habíamos hecho y lo bien que yo comunicaba. A pesar de ser solo palabras, en mi cabeza escuchaba los aplausos y los gritos de apoyo.

Pero llegué a mi piso y allí solo había silencio. Era tarde y tenía hambre, así que fui a la nevera nada más para descubrir que lo único comestible era poco sano o estaba caducado. Hacía semanas que no cocinaba y llevaba días sin pasar por el supermercado. La ausencia de comida contrastaba con la excesiva presencia de cosas y el desorden del resto del apartamento. El salón estaba lleno de papeles y mi habitación con montañas de ropa acumulada de los días anteriores.

Me sentía abrumada. Esa sensación de vacío sofocante, de desconsuelo, me acompañó no solo esa noche, sino en demasiadas ocasiones tras la publicación. No entendía cómo me podía sentir así cuando había conseguido llegar a la cima y obtenido ese premio que todos admiran y tantos periodistas desean. Un pensamiento no paraba de retumbar en mi cabeza: «Si el éxito es esto, es una puta mierda».

2
APASIONADA, PERO QUEMADA

> Si sigues tu pasión, no tendrás que trabajar ni un día en tu vida.
>
> AUTOR INDETERMINADO

Los trabajadores de las minas de carbón de finales del siglo XIX y principios del XX tenían un método infalible para alertarles de que su lugar de trabajo se quedaba sin oxígeno. Cuando bajaban a las profundidades, lo hacían acompañados de un canario, que no paraba de piar mientras ellos trabajaban. Estos pájaros son muy sensibles a los gases que generan asfixias. Si el canario dejaba de cantar, era el momento de salir de la mina porque estaban en peligro.

Como si fuera un ave en las profundidades, tras los Papeles de Panamá me fui quedando sin aire poco a poco. El cinismo, el agotamiento, mi reducida eficacia y la falta de ilusión eran síntomas de que me estaba ahogando. Uno de los indicios que debería haberme alertado de que algo me pasaba por dentro es que dejé de sonreír y hacer bromas en las reuniones, que era mi manera humana de cantar. Me había ido convirtiendo en una persona gris, que se quejaba mucho y reía poco, que criticaba en exceso el mundo a su alrededor. La típica persona que no querrías tener al lado porque está amargada.

No supe entender las señales, no sabía que lo que estaba acabando conmigo tenía nombre y que todos los síntomas apuntaban al ***síndrome del desgaste ocupacional***, más comúnmente conocido como el ***síndrome del trabajador quemado*** o ***burnout***. Mi entorno tampoco supo verlo, aunque las personas más cercanas me notaban *diferente*. Mi madre me animaba a descansar más, porque me veía exhausta de trabajar tanto. Mi jefa me advirtió de que, en ocasiones, era demasiado áspera con mis compañeros.

Al igual que los canarios en las minas, me asfixié antes de que los demás supieran que se estaban quedando sin aire. Quedé reducida a cenizas.

Quemarse hasta apagarse

En 2017, cuando me desmoroné, casi no se hablaba de *burnout*. Afortunadamente, hoy en día, el síndrome del trabajador quemado es una de las principales preocupaciones de salud mental en el trabajo. Desde la pandemia del covid-19, «estoy quemado» se ha convertido en una de las frases más repetidas en el entorno laboral y la decimos de manera genérica para comunicar que estamos hasta las narices y no podemos más. Sin embargo, el *burnout* es algo más específico de lo que muchos piensan.

El primero en acuñar el término, a principios de la década de los setenta, fue el psicólogo germano-estadounidense Herbert

Freudenberger, pero quien lo sistematizó conceptualmente fue la investigadora y psicóloga social estadounidense Christina Maslach. Ella también creó uno de los cuestionarios más utilizados para evaluarlo, el *Maslach Burnout Inventory*.[1]

No fue hasta dos años después de que yo me quebrara, en 2019, cuando la Organización Mundial de la Salud (OMS) lo reconoció como trastorno ocupacional y lo incluyó en la Clasificación Internacional de Enfermedades, que entró en vigor en 2022. En ella, definen el síndrome del desgaste ocupacional como «resultado del estrés crónico en el lugar de trabajo que no se ha manejado con éxito». Aquí «crónico» es una de las palabras clave. Es decir, el estrés se tiene que repetir por un periodo prolongado. Y determinan tres dimensiones características: «1) sentimientos de falta de energía o agotamiento; 2) aumento de la distancia mental [despersonalización] con respecto al trabajo, o sentimientos negativos o cínicos con respecto al trabajo; y 3) una sensación de ineficacia y falta de realización».[2]

Siempre que miro esta lista me río con sorna: sin saberlo, yo hacía pleno cuando ganamos el Pulitzer. Por eso no quería ver a mis amigos, me importaba una mierda lo que investigáramos y me costaba concentrarme. Lo que me ocurrió tenía una explicación.

Y no solo me pasaba a mí: era mucho más frecuente de lo que imaginaba. No existe una cifra única para la población general, ya que las estimaciones varían según el estudio, el sector, el país o el momento analizado, pero los datos apuntan a que entre el 20 y el 70 por ciento de los trabajadores tienen síntomas del síndrome del desgaste ocupacional. Medirlo a gran escala no es sencillo, y eso explica la enorme disparidad de cifras. Por un lado, muchas encuestas se basan en la percepción subjetiva sin recurrir a herramientas diagnósticas precisas. Por otro, existen múltiples cuestionarios y métodos de evaluación, lo que dificulta cualquier intento de estandarización. Aun así, hay algo claro: ciertos ámbitos profesionales presentan una mayor prevalencia de agotamiento laboral, entre ellos la sanidad, el periodismo, la educación, la abogacía o el mundo emprendedor.[3]

Fue liberador comprender que mi *burnout* no solo estuvo relacionado con mi incapacidad de sostener la presión, sino que había múltiples factores externos que me habían llevado allí. La palabra más mencionada por la OMS en su definición es «trabajo» y aclara que es allí —y solo allí— donde ocurre este tipo de trastorno. Sin embargo, esto ha sido criticado por algunas personas expertas, que indican que otras labores, como la de cuidar a familiares (niños o enfermos), también pueden producirlo.

Durante años, he ido componiendo una foto completa de lo que es este síndrome que me dejó KO. Aunque la OMS no apunte a sus causas, en mis diferentes lecturas comprendí que la responsabilidad de que ocurra no es solo individual. En la principal guía sobre el tema de la *Harvard Business Review*, se indica claramente que las empresas, la cultura de la organización y las personas supervisoras son bastante responsables de que se produzca este trastorno ocupacional.[4]

Tras entrevistar a 7.500 empleados a jornada completa sobre el tema, la compañía de investigación global Gallup determinó que los cinco factores más decisivos para que se produzca un *burnout* eran: el trato injusto en el trabajo, una inmanejable carga de trabajo, falta de claridad sobre tu rol, falta de comunicación y apoyo por parte del jefe, así como una injustificada presión sobre el tiempo.[5] Maslach ha identificado factores similares en sus investigaciones.

La buena noticia es que el *burnout* se puede prevenir si se identifica de forma temprana y se actúa en consecuencia, tanto a nivel individual como organizativo. En mi caso, cuando me di cuenta de que estaba quemada y se lo transmití a mis jefes, ya era demasiado tarde.

Una de las preguntas que más me hice cuando supe ponerle nombre a lo que me ocurría era: «¿Por qué *yo*? ¿Qué hago mal *yo*? ¿Por qué no consigo tirar para adelante *como hacen los demás*?».

Hoy encuentro un cierto consuelo en saber que, además del papel que pudo tener mi entorno laboral y la sobrecarga de trabajo, mi perfil es uno de los que más tienden a quemarse. Entre los que tenemos mayor riesgo estamos: aquellos identificados como empleados de alto rendimiento —especialmente los líderes intermedios—, los profesionales apasionados con lo que hacemos, los empleados a distancia, los milenials, las minorías y los cuidadores —padres o personas con algún familiar a su cargo—.[6] Salvo esta última, yo volvía a cumplir todas las condiciones del listado. Me tomé al pie de la letra aquella mentira de «si sigues tu pasión, no tendrás que trabajar ni un día en tu vida». A quien la dijo se le olvidó añadir: «Pero no olvides cuidarte». Justamente me quemó un *exceso* de pasión.[7]

Todos los que nos dedicamos a profesiones de servicio, en las que intentamos construir un mundo mejor, tenemos que estar más vigilantes que otros para no perdernos en el camino. Estoy hablando de la mayoría de los periodistas, profesionales de la salud, trabajadores de las ONG o de empresas sociales y de fundadores o personas directivas de compañías con propósito, entre otros. Nuestras organizaciones deben tener salvaguardas adicionales para no fomentar aquello que se sabe que nos lleva al extremo.

Nada ocurre en un vacío

Al inicio de mi carrera, ya tuve un primer episodio de salud mental. Conseguí trabajo nada más acabar la licenciatura como reportera del equipo de noticias de una televisión nacional que recién estaba empezando su andadura, la Sexta. Al principio, sentía que vivía un sueño. En el primer informativo, el 11 de septiembre de 2006, me enviaron a La Habana (Cuba) para informar desde allí del estado de salud del presidente Fidel Castro, que había desaparecido misteriosamente de la vida pública. Con el tiempo, el día a día de trabajar en ese medio fue amplificando mi autoexigencia y mermando mi autoestima: me irritaban los gritos que se daban de lado a lado de la redacción cuando había tensión, o no saber por qué un día era la favorita de los jefes y luego, durante semanas, no me daban bola. En ese entorno tan competitivo, acabé en el turno de fin de semana, que de manera no oficial, era el menos importante de todos.

Poco a poco, dejé de creer en mí y me inundaban las dudas. «¿Habré hecho bien este vídeo? ¿Tendrá algún error lo que he escrito? ¿Me volverán a poner algún día frente a la cámara?» Empecé a visitar el baño varias veces al día. No para hacer pis o caca, sino para llorar. Había días en los que estaba tan angustiada que sentía que me quedaba sin aire y me dolía el paso de la sangre por mis venas. Sin saberlo, tenía ansiedad, e incluso, en alguna ocasión, viví un ataque de pánico.

En febrero de 2008, me mandaron escribir texto para unas «colas», es decir, para que la presentadora lo leyese mientras en la pantalla se veía el vídeo. Eran tan solo veinte segundos sobre la última visita a África del presidente de Estados Unidos George W. Bush. Subido a un escenario, el mandatario intentaba bailar moviendo las caderas al ritmo de la música africana y lo hacía fatal, con lo que las imágenes eran bastante patéticas. Era algo sencillo de hacer, pero no pude. Me quedé congelada delante del ordenador. Me temblaban las manos, cuestionaba cada palabra que escribía, así que la borraba y volvía a empezar. Esta vez, las visitas al aseo no me hicieron sentir mejor. Afortunadamente, una amiga que sabía lo que me ocurría me ayudó a tranquilizarme y con su apoyo pude completar la tarea antes de que empezaran las noticias. Acto seguido, mi amiga y yo nos fuimos a ver al médico de cabecera y me dieron la baja. Yo creía que iba a estar fuera de juego una semana o dos máximo, pero tardé seis meses en volver a la redacción.

La recuperación fue dura. Muchas mañanas no quería salir de la cama y no le veía sentido a la vida. El psiquiatra me diagnosticó depresión y me recetó pastillas, que nunca tomé, pero con el psicólogo profundicé mucho más en lo que me había llevado allí. Entre otras muchas cosas, había tenido un papel fundamental mi búsqueda constante de validación externa para sentirme valiosa, además de un ambiente laboral tóxico. Mi objetivo, por tanto, se convirtió en ver de qué manera podría, eventualmente, irme a otro lugar.

Como el Ave Fénix que resurge de sus cenizas, poco después de ponerme de nuevo a trabajar conseguí una beca Fulbright y, en menos de un año, estaba lejos de la Sexta Noticias, estudiando en la prestigiosa Universidad de Columbia, en Nueva York. Había dejado atrás la época más oscura de mi vida.

Nunca pensé que podría volver a encontrarme mal haciendo lo que más me gustaba, periodismo de investigación, en una organización maravillosa, donde cobraba un sueldo de seis cifras, y con un equipo de ensueño. Tras años analizando mi *burnout*, me he dado cuenta de que se fue cocinando a fuego lento y se fueron añadiendo ingredientes de manera silenciosa. Su punto de partida fue tres años antes del Pulitzer, en abril de 2014, en el momento en que conseguí lo que quería.

El director del ICIJ, Gerard Ryle, un introvertido periodista irlandés de unos cincuenta años que había tenido una reconocida trayectoria en Australia antes de mudarse a Washington DC, no era muy ducho con la tecnología y yo me había ganado su confianza en este aspecto. Había estado más de un año machacándole con la idea de crear un equipo de analistas de datos dentro de la organización. Yo me había convertido en referente en España en periodismo de datos, dando decenas de clases, así como cocreando un máster y unas jornadas sobre esta especialización. Un día, Gerard me dijo que iba a contratar a dos programadores informáticos. Era la oportunidad que había estado esperando pacientemente. Poder liderar una unidad de datos, poniendo en práctica mis conocimientos, era mi sueño hecho realidad.

Tomábamos un café en París, en un viaje de trabajo, y usé todos los argumentos posibles para persuadirlo de que, por mi experiencia, yo tenía que dirigir el equipo. No lo convencí de inmediato, pero en esas semanas otro medio de comunicación me hizo una oferta, y esa fue la palanca final para que me diera el puesto de «editora de datos y tecnología». Tendría a los dos desarrolladores a mi cargo, Rigoberto Carvajal y Matthew Caruana Galizia, que venían de la recién disuelta unidad de datos del periódico *La Nación,* de Costa Rica, con la que habíamos trabajado en la anterior investigación, *Offshore Leaks.* Los dos tenían perfiles peculiares: Rigo era un ingeniero informático costarricense con la tez color canela que había decidido trabajar en el periodismo para mejorar la democracia; Matt era un maltés que chapurreaba español y que, aunque era periodista, había aprendido a programar por sí mismo y era buenísimo desarrollando herramientas digitales.

Entonces, con ellos como compañeros, comenzó una aventura muy parecida a vivir en una montaña rusa sin fin. Por fin tenía un pie dentro de la «atracción» en la que llevaba tanto tiempo deseando montarme y me encontraba muy ilusionada. Estábamos los tres en la vagoneta y empezamos a subir lentamente la primera pendiente. Con el vértigo en la garganta, comenzó la aceleración de la bajada y la adrenalina inundó nuestras venas.

De no tener ninguna gran investigación entre manos, el ICIJ pasó a realizar dos en paralelo: *Luxembourg Leaks* y *Swiss Leaks*. Ambas estaban basadas en filtraciones de documentos y, por tanto, tenían un reto tecnológico asociado al que no nos habíamos enfrentado antes. Las decenas de reporteros del equipo dependían de que nuestra labor estuviera hecha para poder investigar los archivos. Nosotros hacíamos «buscables» los documentos y analizábamos sus contenidos para dar sentido a cientos de miles de datos.

Teníamos una carga inmanejable de trabajo, pero no había margen para pararse a pensar. Matt, Rigo y yo trabajábamos a destajo, conectando a diario Costa Rica, donde estaban ellos, con España, donde vivía yo. Esto hacía que, en bastantes ocasiones, yo acabara mi jornada de madrugada para poder coordinarme con ellos. Como tenía mucha flexibilidad, y por no incomodarles, yo siempre era la que se adaptaba. Era mi manera de cuidarles.

En noviembre de 2014 vio la luz *Luxembourg Leaks.*[8] Gracias a casi veintiocho mil páginas de documentos confidenciales filtrados, ochenta reporteros de veintiséis países desvelamos cómo grandes compañías como Ikea, Amazon o Pepsi firmaban acuerdos secretos con el gobierno de Luxemburgo para pagar menos impuestos. En Europa causó un terremoto moderado. El que era primer ministro del país cuando se hicieron esos convenios, Jean-Claude Juncker, acababa de ser nombrado presidente de la Comisión Europea. La elusión fiscal se convirtió en parte importante de la agenda del nuevo equipo del órgano ejecutivo europeo.

En la semana pospublicación, tuve que manejar las muchas bolas que tenía en el aire: seguía trabajando en la segunda gran investigación mientras hacía varias entrevistas en televisión sobre *Lux Leaks*. Además, di formaciones en Madrid a dos medios de comunicación y en un máster universitario sobre periodismo de datos. Me salían oportunidades por todos lados, que casi nunca rechazaba. Pensaba que podía con todo y vivía volcada en el trabajo.

De la última clase, en una agencia de noticias, me fui al aeropuerto de Barajas y cogí un avión a Filipinas: quería disfrutar de unos días de vacaciones porque, de inmediato, participaría en una conferencia sobre periodismo de investigación en Manila. Creía que la montaña rusa me había dado un respiro, pero estaba de camino, sin saberlo, a uno de los eventos que cambiaría mi vida para siempre.

No quiero morir en Filipinas

Me fui a descansar a un enclave paradisíaco, El Nido. Es un pequeño municipio donde solo te puedes mover en tuctuc o en moto, y está situado en uno de los extremos de la isla de Palawan, una de las más salvajes de Filipinas. Es uno de esos lugares que parecen diseñados para una postal: playas de arena blanca con agua azul turquesa, con acantilados de piedra caliza que se elevan verticales desde el mar y árboles verde brillante dispersos en sus cimas y laderas. Allí disfruté como una niña. El primer día me quemé de tanto sol, el segundo me fui a descubrir naturaleza en un barco alrededor de la costa y el tercero lo pasé tumbada a la bartola, bebiendo agua de coco entre baño y baño, comiendo pescado fresco y haciendo tirolina por la tarde.

Al final de esa jornada, me senté a solas a ver atardecer en la ladera de una formación rocosa. Cuando el sol se ponía sobre el mar, que parecía una balsa, pensé: «La vida debería ser esto». Luego, compartí varias fotos en Facebook, encantada de que aún me quedaran un par de días más de felicidad antes de ir a la conferencia. Sin embargo, la vida tenía otros planes para mí.

Esa misma noche, acabé de madrugada en la consulta del médico de urgencias del pueblo por un dolor intensísimo en el lado derecho del abdomen. Tenía una camilla en la parte de atrás de su casa y me sentó en ella, mientras una trabajadora del hogar limpiaba el pis del perro, que justo se había orinado al lado. No tenía los medios necesarios para determinar qué me pasaba (ni ecógrafo, ni capacidad de hacer análisis de sangre) y empecé a agobiarme. El hospital más cercano estaba a cinco horas en coche. Llamé a mis padres asustada y hablé con un amigo de la familia médico de cabecera, pero ninguno podía hacer mucho más que consolarme desde la distancia. Yo estaba convencida de que era apendicitis, que se podía convertir en peritonitis y que, si seguía allí, podía no salir viva de esa consulta.

«No quiero morir en Filipinas», me dije. Ni corta ni perezosa, le pedí al doctor que me diera lo que hiciera falta para mitigar el dolor y volví a mi hotel para hacer las maletas. A las pocas horas estaba en un avión rumbo a la capital, Manila, y de ahí, al mejor hospital del país, acompañada por un organizador de la conferencia. Después de un TAC y una analítica, descartaron apendicitis. Entonces me vio una ginecóloga, que determinó que tenía torsión ovárica y que había que operar. Aparentemente, es algo que ocurre con cierta frecuencia en mujeres jóvenes: el ovario se gira sobre su propio eje retorciéndose alrededor de sus ligamentos de soporte e interrumpiendo el flujo sanguíneo.

Cuando la especialista me dio la noticia el dolor era tan grande que vomité mientras me hablaba. Rápidamente me explicó que me pondrían anestesia general, que comparó con estar en «un coma inducido». Se me hizo un nudo en el estómago. Sin mucho tiempo para procesarlo, firmé la autorización, me tumbaron en una camilla con ruedas y me llevaron a la sala de operaciones. En menos de 12 horas desde que empezó mi tortura había acabado todo, pero había perdido uno de los dos huevos de *mi nido*. Mi ovario derecho se quedó en quirófano.

A pesar de todo, me sobrepasó la responsabilidad: lo primero que hice cuando desperté de la anestesia fue llamar por la (ya difunta) aplicación de videoconferencias Skype a mi jefa, Marina Walker Guevara, la subdirectora del ICIJ y la empleada que más años llevaba en la organización a pesar de solo tener unos cuarenta. Me respondió desde Washington DC, donde vivía con su familia, aunque había nacido en Argentina. «Parece que esto es más serio de lo que pensaba y no voy a poder ir a la conferencia», le conté. Estuve con ella cuarenta y cinco minutos hablando de trabajo. En ese momento, y con el subidón de los medicamentos, lo que más me preocupaba no era mi salud, sino no poder cumplir.

Al día siguiente, recibí un email de Gerard. «Solo quería saber si estás bien —decía—. Me molestó escuchar que te incorporaste de inmediato de la cama y empezaste a hablar de trabajo. Realmente deberías descansar. Tu salud es lo más importante. Pero, aun así, también me hizo reír. Eres irreprimible.» Había wifi en mi habitación y tardé tan solo una hora en contestarle. Le confesé que tenía mucho dolor y que me sentía muy sola: «Esto es una lección de vida. Necesito ponerme a mí misma en primer lugar».

Por suerte, el seguro de viaje cubrió los costes para que mis padres vinieran a verme. Tardé cinco días en salir del hospital y casi quince en volver a España, por el riesgo de que los puntos se saltaran con la presión del avión. Me habían cortado el centro del cuerpo, de cadera a cadera, como en una cesárea, y la recuperación fue complicada. Me costó un par de meses volver a andar a velocidad normal o que no me molestara ir al baño. Tenía muy poca energía y cuando más cómoda estaba era en posición horizontal.

Sin embargo, la otra gran investigación del ICIJ, *Swiss Leaks*, se acercaba a la recta final y debíamos publicarla en unos dos meses, así que a los pocos días de la operación ya estaba trabajando. Lo trágico es que nadie me obligó a hacerlo: era yo quien quería estar, quien creía que *debía* estar. Y con el ordenador e internet, todo era posible. Mis primeras reuniones desde Manila las hice con la cámara apagada, tumbada en la cama.

Un acontecimiento como este a muchas personas les haría despertar de inmediato. Visto con distancia, es fácil ver que ese ritmo no era sostenible, que yo era una adicta al trabajo. Y si bien los sucesos me causaron un *shock* —e incluso reconocí por escrito que debía priorizar mi salud—, al regresar pronto a la rueda no tuve tiempo de procesar las implicaciones de esa crisis ni pensar por qué había llegado a ella. Hasta que mi cuerpo me volvió a dar otro toque de atención.

Fue a mediados de marzo de 2015, cuatro meses después de perder el ovario y semanas tras la publicación de *Swiss Leaks*.[9] De nuevo, causamos una revolución mediática uniendo las fuerzas de más de ciento cuarenta reporteros de cuarenta y cinco países. Juntos revelamos decenas de nombres de personalidades que guardaban más de cien mil millones de dólares en cuentas bancarias en el HSBC de Suiza, en muchas ocasiones para evadir impuestos. Entre los españoles más conocidos estaban Emilio Botín y Fernando Alonso. Tras enterarse de la investigación, el banco reconoció que era «responsable de los fallos de cumplimiento y control del pasado».

Los días posteriores a dar la noticia volvieron a ser para mí un no parar de apariciones en medios, incluso la televisión pública francesa vino a Madrid expresamente para entrevistarme y seguirme con la cámara durante unas horas. Pasado el torbellino, me tomé unos días de vacaciones sola, esta vez en Aguadulce (Almería), en la segunda residencia de mis padres, un apartamento situado a pocos metros de la playa. Allí empecé a sentirme agotada físicamente. Era como si mi batería interna no llegara a recargarse por las noches. Durante el día me costaba un mundo reunir la suficiente energía para realizar cosas sin esfuerzo. A pesar de estar en un lugar vacacional y frente al mar, no hice casi ningún plan, salvo ir a yoga un par de veces y bajar en alguna ocasión al paseo marítimo, que estaba a cinco minutos caminando. Estuve el resto de horas —demasiadas para mi gusto— tirada en el sofá. No entendía por qué me estaba pasando esto, si ya había conseguido volver a la normalidad, estaba a tope con el trabajo y la investigación había sido un éxito.

Una vez más, en el momento en el que paré tuve que volver al médico. Mi madre me acompañó a casi todas las visitas cuando regresé a Madrid. Un análisis de sangre completo y una ecografía en la garganta confirmaron el diagnóstico: inflamación temporal de la tiroides, o tiroiditis. Mis hormonas se habían desajustado y unos días producía de más y otros de menos. El endocrino no supo decirme por qué. Por ese baile hormonal difícil de regular, no me pudieron dar pastillas y el tratamiento fue esperar a que el cuerpo se equilibrase solo.

«Tranquila, se soluciona rápidamente», me dijo. Para el doctor, acostumbrado a decir a sus pacientes que tendrán que lidiar con el problema de tiroides de por vida, mi caso no tenía mala pinta: en medio año estaría recuperada. No me pareció un proceso nada rápido. Estuve cuatro meses arrastrándome por las esquinas, con energía intermitente. Sin verlo venir, me quedaba sin fuerzas y tenía que dejar de trabajar y acostarme hasta que me sentía mejor.

Ahora veo claro algo que en esa época ignoré: debía haberme cogido la baja necesaria para recuperarme de la operación. Subestimé el coste que tendría en mí el volcarme convaleciente, y casi de inmediato, en la investigación de *Swiss Leaks*. En esos dos meses transcurridos entre perder el ovario y la publicación, no solo lideré el equipo de datos, sino que añadí bastantes horas extra para complementar el trabajo de otros. Pasé muchísimas noches verificando todos y cada uno de los hechos de los artículos que íbamos a publicar para asegurarme de que no metíamos la pata. Cualquier mínimo error podía significar un juicio costosísimo, que podría acabar económicamente con la organización donde trabajaba, y afectar a decenas de medios con los que colaborábamos.

Un mes después de que mi tiroides se revolucionara llegaron los Papeles de Panamá a mi mesa. Estaba ilusionada y, a la vez, agobiada, porque sin casi poder coger aire desde mi diagnóstico tenía que volver a correr. A principios de mayo estaba viajando con Rigo a Múnich para visitar a mis compañeros del *Süddeutsche Zeitung* y obtener una copia completa de los datos. Mientras tanto, yo seguía hecha un guiñapo y tiraba como podía para montar todos los procesos necesarios para iniciar este nuevo proyecto, el más retador a nivel técnico que habíamos tenido nunca.

En seguida llegó el verano y decidí tomarme, por primera vez en mucho tiempo, un mes entero de vacaciones de tirón, del 17 de julio al 16 de agosto. Por entonces ya tenía una segunda en el equipo, la venezolana Emilia Díaz-Struck, y la dejé a cargo de todo, con un plan detallado de lo que teníamos pendiente, semana a semana. Les pedí a ella y a Marina que solo me contactaran si había algo urgente que solo yo pudiera resolver. No lo hubo. Estuve plenamente desconectada del trabajo, viajando por el sur y gozando del sol andaluz, ligando por Tinder y viendo a la familia. Aunque no me molestó en ese periodo, creo que Emilia se alegró bastante cuando volví: había muchísimo trabajo que sacar adelante.

Aquel mes de vacaciones fue un punto de inflexión para mí. Yendo más lenta —y disfrutando de la vida— vi claro que ese ritmo tan frenético que llevaba me estaba haciendo daño y que lo que necesitaba era tomarme una pausa más larga, un periodo sabático. Lo ideal habría sido solicitar una excedencia inmediata en cuanto regresé a la oficina a mediados de agosto. Pero claro, con la mayor filtración de la historia del periodismo esperándome a la vuelta de mi descanso estival, esa parada no podría producirse de golpe.

Del dicho al hecho hay un trecho

Me armé de valor para decírselo a mis jefes. Decidí que lo mejor era contárselo en persona. El momento sería en septiembre en Múnich, durante las jornadas de trabajo de los Papeles de Panamá, en las que nos reunimos con más de cien periodistas de todo el mundo. La víspera de volver a casa, cuando ya había pasado el evento y estábamos contentos con el resultado, senté a Gerard y a Marina, director y subdirectora del ICIJ, en el desayuno. Acto seguido, les di la noticia: los *Panama Papers* serían mi último proyecto con ellos y después, me iría. «¿Cuánto tiempo?», me preguntaron. «No lo sé —les dije—. Solo sé que necesito ponerle freno a este ritmo tan acelerado.»

A pesar de estar ya muy débil y cansada, tenía que aguantar siete meses más. Al volver de Alemania empecé a hacer ajustes en mi vida para poder llevar mejor ese gran proyecto de investigación que teníamos entre manos. Leyendo recomendaciones sobre cómo tener una vida saludable decidí poner el foco en la alimentación y el ejercicio. Dormir bien nunca fue un problema para mí, así que eso ya lo tenía ganado. Comencé a cocinar más, siguiendo a rajatabla las recetas de un libro de cocina sana que compré. Descubrí ingredientes que no sabía que existían, como el kale o la chía. Por las mañanas, salía a pasear unos treinta minutos antes de sentarme delante del ordenador. Una especie de desplazamiento circular a la oficina, teniendo en cuenta que casa y oficina eran el mismo lugar.

Estar delante de la pantalla todo el día es muy aburrido y solitario, de modo que, a sugerencia de Marina, algunos días a la semana me iba a trabajar a la redacción de *El Confidencial,* medio asociado de la investigación. Los dos o tres chascarrillos al día con los compañeros me daban alegría. Y me escapaba, siempre que podía, a Aguadulce, a teletrabajar desde el piso de mis padres. Así, por lo menos, tenía el mar cerca, en vez del cemento madrileño. Por aquella época también había empezado a meditar y asistía a retiros en un centro que descubrí por la zona.

Cuando los Papeles de Panamá vieron la luz, el 3 de abril de 2016, mis amigos más cercanos me decían: «Nunca te he visto tan tranquila y tan calmada en una publicación». Es cierto, me encontraba mejor que nunca y creía que había descubierto, finalmente, mi fórmula del equilibrio vida-trabajo. Esto hizo que me olvidara de aquella conversación que había tenido con mis jefes en Múnich sobre dejar el ICIJ, y ellos tampoco me sacaron el tema. Incumplí mi palabra: no me fui de sabático y seguí trabajando. Pero había un pequeño detalle que subestimé: la clave no está en encontrar el equilibrio, sino en mantenerlo. Y eso me fue imposible con el huracán que siguió a nuestras revelaciones. El resto de mi 2016 tomó un ritmo vertiginoso.

Con el ICIJ estábamos haciendo Historia y yo me sentía la reina del universo. Me creía una fuerza imparable que podía con todo a la vez: viajes, trabajo, medios de comunicación, apariciones públicas. Cuando di una charla en Nueva York, delante de 3.000 personas, me sentí una estrella de rock.

«¿Estáis interesados en datos?», pregunté. «Sííííí», fue su respuesta. Experimenté tal subidón que aún hoy se me ponen los pelos de punta tan solo de recordarlo.

En esas ocasiones, los momentos difíciles pesaban menos. Llegué a Nueva York tras un viaje brutal. Había tenido que cruzar el mundo desde Katmandú (Nepal) con 39 de fiebre y drogada con antibióticos para soportar las casi 24 horas de viaje. Me había resfriado estando en otra conferencia y tras días de exceso de trabajo. Pero eso no se notó en mi charla delante de la multitud estadounidense. Creía que tenía tanta energía que pensaba que no pasaría nada si comía mal, si acumulaba días y días sin parar, si no me cuidaba. «Ya vendrá el momento de descansar», me decía.

Para mí, tener éxito era algo muy parecido a sentir que decenas de manos te tiran de todas las partes de tu cuerpo. Alguien tira del brazo derecho, alguien de la pierna izquierda, o del pelo, de la rodilla, de la nariz. Con tanto movimiento, es complejo mantenerse estable. No sé cómo hacen los músicos y actores para no perder la cabeza y la salud: en mi breve encuentro con la fama, yo perdí las dos.

Pero no fue inmediato y visible, sino una acumulación invisible. Si hay un motivo por el que estoy contando los factores que me llevaron a mi *burnout* con tanto detalle es porque llegar al agotamiento extremo no es algo que ocurra en una línea recta o que esté asociado a una sola causa. Se construye gota a gota y frecuentemente se desarrolla tan lentamente que es casi imperceptible, más aún cuando desde fuera solo recibes halagos.

Con el prestigio llegaron nuevas complicaciones. En octubre, seis meses después de publicar los Papeles de Panamá, el ICIJ y su organización matriz, el Center for Public Integrity, anunciaron que empezaban un proceso de separación.[10] Desde que se iniciaron las negociaciones, ese *spin-off* implicó que yo asumiera más responsabilidades. Además de mi trabajo como editora de datos y de todos los viajes a dar charlas, tuve que apoyar a Gerard y Marina con reuniones en Estados Unidos con abogados, bajo presión y a contrarreloj, y también a montar una entidad desde cero. Ellos confiaban en mí y mis habilidades, que eran muy complementarias a las suyas. Al ser un equipo pequeño, de una docena de personas, lo mismo me encargaba de dirigir el proceso de establecimiento de los servidores que de realizar documentos sobre la futura sostenibilidad económica.

El equilibrio no era fácil. Había un número excesivo de pelotas en el aire y las manejamos como pudimos, a través de diferentes zonas horarias. En una ocasión, me vi forzada a hacer una reunión a las 3 de la mañana porque era la única hora en la que podíamos coincidir España, donde vivía yo, la costa oeste de Estados Unidos, donde estaba Marina ese día, y Australia, donde se fue a vivir Gerard. El día después hicimos una propuesta a un financiador que nos acabó donando 4,5 millones de dólares.

Hice todos esos esfuerzos a gusto, nadie me obligaba. Lo veía necesario y sabía que era el momento de apretar el acelerador por el bien común, sin importar mis necesidades individuales. Un miembro del ICIJ nos hizo unas camisetas de manga corta negras, con cada uno de nuestros nombres bordados en la manga, y que mostraba en letras blancas una frase cogida de la NASA: «Failure is not an option (El fracaso no es una opción)».

Así me sentía: estaba en juego el futuro de la red de periodistas que tanto amaba y solo visualizaba que no podíamos fallar. Fue un periodo de muchísima tensión, pero el propósito común nos unió como nunca. Y conseguimos salir victoriosos: en febrero de 2017 el ICIJ se convirtió en una organización independiente.[11]

Ese mismo mes, cuando ya empecé a vislumbrar que todo acabaría bien, volví la atención hacia mí. Me di cuenta de que tenía seis semanas acumuladas de vacaciones que arrastraba del año anterior, y decidí hacer otro parón para recuperar energía. Estuve en Miami y San Francisco, aproveché para disfrutar con amigos y para descansar tranquilamente entre Madrid y Almería.

Y de nuevo, con un ritmo más calmado, vino la claridad: sentía mucha intranquilidad interna, no estaba a gusto. No sabía exactamente por qué, solo que no quería seguir haciendo lo mismo. Dirigir la unidad de datos y tecnología ya no me motivaba. Frente a la ilusión de poder crear un proyecto de cero, pensé que lo que necesitaba era un cambio de rol dentro del nuevo ICIJ, con aún más responsabilidad, y me propuse como directora de operaciones. Había disfrutado coordinando todos los aspectos necesarios para que la separación fuera bien, desde lo logístico hasta lo financiero. Ese puesto sería la continuación de lo realizado y, a la vez, lo suficientemente retador como para mantenerme entusiasmada. Me lo denegaron. Gerard me explicó que no quería realizar un cambio tan grande a nivel organizativo, que prefería mantenerme como editora de datos y contratar a alguien con más experiencia para operaciones, y Marina no consiguió moverle de esa posición. Yo sentí que no valoraban todo el esfuerzo que había hecho.

Ese fue uno de los múltiples choques que siguieron con mis jefes y esa cohesión que habíamos tenido empezó a resquebrajarse. Yo veía pegas a muchas de sus acciones: desde cómo querían construir la organización hasta dónde me veían en ella. Dejé de estar alineada con sus valores y me convertí en una persona negativa, que, como una vieja cascarrabias, les retaba en las reuniones con los demás y en privado. La comunicación entre nosotros fue descomponiéndose y empezó a escasear. Nadie quiere tener a una tocapelotas al lado todo el rato. Ahora entiendo que toda esa negatividad, el desencanto y ese desapego no eran más que señales de que me estaba quemando.

En marzo de 2017 fuimos de nuevo a Múnich. Los compañeros del *Süddeutsche Zeitung* habían conseguido otra filtración de información financiera de paraísos fiscales, los Papeles del Paraíso, en la que también trabajamos de manera colaborativa con más de noventa medios.[12] A pesar de mis desencuentros con Gerard, quise aprovechar la oportunidad de vernos en persona para limar asperezas. Antes de coger un taxi al aeropuerto para volver a España, le pedí vernos a solas.

Hacía sol y nos sentamos en la terraza exterior de la cafetería en la planta baja del edificio. Le reiteré que necesitaba un cambio, que estaba cansada y que deseaba un reconocimiento por su parte. Le rogué que me permitiera moverme a una posición más estratégica y con mayor responsabilidad. Pero no logré que cambiara de opinión. Y entonces, me asestó la puntilla: me dijo que llevaba tiempo viéndome menos comprometida con la organización, que veía que ya no creía tanto en lo que hacíamos, ni en él como director.

Me mató. Cada uno veía una película muy diferente. Yo sentía que me había dejado la piel en el último año, sacrificando mi vida personal y mi salud. Que cuestionara mi compromiso me pareció tremendamente injusto y me separó de él definitivamente. Me monté en el taxi furiosa y dolida. Pensé que era un genuino gilipollas. Más adelante aprendí que esta situación suele ser bastante común. Cuando los jefes no saben identificar un *burnout*, a veces lo confunden con bajo rendimiento o desinterés.

Esa confrontación fue la gota que colmó el vaso. La falta de concentración, la sensación de soledad y el agotamiento que venía arrastrando desde hacía meses se convirtieron en inaguantables. Era como si me hubieran puesto kryptonita y mis superpoderes ya no funcionaran tan bien. Aumentó mi negatividad, mi desapego, mi desgana. La pasión, que había sido mi principal gasolina, ya no me funcionaba como combustible.

Dejó de importarme el impacto positivo de nuestras investigaciones. No era capaz de ver un futuro esperanzador para mí, ni dentro ni fuera del ICIJ. Compartí mi desazón con un par de amigas cercanas, que me animaron a buscar otro trabajo, pero no podía visualizarme haciendo nada más. Tenía muy poca energía física, emocional y mental. Dos semanas después de aquella conversación con Gerard, ganamos el Pulitzer. Ni siquiera eso consiguió levantarme el ánimo.

Cuando en tu vida todo va tan rápido, emociones así son más fuertes y cuestiones que se han mantenido enquistadas desde hace mucho tienen un desenlace rápido. Mi verdadera celebración del premio no fue aquella noche de *gintonics* con los periodistas españoles en el centro de Madrid. Unos días después de la premiación, y justo antes de meterme de nuevo en un avión, me permití festejarlo como yo quería: un fin de semana tranquilo en casa, descansando en el sofá. Con la energía bajo mínimos, mi gran plan fue darme un baño en la bañera. Puse sales relajantes y música suave en Spotify. Me dejé ir y desconecté de todo y de todos. Acciones pequeñas como estas me hacían feliz: me estaba cuidando.

Fue allí, en el agua caliente, sin nada más que hacer que estar quieta y tranquila durante una hora, que lo vi claro: tenía que dejar mi trabajo para poder salvarme. Fue inmediatamente balsámico. A ese pensamiento, le siguió una calma profunda, esa calma que uno siente cuando sabe que está en el camino correcto. Y, en esta ocasión, estaba resuelta a llevarlo a cabo.

Pero la mente es muy jodida, y al día siguiente me inundaron los miedos.

3
VENCER EL MIEDO

> He aprendido que la valentía no es la ausencia de miedo, sino el triunfo sobre él. El hombre valiente no es aquel que no se siente asustado, sino el que conquista a ese miedo.
>
> NELSON MANDELA

Amor profundo. Eso es lo que yo había sentido durante más de seis años por mi trabajo y por el ICIJ. De hecho, estuve durante muchos meses explicando a mis amigos que para mí, el ICIJ, era como un «negocio familiar». Entré cuando podíamos contar a los empleados con la palma de una mano y la organización y yo habíamos crecido juntas hasta nuestro punto más álgido de éxito. En ese tiempo, mis novios habían entrado y salido de mi vida. Sin embargo, mi trabajo había sido mi más fiel compañero, era mi pareja de hecho. Cuando hablaba de la organización siempre hablaba de «nosotros».

Tomar aquella decisión de dejar el ICIJ fue tan desgarradora como cuando he tenido que romper con parejas con las que llevaba años. Un día ves claro que quieres dejarlo; al siguiente ves que la otra persona ha cambiado eso que tanto te molesta y decides darle otra oportunidad; más adelante llega una bronca; después tenéis el mejor sexo en meses y vuelves a engancharte hasta que, al final, lo sientes con claridad y, en ese punto, en tu mente, ya no hay vuelta atrás.

Si has vivido una situación similar sabrás que lo complicado no es tomar la decisión, sino accionarla. Normalmente, esto suele pasar porque el miedo entra en escena con un gran protagonismo y empieza un partido en el que te lo cuestionas todo. En mi caso, lo hizo de manera bastante cabrona:

«¿Por qué lo vas a dejar ahora que *estás en la cresta de la ola*?»

«¿Estás segura de que es la decisión *correcta*?»

«¿No será que eres una *floja*?»

«¿No crees que estás siendo una pija privilegiada que *no sabe aguantar como los demás*?»

«¿Tú verdaderamente crees que vas a encontrar un trabajo *tan bueno como el que tienes*?»

«*¿De qué vas a vivir?*»

«¿Y si lo dejas y *ya nadie más quiere contratarte*?»

Tan solo de escribir estas palabras se me están saltando las lágrimas. ¿Cómo puede ser que la mente sea tan traicionera a veces?

Mi estrategia para lidiar con este tipo de situaciones en las que me inundan las dudas es recabar datos, o dicho de otra manera, contrastar mi punto de vista con el de personas en las que confío. Había decidido que esta vez sí que iba a marcharme y necesitaba trazar un plan para hacerlo de la mejor manera posible. Llamé para pedir consejo a la mujer de mi primo, Cristina, que es experta en recursos humanos y con ella me siento segura. También lo hablé con mi psicólogo, que me apoyaba desde que tuve depresión en 2008. Y dejé pasar varios días para ver cómo me iba sintiendo. Además, miré mi cuenta bancaria y había ahorrado tanto, entre mi sueldo estadounidense de seis cifras y mi vida austera en la que todo era trabajar, que tenía un colchón para vivir unos meses sin cobrar.

Me reafirmé en mi decisión de irme. Ahora, la cuestión era cuándo.

Mar 1 - Miedo 0

La voz crítica en mi cabeza no se dejó vencer tan fácilmente. En la segunda parte del partido volvió con más cuestionamientos:

«¿Estáis en medio del primer proyecto de organización como entidad independiente, cómo vas a dejarlo *ahora*?».

«¿En serio quieres *destrozar todo lo que habéis construido*?»

«¿Y *quién* te va a reemplazar?»

«¿De verdad quieres *ser tan egoísta y dejar tirado a tu equipo*?»

Mierda. Esta vez me había dado donde más me dolía, en mi sentido de la responsabilidad. Durante meses, había estado trabajando duro para que el ICIJ se estableciera como una fundación independiente y la investigación que teníamos entre manos, los Papeles del Paraíso, mostraría al mundo que podíamos hacer grandes proyectos solos. Además, era un momento clave para diseñar el plan estratégico tecnológico de cara a los próximos años, que determinaría el futuro de mi departamento. Yo adoraba a las personas que tenía a mi cargo —a Matt, Rigo, Emilia y otras que se habían unido con los años— y me encantaba verlos a diario en videoconferencias e intercambiar ideas por chat. Los sentía como si fueran mis niños y durante las negociaciones de separación me había desvivido por protegerlos. ¿Qué sería de ellos si me iba? Tenía que esbozar una hoja de ruta para que no se quedaran colgando. No podía dejar el ICIJ todavía.

Mar 1 - Miedo 1

Necesitaba parar para pensar, pero encontrar tiempo y claridad era difícil entre los viajes a conferencias, entregas y reuniones. Todo iba demasiado deprisa: había pasado ya un mes desde el anuncio que nos nombró ganadores del Pulitzer y mi momento de lucidez en la bañera. Sin embargo, seguía paralizada ante mis dudas. En ese empate con mis miedos, se me acabaron los minutos del partido y nos fuimos a la prórroga: perdí la ventana de oportunidad para poder anunciar que me iba porque llegó una fecha señalada en el calendario. El 22 de mayo de 2017 era la ceremonia de entrega de los premios en Nueva York y el equipo al completo del ICIJ íbamos al evento para celebrarlo. Así que decidí que no iba a contarlo entonces y ser una aguafiestas. No rompes tu relación el día de tu aniversario.

Hackeando los Pulitzer

Cuando nos dieron el Pulitzer se celebraban 101 años desde que se empezaron a conceder. No solo celebran la excelencia en el periodismo, sino en la música, el teatro y los libros producidos en Estados Unidos. Fueron creados en 1917 como parte de la ejecución del testamento del famoso editor húngaro-estadounidense, Joseph Pulitzer, que también dejó en su legado la creación de la escuela de periodismo de la Universidad de Columbia, donde estudié. En la entrada del edificio principal hay un busto suyo y una declaración de intenciones que acaba así: «El poder de moldear el futuro de la República [de Estados Unidos] estará en las manos de los periodistas de futuras generaciones».

Cuando murió en 1911, dejó en su testamento dos millones de dólares para la escuela, y una cuarta parte debería ser usada para premios y becas. A día de hoy, los premios son supervisados por una junta independiente.[1]

Para conseguir un Pulitzer hay que postularse. Hacer bien esa solicitud es todo un arte y hay especialistas en ello. En el ICIJ, un editor estuvo liberado un par de semanas para trabajar en el formulario. Después, un comité de expertos revisa durante unos dos meses todas las solicitudes en la más estricta confidencialidad, y, a principios de abril, se hace el anuncio público de las personas ganadoras desde la Escuela de Periodismo de la Universidad de Columbia. Esa es la comunicación oficial que vimos juntos por *streaming* y que luego celebré en el centro de Madrid. Más o menos un mes después se hace una ceremonia presencial para la entrega del premio. Allí era adonde nos dirigíamos para, ahora sí, brindar cara a cara.

Para mí, no sería mi primera entrega de los Pulitzer. En el año 2010, cuando era estudiante del máster de periodismo en la universidad, me colé en el evento con mi compañera Sarah Fitzpatrick y mi profesora de documentales June Cross. Estábamos en una tutoría y June dijo: «¿Qué os parecería que nos fuéramos a ver los Pulitzer?». Yo creía que estaba de broma, pero nos lanzamos a la aventura.

Llegamos las tres a la biblioteca Low, a ver si había suerte. June, sin ningún pudor, preguntó en el registro si quedaban huecos libres. Al parecer, todos los años invitan a los profesores y algunos no van. Nosotras tomamos su plaza, nos colocamos en lugares que llevaban nombres de otros y así fuimos las invitadas infiltradas en los premios, como esas personas que se cuelan en las bodas (*wedding crasher*, lo llaman en inglés).

En la sala principal ya estaban los ganadores, todos trajeados. Nosotras íbamos en vaqueros y cada una estaba sentada en una mesa diferente, con periodistas laureados que no conocíamos. Yo estaba flipando y pensé: «Ojalá algún día vuelva y la mesa tenga una etiqueta con mi nombre». Quién me iba a decir a mí que ese día llegaría siete años después y que habría pensamientos más importantes rondando mi cabeza.

En los Papeles de Panamá trabajamos trescientos setenta y seis periodistas de ochenta países, pero las reglas del premio no permitían que nos lo dieran a todos. Solo podían postularse los medios que publicaron en Estados Unidos. En este caso, el ICIJ, *McClatchy* y el *Miami Herald*. Ni siquiera el *Süddeutsche Zeitung*, que fue el que consiguió la filtración, podía ser nombrado como ganador.

Nuestra candidatura era tan inusual, que no solo nos cambiaron de categoría en la premiación, sino que no supieron qué hacer con nosotros a la hora de la ceremonia. Nos dieron dos entradas por medio, un total de seis, pero eso nos dejaba fuera a la gran mayoría, y aunque luego nos concedieron alguna más, no era suficiente. Así que pusimos en marcha el poder de la colaboración y la persistencia del periodista de investigación para conseguir el mayor número de entradas posibles.

Me acordé de June y de su truco para colarnos en la celebración en 2010, y me puse a escribir a todos los profesores con los que mantenía el contacto. Otros compañeros hicieron lo mismo. Acabamos hackeando los Pulitzer y consiguiendo más de veinte entradas.

Para el día D volamos hasta Nueva York desde diferentes puntos del planeta (Islandia, Alemania, Costa Rica, Malta,

Francia, España y varias ciudades de Estados Unidos). Para hacer el viaje lo menos costoso posible, nos quedamos a dormir en casa de amigos. Éramos como una gran familia unida asistiendo a un importante evento familiar.

La ceremonia

Hacer entretenida una ceremonia de premios es casi misión imposible. Incluso los Óscar, que tienen a todo Hollywood detrás y a un presentador o presentadora que hace bromas, se hacen largos. Los Nobel son muy ceremoniosos, con un teatro lleno de gente que espera a que llegue la familia real sueca y los premiados de chaqué o traje de gala, mientras toca una orquesta sinfónica en directo.

La ceremonia de los Pulitzer es la hermana sin chispa de las entregas de premios prestigiosos. Hay cero glamur. El día y la hora dejan claro que no va a haber fiestón: se hace un lunes al mediodía. Se dan en una comida y, entre plato y plato, los galardonados recogen los premios, sin pronunciar ningún tipo de agradecimiento sobre el escenario.

Por supuesto, no hay alfombra roja. Y menos mal, porque para colmo, ese lunes 22 de mayo, no paraba de llover, como si el dolor que sentía por dentro se lo hubiera trasladado a las nubes y ellas estuvieran llorando por mí. Así que ni siquiera entramos con estilo al edificio, que es una biblioteca neoclásica de finales del siglo XIX que emula la arquitectura de los antiguos templos griegos.

Nada de esto parecía importarnos. La familia del ICIJ llevaba la fiesta dentro. Quizás muchos habían soñado con ganar el Pulitzer algún día, pero pocos creíamos que pasaría. Es como uno de esos sueños que tienes en la cabeza y que sabes que no van a ocurrir, por lo inalcanzables que son. Ese día nuestra fantasía se estaba haciendo realidad y era difícil quitarnos la sonrisa tonta de la cara. Además, era la primera ocasión que nos veíamos todos en persona tras meses de muchísimo trabajo conectados a través de una pantalla; por fin podíamos abrazarnos y reírnos a la vez, sin el retraso del sonido en la videollamada.

Y bueno, no todo era aburrido. Antes de la comida tuvimos una recepción donde daban cócteles, así que llegamos a nuestros asientos aún más animados. Eran mesas redondas, como de boda, y ocupábamos dos o tres de ellas.

No recuerdo bien en qué momento de la larga comida nos dieron el premio, pero sí que fuimos los más ruidosos al aceptarlo. No todos pudimos salir al escenario a recogerlo. En las otras categorías, el máximo fueron tres personas. Con nosotros hicieron una excepción y ampliaron el número a seis: el director y la subdirectora del ICIJ, Gerard y Marina, los dos periodistas alemanes del *Süddeutsche Zeitung*, Bastian y Frederik, un periodista de *McClatchy* y otro del *Miami Herald*. A mí no me importó no subir. Me sentía representada por ellos, éramos un equipo.

En el escenario, vestido con traje de corbata azul oscuro, el presidente de la Universidad de Columbia, Lee C. Bollinger, iba anunciando los premios y su porqué con tono serio y solemne.

«Por un ejemplo distinguido de periodismo en profundidad, que da luz sobre un asunto importante y complejo, demostrando maestría en el asunto, escritura brillante, y presentación clara, usando cualquier herramienta periodística disponible. El premio va al ICIJ, *McClatchy* y al *Miami Herald*, por los Papeles de Panamá.»

Bollinger no pudo acabar la frase. Mis compañeros entraron en el escenario y el resto empezamos a hacer ruido desde el público, con aplausos y gritos. Cuando ya les había dado la mano a todos, dijo, un poco molesto: «Bueno, voy a terminar esto. Una serie de historias, produciendo una colaboración de más de trescientos periodistas en seis continentes para exponer la infraestructura oculta y la escala global de los paraísos fiscales. ¡Enhorabuena de nuevo!».[2]

Desde las mesas volvimos a jalear mientras Bollinger repartía los tres diplomas dentro de un portafolios azul claro, uno por cada medio. Tras las fotos de rigor, al salir del escenario, aún más gritos y aplausos del público. Éramos incansables.

Mis recuerdos de esa ceremonia son ligeramente agridulces. A veces les miraba las caras a mis compañeros con detenimiento, en silencio, intentando recordar cada detalle, disfrutar cada minuto, porque sabía que esa sería la última vez en la que estaríamos juntos celebrando una victoria. Ellos no sabían nada aún, pero yo sí: pronto me iría. Mi pena profunda y sigilosa lastraba la euforia de esta ocasión histórica.

Sin embargo, eso era algo que solo notaba yo. Desde fuera no se percibía el desequilibrio que sentía por dentro. En la foto final que nos hicimos todos los miembros del equipo de los Papeles de Panamá está una Mar en el centro de la primera fila con una sonrisa de oreja a oreja. Parece alguien extremadamente feliz. Qué poco podemos fiarnos de las fotos para saber verdaderamente cómo está una persona.

El evento oficial acabó sobre las tres, pero más tarde teníamos una cena privada en casa del abogado que nos había ayudado para establecernos como una organización independiente, Alex Papachristou.

Como entre una cosa y otra aún faltaban unas horas, la mayoría nos fuimos a casa de una amiga a seguir celebrando. Había que exprimir cada segundo juntos.

Esa noche, para mí, fue el momento más especial. Ya en la intimidad de la casa de Alex y sin los flashes, pudimos rememorar los detalles de esa aventura que fue la investigación y también el complejo viaje hasta independizarnos. El ICIJ era ya una entidad por sí sola, lista para seguir haciendo Historia en el periodismo por muchos años. Juntos habíamos conseguido lo impensable, nos sentíamos invencibles. Formábamos el mejor equipo, y parecía que éramos inseparables.

Me cuesta recordar esa cena y saber que, ocho años después, se han ido de la organización la mayoría de las personas que estuvimos en aquella fiesta.

La ruptura

Llegué de vuelta a Madrid con el ego inflado y una sensación de falsa energía que me hizo poner en duda si realmente quería irme. «Quizás esto es lo que necesitaba para seguir adelante», pensé.

Y, de nuevo, los miedos volvieron a coger fuerza:

«¿Cómo vas a dejarlo *ahora que tienes un Pulitzer*?».

«¿Quién eres tú *sin el ICIJ*?»

«¿Quién crees que va a *apostar por ti* como editora de datos?»

«¿A qué *te vas a dedicar*?»

«¿Y si pierdes todo lo que has conseguido y *la gente te olvida*?»

Mar 1 - Miedo 2

Estas dudas contrastaban en el día a día con el hecho de que todo me seguía costando *demasiado*. Había conseguido convencer a mis jefes de no estar en la primera línea del análisis de datos de los Papeles del Paraíso y mi objetivo principal por aquel entonces era diseñar la estrategia del equipo de datos para los próximos tres años. Una tarea necesaria que me parecía fascinante, pero que se me hizo muy cuesta arriba. Era como si mi mente no pudiera pensar más: tardaba muchísimo en concentrarme y cada vez que proyectaba hacia el futuro solo veía una nebulosa que no se aclaraba.

«No sé qué me pasa, me cuesta mucho ser creativa», dije en una reunión con Marina y con Gerard en la que les puse al día sobre el informe que preparaba, que iba con retraso.

Recuerdo perfectamente cómo bromearon a raíz de ese comentario. Ahora, con la distancia, sé que no intentaban hacerme daño con su reacción. Ellos también estaban bajo una presión tremenda. Pero en ese momento sus risas se clavaron en mis oídos y estuvieron doliéndome durante semanas.

«¿*Por qué soy tan tonta* que no puedo con esta tarea?»

«¿Será que he *perdido mis capacidades*?»

«¿Quizás el *puesto me viene grande*?»

En este bombardeo de cuestionamientos a mi valía, no me ayudaba saber que nuestras hazañas quedarían plasmadas en una película. Mi compañero Jake Bernstein estaba escribiendo un libro sobre nuestra historia, *Secrecy World* (El Mundo del Secreto).[3] Unos meses después de publicar los Papeles de Panamá se había anunciado que el cineasta Steven Soderbergh había comprado los derechos.

De puertas para fuera, yo bromeaba con qué actriz se metería en la piel de mi personaje, diciendo que Scarlett Johansson era la persona ideal, por nuestro tremendo parecido. La gracia está en que lo único que tenemos en común es que ambas somos bajitas. De puertas para dentro, mi narrativa era diferente. Sentía aún más presión por no ser la oveja negra que se descarrila del camino, que deja de ser la periodista de investigación exitosa porque no puede aguantar la presión.

Tuve media docena de entrevistas con Jake para la documentación de su obra, las últimas justo después de la ceremonia. En ninguna le hablé de mis dudas, de lo que me pasaba, de que mi historia con el ICIJ iba a acabar en una ruptura.

Tampoco me parecía correcto darle la noticia a él cuando aún no había dicho nada a mis jefes, y eso que, para este punto, ya habían pasado más de ocho semanas desde que había tomado la decisión.

Como no parecía encontrar el coraje suficiente para dar el paso, usé una estrategia muy periodística: ponerme una fecha límite, una *deadline*. El lunes 19 de junio se lo contaría a Marina, que era mi jefa directa, y agendé una reunión con ella para no dejarme escapar más. Se acababa la prórroga y le metí un gol por la escuadra a mis miedos en el último minuto.

Mar 2 - Miedo 2. Nos íbamos a penaltis.

Marina había sido mi gran valedora y promotora dentro de la organización. Ella estaba en el equipo directivo que me contrató y fue la que apostó por mi crecimiento profesional, dándome cada vez más responsabilidad. En los casi siete años que trabajamos juntas yo me había convertido en su mano derecha y la consideraba una amiga. De hecho, cuando iba a Washington DC a visitar la oficina, me solía quedar a dormir en su casa y compartía cenas con su marido y sus dos hijos.

Marina y yo teníamos una rutina: nos reuníamos cada semana para despachar prioridades. Pero la velocidad con la que pasaban las cosas hizo que ese encuentro se cancelara bastantes veces tras la publicación de los Papeles de Panamá. Demasiado viaje, demasiadas tareas, demasiado cambio. Sin embargo, ella había notado que algo me pasaba.

«Mar, últimamente te veo muy negativa, más dura con tus respuestas, en ocasiones borde», me había dicho en más de una ocasión. Y me recomendaba que cuidara mi tono y, sobre todo, cómo respondía a los compañeros. Yo lo achacaba a diferencias culturales y a que no me salía ser tan políticamente correcta como son los estadounidenses. Ni Marina ni yo supimos ver entonces que era un síntoma de que me estaba quemando.

En mi vida de vorágine constante, el 19 de junio resultó ser un día en el que iba a todo meter, en piloto automático. Según mi agenda, aterricé en Madrid por la mañana desde Almería, y de ahí me fui a festejar que ya sí teníamos el Pulitzer en las manos con los periodistas de la Sexta, que había sido uno de los medios que publicaron la investigación. El director de informativos había comprado tortillas para toda la redacción. Fue muy satisfactorio para mí volver por la puerta grande al lugar que había abandonado años antes a raíz de mi depresión. Enlacé este momento emotivo con una comida, luego con una reunión virtual y de ahí di el salto a ver en persona a mi gestor, porque en pocos días vencía el plazo de la declaración de la renta. (Tal cual estoy escribiendo esto me estoy quedando sin aire. ¿En qué momento me pareció ese ritmo algo *normal*?)

A las siete de la tarde salí pitando de su despacho. A esa hora era mi encuentro online con Marina y ya iba tarde. Le mandé un whatsapp pidiéndole unos minutos, mientras decidía a las corridas dónde colocarme para mantener una de las conversaciones más importantes que había tenido en años. A la salida del edificio había un bar. Entré y estaba casi vacío. Me pareció perfecto, aunque la Cafetería La Selva no era el espacio más adecuado para trabajar. Era el típico sitio donde la gente va a tomarse una caña con unas patatas fritas y había un ambiente bastante cutre.

Pedí una manzanilla para justificar mi estancia, abrí mi Mac, me puse los auriculares y enlacé el ordenador con mi teléfono para tener acceso a internet. En segundos, conecté La Selva en Madrid con las oficinas del ICIJ en Washington DC y me lancé a la videollamada sin pensar, sin ninguna estrategia, sin ni siquiera respirar profundamente un par de veces.

Fue difícil trasladarle a Marina que me quería ir. No sé ni qué palabras usé. Solo recuerdo decirle, entre lágrimas, que no tenía energía para lanzar ningún proyecto más, pero que no quería perjudicar a nadie con mi decisión. Me sentía muy culpable por ser incapaz de seguir adelante, pero esto no se lo dije. Dejé claro que estaba a la disposición de lo que precisara la organización, con una única línea roja: necesitaba irme antes de noviembre, que era cuando se publicarían los Papeles del Paraíso.

Pillé a Marina con el pie cambiado. No se esperaba que le fuera a dar aquella noticia, a pesar de que ya había levantado la mano diciéndole que estaba agotada unos dos años antes. Y quizás por eso, porque aquella vez no acabé yéndome, creo que esta vez tampoco le dio tanta importancia. Se mostró comprensiva, me dijo que se lo explicaría a Gerard para ver los siguientes pasos y acordamos mantenerlo en secreto por el momento.

Acabó la llamada y me quedé congelada por unos segundos. Lo había hecho, ya era oficial y no había vuelta atrás: me iba del ICIJ. Aún no sabía cuándo ocurriría, pero se iniciaba una cuenta atrás que acabaría en cero en algún momento.

De repente, antes ni siquiera de poder sentir alivio, mi atención volvió al lugar en el que estaba y a lo ocurrido: había estado llorando delante de una pantalla en medio de una cafetería. Para mí era habitual lidiar con todo tipo de situaciones desde cualquier parte, pero esa no era una conversación más. Supuse que el camarero había flipado conmigo y me entró muchísima vergüenza. Menos mal que no me conocían de nada. Pagué disimuladamente y me fui. Nunca he vuelto a La Selva.

Como si lo hubiera planeado aposta, esa noche tenía un eventazo: la fiesta oficial de celebración del Pulitzer en España. La habíamos organizado los periodistas españoles que participamos en los Papeles de Panamá, porque aquella noche de *gintonics* se nos había quedado corta. En esta ocasión nos liamos la manta a la cabeza e invitamos a amigos y familiares a una terraza en el ático de un hotel en el centro de Madrid. Todo el mundo creía que mi gran sonrisa y mi ligereza eran por el premio. Yo realmente brindaba con ellos por mi valentía: por fin, le había ganado el partido a mis miedos y me sentía libre. Cuando salimos del local, empezó a llover, al igual que hizo el día de la ceremonia en Nueva York.

Una salida sigilosa

Tardé aún tres meses y medio en irme. Mi espíritu de mamá pollo quería dejarlo todo atado y no hacer daño con mi salida ni a mi equipo ni a la organización que tanto quería. Así que me comprometí a quedarme hasta que encontráramos a alguien que me reemplazara y fui tan inocente que no pedí nada a cambio. Ni se me pasó por la cabeza negociar mi salida. Consideraba tan egoísta mi decisión y me sentía tan culpable por «dejarlos tirados» que solo quería irme causando la menor molestia posible. Mis jefes no dijeron ni mu sobre pagarme una compensación y, de hecho, ni siquiera me garantizaron un puesto si quería volver. Por otro lado, me alegro de que me dejaran planificar y ejecutar los pasos para mi salida a mi manera.

Yo sola me embarqué en la búsqueda de alguien que me sustituyera, sin que nadie supiera el verdadero motivo de por qué lo hacía, salvo mis superiores. Inicié un proceso de selección con el pretexto de que necesitábamos una persona experta en ingeniería que liderara toda la parte del desarrollo de software y tecnología. Eso era lo único que me preocupaba. Había convencido a Gerard y Marina de que lo mejor era distribuir mis funciones en dos personas y que la parte más periodística de la investigación de datos la lideraría Emilia, mi mano derecha en los últimos años. Fueron meses angustiosos, porque no encontraba a la persona adecuada. Tenía a dos candidatos fantásticos, pero no encajaron con el equipo en las entrevistas. Estaba desesperada: si no conseguía a alguien nunca me iría.

En un movimiento inesperado, uno de los desarrolladores a mi cargo, Pierre Romera, decidió dar un paso adelante y postularse para la posición. Se la había ofrecido meses antes, y me había dicho que no, pero cambió de opinión. Quería convertirse en jefe de tecnología, *Chief Technology Officer*. Por fin vi la luz y comuniqué la resolución a mis jefes por escrito. No tardó en llamarme Marina. Era finales de agosto y yo estaba teletrabajando en el piso de verano de mis padres en Aguadulce. Estábamos cerca de los 40 grados.

«Mar, ¿podrías quedarte hasta después de la publicación de los Papeles del Paraíso?», me preguntó.

Me quedé a cuadros. Se estaba saltando a la torera mi *única* línea roja: no tener que vivir una publicación más. No era un capricho elegido a la ligera. Durante siete años en el ICIJ había aprendido que, tras lanzar la investigación, siempre había meses de un caos exigente: entrevistas, apariciones en televisión, viajes a cualquier punto del planeta. No tenía energía para nada de eso.

Me sentí traicionada y la temperatura de mi cuerpo empezó a elevarse. Había un fuego interno que se fue haciendo cada vez más y más grande hasta que exploté: «¿Pero no te das cuenta de que no puedo más?». En cuanto dije esas palabras, comenzaron a brotar unas lágrimas enormes de mis ojos. Me rompí delante suyo como nunca había hecho antes.

«No sabía que estabas tan mal», dijo Marina.

Mis ojos estaban como platos. Por dentro, en mi cabeza, una voz decía: «¿¿¿¡¡¡ Cómo!!!??? ¿Pero no has visto el esfuerzo que llevo haciendo todos estos meses? ¿Estás ciega o qué?». Pero no me atreví a decírselo. Seguí escuchando en silencio.

«Como seguías trabajando tan bien y tanto, no me di cuenta de que estuvieras *así* —siguió—. Creo que tienes el síndrome del trabajador quemado.»

Yo estaba tan enfadada, que creo que mi respuesta fue algo así como: «Pues claro, eso es lo que me pasa, te lo llevo diciendo desde hace meses». Pero lo cierto es que entonces no tenía mucha idea de los detalles de este síndrome ni se lo había dicho todo tan claro antes como en aquella conversación. No había sabido ponerle palabras a lo que me pasaba y el teletrabajo había hecho más difícil ver las señales.

Al poco tiempo, acordamos que mi último día sería el viernes 29 de septiembre y que diríamos que me iba tan solo por un año. Tuve reuniones individuales virtuales con cada uno de los miembros de mi equipo para comunicárselo. Me emocionó profundamente recibir sus muestras de cariño: todos evidenciaron su tristeza por mi partida y, a la par, se alegraban de que descansara. Marina comunicó oficialmente mi salida al resto de la organización en la videoconferencia mensual en la que nos reuníamos todos los empleados. Me pilló por sorpresa que lo hiciera y las palabras que dije de despedida fueron improvisadas. Así que, en mi último día, escribí un email más sentido a mis compañeros. El asunto era «See you later, alligator!» (¡Hasta luego, cocodrilo!) y en el cuerpo del correo les dije: «Voy a tomarme un año sabático para centrarme en mi salud». Y haciendo un juego de palabras con mi nombre, añadí: «Ahora doy el salto a un nuevo proyecto, una investigación sobre la vida de la cabra del mar. Espero volver el año que viene y contaros todos los revolucionarios detalles que revelaré y el impacto a largo plazo de lo que saque a la luz ;)».

Nunca volví al ICIJ, ni a ningún medio de comunicación.

4
A LA DERIVA

¿Qué hacer cuando no tienes nada que hacer? Parar no es fácil. El hámster no frena la rueda en seco antes de salir de ella, sino que la va desacelerando lentamente hasta que se detiene.

Yo salté por la borda del transatlántico del ICIJ a 36 días de la publicación de los Papeles del Paraíso. Esos son los momentos más angustiosos y estresantes en meses de trabajo. Es lo más cercano que he vivido a sentir un terremoto inminente bajo tus pies. Es cuando se reciben las respuestas de las personas sobre las que se escribe (o más bien, de sus abogados), las presiones, las quejas, cuando se verifican todos los hechos y los datos hasta que el departamento legal da el último visto bueno para publicar.

Seguí en contacto desde la distancia y a un ritmo más lento, subida en mi bote salvavidas. Ya no dirigía la unidad de datos y tecnología, pero continué apoyando con algunas labores puntuales como editora externa hasta que se lanzó la investigación, el domingo 5 de noviembre de 2017. No pude quedarme de brazos cruzados; me pesaron demasiado el sentido de responsabilidad y la culpa por no haber sido capaz de aguantar hasta el final.

Nunca puse en redes sociales el típico mensaje de «Noticias personales» anunciando que me iba. No quería que nadie lo supiera, era como admitir públicamente que había fallado (y en última instancia, era un paso más para reconocérmelo a mí misma). Así que, en lugar de arrancar la tirita de golpe, me situé en un limbo extraño en el que seguía conectada a una organización a la que ya no pertenecía, ni quería, pero que tampoco dejaba ir. Mi separación del ICIJ fue como una de esas rupturas amorosas en las que te sigues viendo con tu expareja porque aún quedan cosas tuyas en su casa y con la que te sigues liando de vez en cuando, a pesar de tener claro que no queréis estar juntos.

Estaba agotada, pero en vez de descansar, llorar y estar tranquila, mantuve todos mis compromisos públicos para equilibrar un poco esta codependencia que todavía sentía por el ICIJ. Me dejé la agenda llena para no tener que pensar. Tenía viajes programados a conferencias hasta final de año en San Francisco, Sao Paulo y Bruselas, así como varios eventos en Madrid, y no quise renunciar a ellos. Pensé que me vendría bien viajar un poco. No fui consciente de esto hasta mucho más tarde, pero como telón de fondo de todas mis acciones en aquel entonces estaba el miedo a convertirme en alguien irrelevante, a que se olvidaran de mí. ¿Quiénes? Mis compañeros de profesión, mis futuros empleadores, «el Mundo». El objetivo era que se me siguiera viendo activa, porque lo cierto es que no tenía ni idea de cuál sería mi siguiente paso profesional y eso me aterraba. La sensación de no saber hacia dónde me dirigía era angustiante y lo más cómodo fue aferrarme a lo que ya tenía, incluso si era lo malo conocido. Además, visto desde la distancia, no parecía tan malo.

Dejé mi puesto el 29 de septiembre y el 7 de octubre, exactamente una semana más tarde, ya estaba montándome en un avión a San Francisco. Viajé para dar una charla TEDx en inglés en un teatro lleno de cientos de personas en la meca de la tecnología.[1] Compartí escenario con altos cargos de Salesforce y Google, así como con un profesor de la Universidad de California que tenía una cátedra pagada por Mark Zuckerberg, el CEO de Meta, y su esposa. En la web del evento todavía figuraba mi antiguo cargo: «Mar Cabra, responsable de datos e investigación, ICIJ». Pero el ICIJ ya no estaba cubriéndome las espaldas y yo me sentí huérfana. Titubeaba ante la pregunta de «¿dónde trabajas?».

El día de mi vuelta a España, el lunes 16 de octubre de 2017, me desperté con un chat de WhatsApp de Marina: «Hola Mar! Se te extraña en estos momentos de prepublicación. Quería saber cómo te fue con Tedx. Me imagino que súper bien. Contame cuando puedas. Un abrazo».

Recuerdo que, en ese instante, no me sentó del todo bien. Había pasado una semana desde mi charla y me molestó que ese mensaje llegara *tan tarde*. Sentía mucha rabia por todo lo que había pasado y eso no me dejaba ver lo entrañable de su nota. Un poco enfurruñada, pensé: «Ya no eres mi prioridad. Te responderé cuando me venga bien». Y seguí con los preparativos de mi salida, ya que mi vuelo era temprano.

Dos horas después, recibí dos mensajes más suyos. Uno era un enlace a una web y el otro decía: «Mar, te comparto estas terribles noticias de Matt», refiriéndose a Matthew Caruana Galizia, con quien empecé la unidad de datos, y que seguía trabajando en el ICIJ. Lo vi a los pocos minutos de que lo enviase. En el whatsapp se previsualizaba parte de lo que parecía una noticia: «BREAKING: Daphne Caruana Galizia Reported Dead In Car Ex...» (ÚLTIMA HORA: Daphne Caruana Galizia reportada muerta en coche bo...).[2]

En seguida hice clic para entender mejor. El artículo explicaba que se creía que la madre de Matt, de 53 años, también periodista, había sido víctima de un coche bomba. Había explotado a las 15.00 en Bidnija, Malta, tan solo un par de horas antes de este último mensaje de Marina.

«Dios mío —respondí—. Se ha confirmado? Gracias por decirme.»

«Sí, lo confirmó Matt —me dijo Marina—. Está en Malta.»

Por aquella época, Matt era un treintañero que vivía como nómada digital. Teletrabajaba desde diferentes puntos de Europa, aún averiguando dónde quería establecerse. Ese día estaba en su casa familiar. Poco antes de las tres de la tarde, su madre se despidió de él, salió de casa y cogió el Peugeot 108 que tenía alquilado. Él siguió delante de la pantalla, trabajando para el ICIJ, probablemente desarrollando el software que lideraba y que permitía a periodistas de todo el mundo acceder en remoto a la totalidad de los documentos de las filtraciones. A los pocos minutos, se escuchó una explosión. Matt salió de casa corriendo, fue el primero en llegar al lugar de los hechos.

Al poco de lo ocurrido, envió un mensaje de WhatsApp a una amiga común. Le dijo, en su español imperfecto: «Es un guerra. Toda la calle en llamas, pedazos de su cuerpo por todo lado. Me rendí con apagar las llamas en el carro cuando vi sus pies en la tierra».

Daphne Caruana Galizia era una periodista incómoda, una de las pocas voces de su país que libremente exponía en su blog casos de corrupción, incluso si eran de las más altas esferas.[3] Tenía casi cincuenta casos en los tribunales contra ella por difamación, una de las tácticas más usadas por los poderosos para acallar a la prensa, pero en este caso, tuvieron que llegar a las últimas consecuencias para silenciarla.

Cuando fue asesinada, llevaba más de un año publicando sobre las conexiones del círculo cercano del entonces primer ministro maltés, Joseph Muscat, con sociedades en paraísos fiscales usadas con motivos oscuros, potencialmente corrupción. Aunque ella no formó parte del equipo original de los Papeles de Panamá, nuestra investigación supuso un fuerte espaldarazo para su trabajo, que confirmó algunas de sus revelaciones y le dio más indicios para seguir profundizando. Sus noticias fueron el motivo de un adelanto electoral, según Muscat.

No fue hasta cinco años después de su muerte que se condenó a las dos personas que ejecutaron el plan que llevó a su asesinato. A los hermanos George y Alfred Degiorgio les cayeron cuarenta años de cárcel, pero siguieron abiertos procedimientos legales contra los proveedores de la bomba y el supuesto cerebro de la operación.[4]

El día del suceso, entre avión y avión, hablé con varios miembros de mi antiguo equipo para darles sostén emocional y escucharlos. Yo me quedé de piedra, no me creía que hubiera pasado algo así. Sabía que los periodistas de investigación estábamos expuestos a riesgos, pero nunca imaginé que, en un país europeo, la muerte pudiera ser uno de ellos. Además, me sentía impotente. Pude hacer poco por acompañar a Matt en esos momentos más que mostrarle mi apoyo desde la distancia. Me ofrecí a ir a Malta en nombre del ICIJ, pero al ya no ser parte de la organización se decidió que tenía más sentido que fuera su nuevo jefe, Pierre.

Evidentemente, Matt estuvo meses sin volver al trabajo y sus compañeros tuvieron que asumir todas sus responsabilidades, lo que les originó un estrés adicional en esa época ya de por sí complicada por la publicación de los Papeles del Paraíso. Quizás suene egoísta, pero, pasado el *shock* inicial, sentí un gran alivio por haberme ido antes de que todo aquello ocurriera. También me sentí aún más culpable por haberlo hecho.

Desde entonces, Matt no ha podido ponerse delante del ordenador a escribir código. Ahora dirige la fundación que creó su familia en honor a su madre.[5] Se ha convertido en una reconocida voz en contra de los litigios estratégicos contra la participación pública, conocidos como *SLAPP suits*, por sus siglas en inglés. Estos eran el tipo de pleitos que acumulaba Daphne por su labor en favor del periodismo de rigor, y que lamentablemente en los últimos años se han incrementado en contra de periodistas, activistas, sindicalistas u oposición política.

Cuando aterricé en Madrid, al día siguiente del atentado, hice realidad algo que llevaba mucho tiempo deseando: me registré en un retiro de meditación de diez días de silencio, que tendría lugar tres meses más tarde, a principios de 2018. Mientras trabajaba en el ICIJ fue algo que había intentado —y postergado— al menos tres veces. No recuerdo bien si fue un impulso por la situación o si ya tenía en la cabeza inscribirme. Pero lo cierto es que, a toro pasado, parece que fue una señal. Porque la vida puede parar en cualquier momento y no hay que retrasar lo importante.

SEGUNDA PARTE
VOLVER A SER HUMANA

5
LA ATENCIÓN

> Entre el estímulo y la respuesta hay un espacio. En ese espacio está nuestro poder de elegir nuestra respuesta. En nuestra respuesta yacen nuestro crecimiento y nuestra libertad.
>
> VIKTOR FRANKL

«Puedes dejar tu móvil, tu libreta y todas tus pertenencias en esta bolsa. Solo puedes llevar contigo tu ropa y materiales de aseo. El resto, te lo daremos en diez días. A partir de esta noche, no podrás hablar ni interactuar con nadie.»

Estas instrucciones, que bien podrían pronunciarse antes de entrar en una cárcel o un centro de rehabilitación, fueron las que me dijeron al entrar en Dhamma Sacca. Había llegado a este centro de retiros en Candeleda (Ávila) tras un viaje de unas dos horas en coche desde Madrid. Se encontraba en una parcela de diez hectáreas con vistas a la sierra de Gredos y al pico Almanzor, uno de los más altos de la España peninsular. Media docena de edificios de arquitectura austera, organizados por módulos de una sola planta, servían para alojar a los participantes, darles de comer y acoger las sesiones de meditación. El paisaje era sobrio: pocos árboles y arbustos, y ninguna distracción superflua —ni ruidos urbanos, ni tráfico, ni estímulos visuales innecesarios—. El cielo, despejado, se desplegaba inmenso bajo una luz limpia y clara. La quietud exterior parecía diseñada para favorecer la quietud interior.

Otras 119 personas, 60 hombres y 59 mujeres, habían decidido hacer lo mismo que yo: eliminar toda distracción externa y zambullirse en el silencio. Había algunos que era la quinta o sexta vez que venían. En esos diez días solo teníamos una tarea: observar nuestra respiración, o dicho de otra manera, meditar. Nunca he hecho en mi vida nada tan complicado como ese retiro. Los Papeles de Panamá eran pan comido a su lado.

A las 4 de la mañana sonaba el despertador: un gong que se oía en todas las habitaciones a través de unos altavoces. En la mía éramos seis mujeres, en tres literas de madera, y la instrucción era que nos evitáramos la mirada para sentirnos como si estuviéramos solas.

Era a mediados de enero de 2018 y hacía un frío que congelaba los huesos, así que apuraba todo lo posible en la cama. Tras una visita veloz al baño para hacer pis, me enfundaba unos leotardos, mi equipación térmica (pantalón, camiseta de manga larga y calcetines), un forro polar, los guantes, la bufanda, el plumas y mis deportivas y caminaba lo más rápido que podía durante los tres minutos de camino de tierra de la residencia a la sala de meditación.

Las mujeres entrábamos al gran y diáfano salón de madera por la derecha, los hombres por la izquierda. Cruzarse con el género opuesto era otro estímulo a evitar. En la penumbra, buscaba el sitio que me habían asignado el primer día entre las ocho filas de plazas femeninas y me sentaba en el suelo, en un cojín encima de un tapete azul oscuro, que me resultaba incomodísimo. Como ya no tenía el abrigo, me ponía una bata y una manta. Los guantes seguían cubriendo mis manos.

De las 4.30 a las 21 h, la rutina era siempre la misma, casi monacal: sentarse sigilosamente en el suelo y durante diez horas, centrar la atención en la respiración. Entremedias, había descansos para estirar las piernas y para las comidas: desayuno, almuerzo y merienda, en vez de cena. Nos daban dos piezas de fruta, si era la primera vez que lo hacías, como yo, y si no, tan solo un poco de leche o agua con limón y jengibre. A partir de las 18 h no se comía nada más. No se podía hacer ejercicio, solo te dejaban pasear en las pausas entre los pocos árboles de las zonas habilitadas de la finca y mirar el agua del riachuelo que la cruza o a la sierra de Gredos. A las 21.30 se apagaban las luces del centro y todos debíamos estar en la cama. Después, yo daba muchas vueltas y tardaba en dormirme alrededor de una hora, como mínimo.

Habíamos ido allí a aprender la ***meditación vipassana***, tal como Buda la desarrolló hace 2.500 años. Se fue pasando de generación en generación hasta que Satya Narayana Goenka, un indio nacido en Myanmar, la expandió por el planeta a partir de los años ochenta. Según la web de su organización, hoy en día hay más de 260 centros certificados en los cinco continentes que instruyen sobre esa manera de practicar. En España hay dos, uno de ellos es Dhamma Sacca, donde estaba.[1] Lo hacen de manera gratuita y sosteniéndose con donaciones voluntarias, usando las grabaciones de Goenka, porque él murió en 2013. Así, sigue enseñando desde su tumba, gracias a la tecnología.

Parar la mente

Este retiro no era mi primera experiencia de meditación. Empecé a meditar unos tres años antes, cuando acababa de empezar en mi posición como editora de datos del ICIJ. Pero inicialmente no lo hice porque sintiera que lo necesitara para el trabajo, sino porque justo acababa de terminar una breve pero intensa relación y estaba destrozada emocionalmente. Lloraba todo el día y no podía dejar de pensar en el chico que me había dejado. En conversaciones con mis amigos les decía, repetidamente: «Ojalá pudiera sacármelo de la cabeza. Necesito parar mi mente».

Tras pensar en múltiples soluciones, concluí que el ***mindfulness*** me ayudaría justamente a eso, así que hice un curso de medio día una mañana de domingo en septiembre de 2014 en el centro de Madrid. Aprendí que meditar no es dejar la mente en blanco y conseguir que no pase nada en ella. Estar en verdadero silencio mental es imposible. Lo que me enseñaron es a enfocar la atención en la respiración con los ojos cerrados. Haciendo esto durante algunos minutos me sentía más calmada y, por un rato, en paz. Mi mente no se paraba por completo, pero sí se ralentizaba un poco su actividad. Aunque no conseguí sanar mi desamor (me llevó meses olvidarme de aquel chico), descubrí una herramienta muy útil para relajarme en momentos estresantes.

Haber experimentado una vez el poder de la meditación no es suficiente. Para sentir sus beneficios a largo plazo hay que cultivar la atención plena de manera continuada. Seguí desarrollando mi práctica aprendiendo con aplicaciones como Headspace, yendo a algún taller más y a retiros de varios días, que incluían la meditación como una de las actividades. También aprendí otras prácticas como la meditación en movimiento o el canto de mantras.

Al final, acabé usando la técnica en mi día a día para sentirme menos estresada cuando trabajaba. Me fue muy útil a lo largo de la investigación de los Papeles de Panamá. En los puntos pico de estrés, yo desplegaba mi superpoder: antes de abrir el ordenador para iniciar la jornada, cerraba los ojos y me dedicaba a inspirar y espirar conscientemente durante cinco o diez minutos. Esto me ayudaba a no angustiarme tanto y, cada vez que había un marrón, todo me afectaba mucho menos. Me sentía como Neo en *Matrix* cuando logra esquivar las balas porque puede ir más lento y modificar la realidad a su antojo. En mi caso, yo esquivaba hábilmente el agobio, en vez de que me atravesara y se quedase enganchado en mi pecho.

Viendo los efectos tan positivos de meditar en periodos tan breves de tiempo, me vino a la mente la idea de hacer algún retiro largo, solo de meditación. Cuando me hablaron de los retiros de silencio de diez días de vipassana, supe que algún día acabaría apuntándome a uno. Cuando por fin conseguí hacerlo, aquel frío enero de 2018, me di cuenta de que, hasta entonces, solo había estado rascando en la superficie.

La sabiduría del silencio

Sentada en mi cojín de meditación en Candeleda, una de las primeras sensaciones que recuerdo es que el silencio externo amplificó mi ruido interno. Al estar callada, sin distracciones, y no poder hablar con nadie, el «runrún» de mi cabeza se hizo mucho más fuerte que antes. Era como si mis pensamientos gritaran en mi cabeza. Estaban ya allí antes, pero ahora no podía evadirme con nada e ignorarlos. Sonaban con un volumen tan alto que un aeropuerto en hora punta de salida de aviones se quedaba corto.

Estaba la voz destructiva («¿Qué mierda has hecho?, ¿Por qué has dejado tu trabajo?, ¿Y ahora qué vas a hacer?»), la voz que dudaba de todo («¿Quién eres?, ¿Qué quieres?»), la que tenía mucho resentimiento contra el ICIJ («Fueron unos cabrones conmigo, Gerard se portó fatal, Marina no me apoyó») y luego, la voz que se acordaba de todo y que traía recuerdos de cualquier punto de mi vida, hasta de mi infancia más temprana.

Dicen los budistas que los humanos tenemos una ***mente mono***, siempre a su bola, dando saltos de un lado a otro caprichosamente y sin descanso. ¿Y cómo se consigue parar a un mono? Dándole un plátano, por ejemplo. Por unos segundos, el animal se detiene, pela la fruta y se la come. Todo ello sin moverse del sitio. Por eso se centra la atención en la respiración al meditar. Es el plátano para nuestra mente mono y una de las maneras más efectivas de frenarla. Esta capacidad puede entrenarse, al igual que fortalecemos nuestros músculos haciendo ejercicio.

En una de las múltiples charlas a las que he ido en los últimos años sobre desarrollo personal, me hicieron una serie de preguntas que me acabaron dejando esto muy claro.

—Que levanten la mano las personas en la sala que van a entrenar al gimnasio o salen a correr.

Entre un tercio y la mitad de la sala la levantó.

—¿Y cuántos de vosotros usáis vuestro cuerpo de manera profesional en vuestro trabajo, por ejemplo corriendo maratones?

Nadie.

—Ahora, levantad la mano aquellos que uséis vuestra mente para vuestro trabajo.

Todos la levantamos.

—¿Y cuánto tiempo dedicáis a entrenar vuestra mente?

Aquí, como mucho uno o dos se sintieron aludidos. El resto, afirmaron con su silencio lo evidente de la sociedad moderna actual: que dedicamos más tiempo a cuidar nuestro cuerpo que a cuidar nuestra mente. En otras palabras: nuestros dientes suelen recibir más atención diaria que nuestro cerebro.

Dados mis casi siete años de frenesí laboral como periodista de investigación, diez días de entrenamiento de la atención me parecieron un trato justo. Estar en Dhamma Sacca era un campamento de formación para mi mente exhausta.

Aunque la teoría es sencilla —cierra los ojos y pon el foco en tu respiración—, la puesta en práctica es bastante difícil, y se complica aún más cuando se hace de manera sostenida durante tantos días. El mundo de hoy está tan sobreestimulado, que en el proceso de aprendizaje de este método hay, primero, un periodo de «desintoxicación», en el que vas bajando revoluciones poco a poco.

Nos tiramos tres días observando cómo el aire entraba y salía de nuestro cuerpo, cerrando cada vez más el foco alrededor del triángulo que forman los orificios de la nariz con el labio superior. Mi trabajo era pillar a mi mente yéndose de paseo con cualquier pensamiento y volver, tranquilamente, a mi respiración, mi ancla al momento presente. De vez en cuando me quedaba dormida, cuando me despertaba, otra vez a mi ancla. Entremedias, había una lluvia de pensamientos intrusivos y de distracciones que se buscaba mi mente.

Por ejemplo, de repente empezaba a picarme una parte del cuerpo o me despistaba con el sonido de una compañera moviéndose.

En esa batalla por volver al presente, la atención se iba haciendo cada vez más afilada. De no sentir casi nada, pasé a notar los pelitos del labio o la temperatura del aire. Y entonces, se está listo para empezar a aprender la técnica de meditación vipassana, que significa «ver las cosas tal como realmente son».

La práctica consiste en observar las sensaciones sutiles en todo el cuerpo sin reaccionar ante ellas. El concepto es sencillo: se trata de observar tu respiración y sensaciones físicas, haciendo un ***escáner corporal***, de pies a cabeza, entendiendo que todo es impermanente, todo pasa, tanto lo bueno como lo malo, y por tanto no hay que aferrarse a nada. La implementación es compleja, porque la mente no para y desvía la atención en todo momento, y porque tras tantas horas sentada, el cuerpo empieza a doler, mucho. Hay que tener una voluntad de hierro porque toda la experiencia es muy dura. Tanto, que algunos no aguantan y se acaban yendo a su casa.

En ocasiones, la voz de Goenka te pide el compromiso de que no te muevas de tu posición ni te levantes, a no ser que tengas una emergencia. Recuerdo un día que el dolor que sentía en mis rodillas y en mi coxis era tan fuerte, que me puse a llorar. Las lágrimas estuvieron un rato largo resbalando por mis mejillas, pero me mantuve quieta y el dolor se hizo más pequeño, se fue disipando. Un ejemplo clarificador de impermanencia.

A medida que avanzaron los días, mis pensamientos se fueron espaciando y aprendí a convertirme en observadora de la actividad en mi mente. Veía las ideas pasar y las dejaba ir, como si fueran coches en la carretera a los que pierdes de vista. A nivel físico, cada vez notaba las sensaciones corporales con más precisión y matices, y, a la vez, sentía como si los límites de mi cuerpo se difuminaran y yo fuera más grande, como un muñeco Michelin. Probablemente, incluso se produjeron algunos cambios en mi cerebro. Hay múltiples estudios que han documentado el efecto de la meditación prolongada en la actividad cerebral.

También ocurrieron situaciones muy especiales. Algunas son difíciles de contar. Primero, porque es complejo expresarlas con palabras, pero también porque pueden sonar demasiado *raras*. Sin embargo, para mí hubo una que fue tan significativa que me voy a arriesgar a contártela (y que pienses que se me fue la pinza).

Debía de ser el día siete u ocho del retiro. En medio de una meditación, apareció inesperadamente una sensación de bienestar y alegría que rápidamente inundó todo mi cuerpo. Estaba FELIZ. Mi mente intentó en seguida aclarar lo que ocurría y una voz, que yo no sentí como la mía, dijo en mi cabeza: «Es así. Estás donde tienes que estar».

¿Pero qué quería decir eso? La frase era demasiado críptica para alguien con una mente tan precisa y directa como la mía. Entonces empezó un diálogo interno que debió de durar pocos segundos y que puede sonar estúpido o demasiado místico, pero fue muy clarificador:

Yo: «¿Estoy feliz por estar en el centro Dhamma Sacca aprendiendo vipassana?».

La Voz: «Estás feliz por estar donde tienes que estar».

Yo: «¿Cómo?».

La Voz: «Es así, es por aquí. Ahora estás en el camino correcto, estás siguiendo *tu* camino. Enhorabuena».

Y de repente, esa sensación de felicidad se tornó agradecimiento y en mi cabeza, esta vez sí, con mi voz, se oyó: «Gracias, Gerard». Me quedé sorprendida de haber dicho esas palabras (en mi mente). ¿Qué pintaba Gerard en todo aquello, si yo sentía que se había portado fatal conmigo? ¿Gracias, por qué? Y entonces lo vi claro: «Ahora entiendo que tú tenías que comportarte así para ayudarme a llegar hasta aquí».

En ese momento, mi rabia contra él se hizo mucho más pequeña. Comprendí, desde mis entrañas, que hay ***personas catalíticas***, que tienen un rol clave en nuestras vidas, aunque muchas veces sea desagradable: sin ellas no nos moveríamos de donde estamos. Si allá por el 2014 aquel chico no me hubiera dejado, no habría empezado a meditar. Si no hubiera tenido desencuentros con Gerard, quizás nunca habría decidido dejar mi trabajo y priorizarme.

Cuando terminó la meditación, salí de la sala tan emocionada por lo que había pasado que estaba decidida a escribirle agradeciéndole por todo. Como en ese momento no tenía papel, me comprometí conmigo misma a hacerlo cuando volviera al mundo real. Pasados los días, ya fuera de allí, y cuando empecé a compartirlo con amigos cercanos, me convencí de que escribirle ese email era un poco imprudente. Aunque me abstuve de enviarlo, aún hoy hay muchos días en los que sigo agradeciendo (mentalmente) a Gerard el papel que tuvo en mi vida.

El experimento: fase 1

Quienes me conocen se ríen incrédulos cuando les digo que estuve diez días en silencio y que me encantó. Soy una persona que hablo por los codos, y muy rápido, y no pueden imaginarse a una Mar feliz de estar callada tanto tiempo. Lo cierto es que, contra todo pronóstico, me costó bastante abandonar la quietud de la palabra.

Salir del silencio requiere un lento proceso de ajuste. La tarde antes de que acabe el retiro te permiten hablar con los demás. Se rompe esa ilusión de soledad y empiezas a comentar con tus compañeras de habitación, o con otras personas con las que te cruzas, aún del mismo género, porque son las que están «de tu lado» en el complejo residencial.

Mi primera sensación fue que la gente hablaba demasiado. Escuchaba conversaciones desde la distancia y me apetecía poco intervenir. Lo sentía como un ruido desagradable, como cuando estás escuchando la radio, pierde la frecuencia y escuchas estática. Notaba todo estímulo externo amplificado. También el tacto. Recuerdo tocarme la palma de la mano y sentir tanto placer como he sentido cerca del orgasmo.

La prueba de fuego vino al día siguiente, cuando finalizó la experiencia. Volví a por la bolsa con mis pertenencias y encendí el móvil con miedo. No sabía lo que me iba a encontrar, sobre todo en WhatsApp. Sinceramente, no recuerdo con exactitud cuántos chats había —¿decenas? ¿Más de cien, quizás?—, pero sí que lo sentí excesivo y molesto, como si me hubieran dado una patada en el estómago.

Ese fue el choque más grande: volver a un mundo en el cual existía la tecnología. Era como si estuvieran retransmitiendo esa radio desintonizada por los altavoces de un concierto al que me habían forzado a ir y estar en primera fila. Si bien las ganas de hablar me fueron volviendo poco a poco y mi tacto dejó rápidamente de ser tan excitante, mi relación con mi móvil y otros dispositivos digitales no volvió a ser la misma. Todo me parecía extraño: ¿por qué tantos mensajes? ¿Por qué siento que tengo que responder al minuto? ¿Y por qué me inquieta si la gente ha visto lo que he escrito y no me responde?

Estas preguntas empezaron a resonar cada vez más fuerte en mi cabeza, y la extrañeza se hizo aún más evidente cuando me fui a vivir lejos de Madrid. Yo era una adicta al trabajo en rehabilitación, y la capital representaba un lugar donde había demasiadas oportunidades laborales y actividades varias, así que decidí marcharme para no caer en la tentación. Como mi correo electrónico también era una gran fuente de posibles reclamos, una semana después de acabar el retiro de vipassana, puse esta ***autorrespuesta para gestionar expectativas*** en castellano y en inglés: «Hola, durante el mes de febrero estoy experimentando con el uso del correo y solo lo consulto los martes y los jueves. Puede que mi respuesta tarde más de lo habitual. Te agradezco la paciencia y comprensión».

Un día después, me bajé a Aguadulce. Estuve yendo y viniendo por unos meses hasta que, a mediados de abril, decidí establecer mi residencia permanente allí. Habían pasado seis meses desde que dejé mi trabajo y dos años desde los Papeles de Panamá. El piso de mis padres, el apartamento vacacional que fue un refugio para mí durante aquella investigación, se convirtió en mi inesperado nuevo hogar. Había estado visitando la provincia desde mi infancia por temas familiares y siempre lo hacía a regañadientes; ahora, la elegía a conciencia.

La costa almeriense es famosa por sus pueblos idílicos, con casas blancas, y en medio del paraje natural del Parque de Cabo de Gata. Aguadulce no es uno de ellos. A quince minutos en coche de Almería ciudad, esta pedanía al lado del mar

Mediterráneo con 17.300 habitantes censados —y cuya población se triplica en verano—, fue nombrada primer Centro de Interés Turístico Nacional de España a mediados de los años sesenta. Allí se inauguró el turismo en nuestro país y quizás eso lo protegió del desarrollo urbanístico exacerbado posterior de otras zonas costeras. Con una calle principal por la que transita la mayoría del tráfico y tan solo un par de hoteles grandes a pie de playa, las vistas incluyen chalés (o mansiones) salpicados por algunos edificios altos, de entre diez y catorce plantas, como el mío, y muchas palmeras. A los límites de la localidad empieza el mar de plástico que forman los invernaderos que surten de fruta y verdura al resto de Europa durante todo el año.

A pesar de que el entorno no es de ensueño, a mí Aguadulce me da paz, al menos en esta etapa vital. Es un sitio en el que, si llegas quince minutos tarde, no pasa nada, y donde la vida es mucho más barata. Pero, sobre todo, un entorno con muy pocos estímulos externos: no conozco a casi nadie, no tengo compromisos y puedo ir a mi aire. Y a la vez, puedo vivir un día a día más o menos normal, sin renunciar a tener un supermercado cerca u opciones de ir al cine o al teatro de vez en cuando.

En ese contexto de mayor tranquilidad me convertí en una observadora de mi relación con mi móvil, y me di cuenta de que había estado enganchada. Lo abría constantemente para ver si *había algo*. Esto tenía sentido cuando estaba atendiendo a los casi cuatrocientos periodistas de diferentes partes del mundo durante los Papeles de Panamá, pero ahora ya no. ¿Qué mierdas hacía yo revisando WhatsApp cada pocos minutos para ver si había entrado algún mensaje? ¿Por qué mi teléfono me chupaba la atención constantemente?

También empecé a apreciar fallos en la atención de los demás. Uno de los comportamientos que más me chocaba era cuando en un mensaje había dos puntos a comentar y la persona solo respondía a uno de ellos (habitualmente, el último punto). Estoy segura de que este tipo de cuestiones ocurrían antes, pero ahora que yo iba más lenta se convirtieron en tremendamente obvias.

«¿Qué nos está pasando como sociedad? —pensé—. Esto no es normal.»

Un año antes, en Silicon Valley

Mi experimento con el email, y mis cuestionamientos sobre la sociedad tecnologizada, estaban directamente influenciados por el momento histórico que vivíamos. También tenían mucho que ver con alguien a quien había conocido un año antes en San Francisco, un chico llamado Tristan Harris.

Fue en Wisdom 2.0, la primera conferencia masiva de desarrollo personal a la que asistí, en febrero de 2017, unos meses antes de que nos dieran el Pulitzer. Aproveché para ir cuando visitaba a mi primo, que vivía en la zona. Más de 2.500 personas de veinticuatro países se juntan anualmente durante tres días en Wisdom 2.0 (Sabiduría 2.0), según su web. Es uno de los principales eventos mundiales donde se unen tecnología, meditación y espiritualidad. Ese año, entre los grandes nombres del cartel, estaban popes como Jon Kabat-Zinn, considerado el padre del mindfulness, y Byron Katie, autora del famoso método de indagación «El Trabajo».

Yo era aún bastante novata en ese campo y ni siquiera sabía quiénes eran esas personas tan conocidas, con lo que atendía a unas charlas u otras un poco al tuntún, movida muchas veces por el título. «¿Puede la tecnología apoyar el mindfulness?» me resultó interesante y me senté a escuchar lo que decían dos chicos blancos de unos treinta y pocos (mi edad), en conversación con una directiva de una empresa de capital riesgo.[2]

Parecían los típicos «tech bros» que ese día habían cambiado la característica camiseta por una camisa sencilla, para parecer un pelín más elegantes. Ambos tenían una barba desenfadada, que no acababa de crecer por toda su cara. Uno de ellos, Alex Tew, había creado una app de meditación (Calm, que luego se convirtió en una de las líderes del mercado) y el otro, Tristan Harris, había lanzado un movimiento llamado Time Well Spent (Tiempo bien usado) tras dejar su puesto en Google como especialista en ética del diseño y filósofo de producto.

«La narrativa más común en Silicon Valley, y en el mundo, es la idea de que la tecnología es neutral —dijo Harris—. Esto no es verdad.» Él defendía que la economía de la atención nos ha demostrado que la atención es un bien escaso y que el mercado de la tecnología compite por este bien a toda costa. En esta nueva economía, el modelo de negocio de las principales aplicaciones se basa en cuánto tiempo (otro recurso limitado) se pasan en ellas los usuarios. Para captar ambas cosas, atención y tiempo, hay ingenieros expertos en usar todas las técnicas persuasivas conocidas por la psicología y la neurociencia.

«Pero hay una diferencia entre lo que funciona para captar tu atención y lo que es bueno», argumentaba Harris.

Hablar de esto hoy en día puede sonar a manido para algunos, porque ya ha habido documentales y libros sobre el tema, y porque hemos vivido una pandemia en la que todos nos tuvimos que digitalizar a marchas forzadas —y sufrir sus consecuencias—. Pero entonces era una conversación bastante novedosa, y a mí me pareció fascinante el concepto de la economía de la atención y todo lo que conllevaba a nivel social.

Me sentía muy identificada. Por fin entendí el porqué de algo que me pasaba a menudo y me sacaba de quicio. Solía perder entre una y dos horas por las noches, antes de dormirme, mirando chorradas en Facebook o en Twitter, a pesar de haber trabajado más de diez horas y estar agotada. No era mi culpa y un signo de que fuera una inconsciente, sino que, más allá de mi control, había fuerzas externas que me empujaban a ello y que ejercían influencia sobre mí.

Uno de los ejemplos que más me sorprendió de aquella charla fue sobre la app de mensajería Snapchat, la primera red social en introducir los filtros de realidad aumentada a imágenes y vídeos cortos, y que en aquel momento era la más usada por los adolescentes en Estados Unidos. Harris explicó que la app contabilizaba cuántos días consecutivos te habías comunicado con un amigo, en lo que se llaman «rachas», y los chavales estadounidenses estaban tan enganchados a no perder sus rachas, que cuando se iban de vacaciones daban su contraseña a algunos amigos para que continuaran sus conversaciones. No importaba lo que se dijeran, con tal de no perder esa distinción.

«Mi hija lo ha hecho. Esta historia es verdad», dijo la moderadora. A lo que yo pensé: «Estamos jodidos», porque todo lo que pasa en Estados Unidos llega tarde o temprano al resto del mundo; de hecho, años después nos enfrentamos a una crisis de salud mental en los adolescentes conectada con su uso de la tecnología.

«¿Qué es persuasión ética y qué es persuasión no ética? —se preguntó Harris—. La persuasión no ética es cuando los objetivos con los que se diseña [la app] no son los mismos que los objetivos de tu niña.» Pero en las cuestiones éticas nada es blanco ni negro.

«Es interesante, porque nosotros tenemos esa funcionalidad [de las rachas] en Calm», saltó Tew, con las consecuentes risas del público. Pero explicó que en su caso lo hacían para ayudar a la gente a practicar más mindfulness, cuyos beneficios se desarrollan si se hace de manera continuada, idealmente a diario. Con lo que, en su caso, los objetivos (y los incentivos) entre aplicación y usuario estaban alineados.

«Debemos hacernos estas preguntas profundas sobre qué es bueno para la gente —concluyó Harris—. Para ayudarles a vivir según sus valores.»

Me quedé prendada de Harris y, a la vez, aterrorizada por todo lo que había contado. Necesitaba hablar más con él. La oportunidad se presentó en el cóctel del final del día. No fui la única que tuvo esa misma idea, pero como buena periodista, supe encontrar el hueco adecuado para abordarlo.

A pesar de haber asaltado en mi carrera a personajes como el antiguo presidente de Venezuela, Hugo Chávez, o el primer ministro del Reino Unido, Gordon Brown, lanzarte a hablar con un desconocido que a la vez es famoso es siempre una tarea intimidante. La clave no está tanto en la primera pregunta, sino en cómo conseguir que se quede contigo después de la segunda. Tenía a mi favor que el físico de Tristan Harris no era un añadido amedrentador: tenía más o menos mi edad, era un tipo delgado y un poco más alto que yo (o sea, no muy alto, porque mido 1,5 metros). Además, tenía cara de buena gente; su aire era calmado y su pelo y barba pelirrojos suavizaban sus rasgos faciales.

Conseguí estar con él más de diez minutos. Aunque fue muy amable y sentí que me escuchaba atentamente, se me cayó un poco del pedestal en el que le había colocado. Sobre todo cuando le pedí que me contara un poco más de su experiencia y me dijo que justo la revista *The Atlantic* había publicado un perfil sobre él y que mejor me la leyera, que ahí estaba todo. Aquello me pareció bastante arrogante, pero con perspectiva, creo que lo que hizo fue manejar muy bien su energía. Estaba siendo eficiente en cómo invertía su tiempo (lo estaba «usando bien»), ya que repetir la misma historia todo el rato es muy cansino.

Ese artículo le describía como «lo más cercano que tiene Silicon Valley a una consciencia» y, efectivamente, era bastante completo.[3] Contaba cómo, ya en 2013, Harris había causado bastante alboroto en Google con una presentación que distribuyó internamente titulada «A Call to Minimize Distraction & Respect Users' Attention» (Una llamada a minimizar la distracción y respetar la atención de los usuarios). Cada una de las 141 diapositivas presentaba una idea. Algunas mostraban simplemente el texto en negro delante de un fondo blanco. Como esta, que estaba de las primeras: «Estoy preocupado por cómo estamos haciendo que el mundo esté más distraído».

Otras usaban imágenes sugerentes, como las dos últimas de este mensaje, que estaban acompañadas de una imagen del planeta Tierra cogido por unas manos:

«Debemos de sentir…
… una enorme responsabilidad
de hacer esto bien».[4]

No era para menos. Harris daba algunas estadísticas del gran impacto que las decisiones de los *googlers* tenían en la sociedad: decidían cómo funcionaban las notificaciones de todos los móviles con el sistema operativo Android (aproximadamente uno de cada dos en el mundo en aquel momento) y, por tanto, moldeaban «más de 11.000 millones de interrupciones en la vida de la gente cada día».

Unos meses más tarde de aquella presentación fue cuando Harris obtuvo el puesto de especialista en ética del diseño y filósofo de producto en la compañía. Sin embargo, consiguió cambiar poco dentro de la casa, y en enero de 2016, tras menos de tres años en esa posición, se fue de la tecnológica. Entonces, creó el movimiento Time Well Spent para promover una transformación de manera más amplia, como explicó en la charla en la que le conocí en 2017. Un año después, mientras yo iniciaba mi viaje hacia el sur de España, Harris conseguía reformar parte del sistema en Silicon Valley.

2018: El año en que cambió todo

«Una de nuestras principales áreas de enfoque para 2018 es asegurarnos de que el tiempo que todos usamos en Facebook sea tiempo que usamos bien.» Así empezaba Mark Zuckerberg, CEO de Facebook (ahora Meta), su primer post profesional de ese año en su red social. Anunciaba cambios en el tipo de contenidos que se mostrarían en el muro (*feed*) de cada persona, «centrándose en acercar a la gente, tanto si son familia y amigos, o momentos importantes en el mundo». Lo justificaba apuntando a estudios e investigaciones, y apropiándose de las palabras exactas del movimiento de Harris, a pesar de que proponía un cambio mucho más superficial de lo que él había planteado.

A los pocos días, la popular publicación *techie The Verge* sentenciaba con el titular: «El "tiempo bien usado" se está convirtiendo en el próximo gran debate tecnológico».[5] Y no se equivocó: en los siguientes seis meses, casi todas las principales compañías de tecnología (*Big Tech*) hicieron anuncios de mejoras para ayudar a las personas a medir cuánto y cómo usamos nuestras pantallas. Fue el gran reconocimiento público de que la era de la distracción había comenzado.

«Una tecnología excelente debería mejorar la vida, no distraernos de ella», declaraba la nueva web de Google sobre bienestar, anunciada en su principal conferencia de desarrolladores, junto con cambios en Android para que sus usuarios pudieran entender y gestionar su uso del móvil gracias a la aplicación ***Bienestar digital***.

El mes siguiente, Apple comunicaba «nuevas funcionalidades para reducir las interrupciones». Entre ellas estaba la app ***Tiempo de uso***, que en inglés llamaron «Screen Time» (Tiempo de pantalla). En la nota de prensa, el vicepresidente sénior de ingeniería de software explicaba que era una herramienta de empoderamiento y que ayudaba a equilibrar las prioridades. Indirectamente, también ponía en evidencia una gran ironía: esa nueva app estaba basada en la que ya tenían para controlar el uso de los móviles por parte de los niños (también llamado control parental), desarrollada diez años atrás. Ahora, eran los adultos quienes necesitaban controlarse.

Tanto Bienestar digital como Tiempo de uso son asistentes digitales que miden cómo usamos nuestro teléfono minuto a minuto, clic a clic. Permiten ver qué apps usas más, cuántas veces consultas el dispositivo y las notificaciones que recibes a diario. Analizar sus estadísticas siempre es revelador, ya que lo que pensamos que pasó rara vez coincide con los datos reales. Comprender tu comportamiento es el primer paso para cambiarlo, así que lo que muestran es muy útil, si luego se hace algo con ello. Por ejemplo, reducir las notificaciones a las esenciales o establecer límites de uso para que esa app que te roba tanta atención se cierre automáticamente cuando consideres que el tiempo en ella ha sido suficiente.

A los cambios presentados por Google y Apple, que afectaban ampliamente a los teléfonos inteligentes, se unieron algunos más concretos en ciertas redes sociales. Instagram (propiedad de Facebook) anunció el check «Ya estás al día» (*You're All Caught Up*), que te indicaba que ya habías visto todas las novedades de tu red cercana. YouTube (propiedad de Google) incorporó la métrica de «tiempo de visualización» (*time watched*), con gráficas basadas en el historial de reproducciones, y que incorporaba la opción de ponerse un recordatorio para hacer una pausa cuando pase el tiempo que determines.

Harris atribuyó todos estos avances al éxito de su movimiento y en medio de todos esos anuncios, en febrero de 2018, él también hizo uno: creó una nueva fundación, el Center for Humane Technology (Centro para la Tecnología Humana) o CHT, por sus siglas en inglés.[6]

«Hemos estado trabajando sin parar tras las bambalinas para realinear la tecnología con los mejores intereses de la humanidad», decía el email de lanzamiento. «Este tema se ha convertido en popular mucho antes de lo que esperábamos, ya que la gente se siente adicta, manipulada y con ganas de involucrarse. Las corrientes están moviéndose rápidamente, pero aún hay mucho trabajo por hacer.»

Más allá del debate sobre el buen uso del tiempo digital, fue en aquellos momentos cuando empezó la gran discusión pública sobre el rol de las redes sociales en la propagación de noticias falsas y su influencia en los procesos electorales, avivada a raíz de la elección de Donald Trump como presidente, en noviembre de 2016. El Congreso estadounidense hizo una serie de audiencias públicas, en las que uno de los mentores de Zuckerberg e inversor de Facebook, Roger McNamee, pidió que el gobierno regulase más estrictamente la industria.

Un mes después de la creación del CHT, en marzo de 2018, saltó el escándalo de Cambridge Analytica, en el que se probó que la empresa de analítica de datos que había trabajado para el equipo electoral de Trump y para la campaña del Brexit había obtenido datos de perfiles de Facebook de millones de personas para luego influir en sus decisiones en ambos procesos electorales.[7]

Aquello evidenció que esa era de la distracción también era la del capitalismo de vigilancia, como la llamó la académica Shoshana Zuboff en un aclamado libro que publicó en enero del año siguiente.[8] La conversación y el cuestionamiento que empezaron entonces continúan a día de hoy y ahora se ven aún más amplificados por el papel de la inteligencia artificial.

El experimento: fase 2

Yo seguí todas esas transformaciones desde mi pequeño pueblo almeriense, sin ser demasiado consciente de que las diferentes piezas formaban parte de un mismo puzle más grande. En paralelo a todos esos avances en la cuna de la tecnología, durante 2018 continué con mis experimentos digitales a pequeña escala. No me importaba tanto cambiar el mundo como mejorar el mío. Mi objetivo era ver si esas pruebas me ayudaban a recuperar mi energía, evaporada tras el *burnout*.

El ordenador se había convertido en un elemento a evitar. Cada vez que me acercaba a él y lo abría, se me cerraba el estómago. A veces, incluso me venían arcadas. Para mi mente y mi cuerpo, pasar tiempo delante de su pantalla era algo equivalente a comer algo que sabía me iba a generar una vomitera. Así que mi vida digital se ceñía principalmente al móvil. Esto es algo común ahora que los *smartphones* son nuestra herramienta para todo, pero no era tan habitual entonces.

Poner la autorrespuesta en el correo electrónico no fue suficiente, porque una cosa es que les dijera a todos que solo lo revisaba los martes y los jueves y otra que lo hiciera (al menos, inmediatamente). Para poder cumplir mi palabra, lo desconecté de la aplicación de email del iPhone, de cara a evitar que estuviera tan accesible, pero a raíz de eso mis dedos se iban de manera muy frecuente a buscar la aplicación de Gmail, con lo que opté por tenerla cerrada. Con todo, la abría más de lo que quería y decidí ser radical y quitarla del teléfono. «Ojos que no ven, corazón que no siente», pensé. Revisarlo se convirtió entonces en una rutina muy esporádica, porque tenía que coger el portátil (que ya no estaba a la vista), en días concretos (martes y jueves), y lo tenía abierto el menor tiempo posible (porque el ordenador me daba asco).

Fue todo un aprendizaje que me hizo replantearme la necesidad de tener el correo abierto todo el rato y estar disponible para otros a todas horas. Porque el correo electrónico es uno de nuestros mayores ***ladrones de tiempo digitales***. Gastamos entre un tercio y la mitad de nuestra jornada laboral mirándolo, en función de si lo hacemos desde la oficina o desde casa, según un estudio de la Universidad de Carleton (Canadá).[9]

Meses después decidí ser menos radical y revisar el email más frecuentemente, pero seguí sin tener acceso a él en mi teléfono y evitaba mantenerlo abierto todo el rato en el ordenador. Fui adaptando esta rutina, poco a poco, a mis necesidades. La mantuve más allá de mis experimentos de 2018, durante varios años, y fue maravilloso. En un punto, incluso puse mi número en la autorrespuesta para que me contactasen si había algún tema urgente. Lo curioso fue que me llamaron o escribieron por WhatsApp tan solo una treintena de personas en total. El resto decidió que lo que quería de mí podía esperar.

A día de hoy, mi relación con el email ha cambiado drásticamente. Sigo sin usar la aplicación de visualización de correos del iPhone, pero la app de Gmail sí volvió a mi móvil. Eso sí, está cerrada por defecto. El experimento sirvió para reentrenar mis hábitos y ahora mis dedos no van tanto a buscarla. Y cuando voy a abrirla de manera automática, sin haberlo pensado mucho, hago una pausa y me pregunto: «¿Seguro que quieres hacer esto ahora, Mar?». La respuesta suele ser: «No, no es necesario».

En el ordenador, intento tenerlo lo menos a la vista posible. Porque si está abierto se me va la mirada y si veo un mensaje entrante, me es difícil parar el impulso de querer leerlo y contestarlo. Lo mejor para mí es evitar tenerlo disponible en cualquiera de las pestañas y solo verlo a voluntad. Como a veces esto no es posible, tengo instalada una extensión que se llama Inbox When Ready (Tu bandeja de entrada cuando estés lista) que me oculta la bandeja de entrada. Cuando voy a ver si hay algo, veo una pantalla en blanco. Solo puedo acceder a los mensajes si le doy a «Mostrar la bandeja». Además, me dice: «Has visto tu bandeja de entrada xx veces hoy. Ha estado visible por más de xx minutos». Cuando esos números son muy altos, dedico tiempo a reflexionar si eso está justificado por la carga de trabajo de ese día o alineado con mis expectativas.

Pero el cambio que quizás más me haya ayudado es ***revisarlo en bloques*** (lo que en inglés se llama ***batch checking***). Es decir, en vez de mirarlo constantemente, lo miro en tandas agendadas. La mayoría de los días para mí esto es una revisión al principio del día, otra antes de comer y la última antes de terminar la jornada laboral. Me tranquiliza saber cuándo va a ser para aquietar mi mente cuando se pone ansiosa y lo quiere mirar fuera de los bloques acordados (lo cual es más a menudo de lo que quisiera). «Tranquila —le digo—. Ya solo quedan treinta minutos.»

También me calma saber que, si la gente con la que trabajo necesita algo urgente, me llamará. Todos tienen mi número y saben de esta consigna.

La revisión por bloques de información no es algo tan novedoso. La radio lo hace desde tiempos inmemoriales: cuando llega la hora en punto suenan las señales horarias y empieza el boletín informativo, que tiende a durar unos cinco minutos. Luego se pasa al resto de la programación, que puede ser de mero entretenimiento. Y así, durante todo el día. Mi manera de mirar mi email es igual: leo todas «mis noticias» a la vez y respondo a ellas en ese momento. Esto me lleva a veces más de lo que dura un boletín, pero al menos, consigo un rato largo de concentración después.

Ya he compartido mi técnica con cientos de personas y me encuentro reacciones de todo tipo, pero la más común es:

«Yo esto no lo puedo hacer». A lo que suelo responder: «¿Seguro? ¿Qué sería posible para ti? ¿Cuánto tiempo puedes permitirte estar sin revisarlo y que no pase nada?». Muy poca gente me dice «nunca» (salvo los que trabajan en emergencias o en departamentos de atención al cliente). La clave está en encontrar tu frecuencia de revisión y ajustar los bloques alrededor de ella. Probarlo no cuesta nada y normalmente uno se lleva la sorpresa de que es posible hacerlo.

El experimento: fase 3

No me bastó con quitar —y gestionar— la distracción del email. Mi atención se iba entonces, sin justificación, a Twitter (ahora X) y Facebook. Si ya pasaba mucho tiempo en esas redes sociales cuando trabajaba, cuando estaba sin trabajar el tiempo perdido podía multiplicarse exponencialmente. Probé a ***quitar las notificaciones*** como un primer paso, pero acabé por utilizar la misma técnica radical: ***borré las apps*** de mi teléfono.

Hubo algunos amigos que no entendieron ese paso, les parecía que había ido demasiado lejos, pero yo no era la única a la que se le había ocurrido esta idea. Fue por esas fechas, en mayo de 2018, cuando el ingeniero informático y gurú de la realidad virtual, Jaron Lanier, publicó el libro *Diez razones para borrar tus redes sociales de inmediato.*[10]

En España pasaron varios años para que se convirtiera en algo popular. Uno de los casos más sonados fue el de la entonces alcaldesa de Barcelona, Ada Colau, bastante activa en redes. En abril de 2021 publicó un tweet diciendo que había «decidido dejar Twitter con carácter indefinido». (Al cierre de la escritura de este libro, sigue sin haber vuelto.)

La entrevisté pasados cien días de esa decisión. Me contó que era su manera de rebelarse contra la «tiranía de la presencia permanente», que Twitter no fomentaba la «calidad democrática» y que se fue por convicción política. Y se reafirmaba en su decisión: ni tenía ganas de volver, ni lo echaba de menos. «No me estoy perdiendo nada —me dijo—.Todo lo importante de la ciudad y del mundo político me llega. Quizás no en el mismo segundo en el que ocurre, pero me llega igualmente.»

Su caso era un poco particular, porque, aunque ella no tuiteara ni tuviese la aplicación en el móvil, seguía escuchando lo que se decía en Twitter indirectamente, ya que una persona de la alcaldía le resumía a diario los principales temas y si había alguna mención relevante con respecto a su persona o su ciudad. En cualquier caso, me dijo que ahora le daba mucha menos importancia: «La política trata de mejorar la realidad y la mayoría de la gente no está en Twitter [...] Es una red que vive de generar polémicas, magnificando unas e invisibilizando otras». No se fue de todas las redes, se quedó con Instagram, en donde posteaba directamente, y su equipo le llevaba Facebook y Telegram.

Para ella, lo mejor de su nuevo *modus operandi* era que había ganado más tiempo para concentrarse en lo que le parece importante. El día que conversamos, una de esas cosas importantes era haber pasado tiempo en la calle, hablando directamente con la gente en los barrios.

El experimento: fase 4

Mi vida mejoró considerablemente con todos estos cambios, pero hubo una barrera que acabó siendo inexpugnable para mí: WhatsApp. Esa app no me atreví a borrarla, ya que la mayor parte de mi vida personal digital ocurría allí (y más cuando me fui a vivir a Aguadulce, lejos de mi familia y amigos). Ahí puse en práctica algunos de los consejos de Harris, que a día de hoy sigo aplicando: silencié las notificaciones, puse la app en una carpeta y la coloqué en la segunda pantalla de mi móvil. El objetivo era evitar que lo que veía nada más desbloquearlo pudiera distraerme fácilmente.

A posteriori, fui mejorando mi técnica para mitigar la distracción constante que causa. Ahora he añadido: ***poner una chincheta*** a las tres personas más importantes en ese momento (o a las que tengo que responder próximamente) y así aparecen arriba de toda la cadena de chats; y también ***archivar los grupos*** para que estén en una segunda pestaña y no ocupen un lugar tan predominante. Como no respondo a todo el mundo inmediatamente, me ***marco como no leídos*** aquellos que necesitan respuesta para volver a ellos más tarde y busco ***bloques en mi día para contestar de un tirón***, filtrando por «no leídos».

Todos mis experimentos tenían algo en común: ir en contra de todo lo que habían diseñado esos ingenieros de la atención que saben más que yo de cómo funcionaba mi mente y mi comportamiento. Ellos programan para que todo sea fácil e intuitivo, lo que llaman «eliminar fricción». Yo no paraba de poner piedras en el camino para que caer en sus trucos fuera difícil, o sea, «añadía fricción».

Por ejemplo, se sabe que el rojo es un color llamativo que atrae la atención y por eso las burbujas de notificaciones son de ese color. ¿Algunas soluciones que añaden fricción? Hacer que el ***teléfono solo se vea en blanco y negro*** o ***quitar las notificaciones*** para dejar de ver el circulito rojo. Esto último ayuda, además, a lidiar con los recordatorios pasivo-agresivos de aplicaciones como Duolingo que te hacen sentir culpable con mensajes como «Hace mucho que no te vemos».

Sin embargo, hay algunas técnicas que los ingenieros de la atención usan que para mí no eran tan evidentes. No fue hasta que las conocí que pude hackearlas.

Cada vez que ocurre algo agradable, como recibir un mensaje de una amiga, obtener un *like* por un post o ver una foto de un gatito, nuestro cerebro segrega ***dopamina***. Este neurotransmisor es una de las cuatro hormonas que nos hacen sentir bien (junto con la serotonina, las endorfinas y la oxitocina) y que algunos llaman «hormonas de la felicidad». Por supuesto, la dopamina no solo se segrega cuando usamos la tecnología. Se puede aumentar de manera natural con ciertas comidas, con actividades como escuchar música, o de manera no tan sana: con alcohol o drogas. Pero el mundo digital nos ha dado la posibilidad de tener acceso a cuestiones placenteras en todo momento, lo cual genera recompensas constantes y nos ayuda a tener chutes de dopamina a todas horas, si queremos.

Si me aburro en el trabajo, miro Instagram un rato. Que tengo ansiedad, pues me lanzo a Tik Tok a ver vídeos chorras. Cuando me ha dejado mi ex, me abro Tinder para arrastrar sin ton ni son el dedo a la izquierda o la derecha por encima de decenas de caras. En todos los casos, estamos buscando sentirnos mejor, estamos buscando (quizás sin saberlo) dopamina. Esos estímulos constantes han cambiado nuestra concepción de las relaciones interpersonales: nos vuelven personas más dependientes, con mayor necesidad de comunicación (sin tener que decir nada). La existencia del propio WhatsApp es una prueba: hablamos porque está ahí, pero raras veces hay algo tan urgente.

Así que nuestros móviles son dispensadores a voluntad de esa hormona de la felicidad y los tenemos al lado casi todo el rato. Es como ser amantes del chocolate y trabajar con una tableta encima de la mesa. En mi caso, si hiciera eso, la tableta no duraría mucho. ¡Por eso la suelo guardar en la nevera, bien lejos de donde estoy! Con el móvil, hago algo parecido. Cuando puedo, lo pongo fuera de la habitación donde trabajo. O si está conmigo, lo pongo en silencio, boca abajo y detrás del ordenador (vamos, lo menos a la vista posible).

Otras maneras de añadir fricción en otros puntos del día para hacer más difícil esa búsqueda constante de dopamina es dormir sin el teléfono en la habitación. Algunas familias lo han convertido en una rutina divertida: tienen en el salón la ***caja de desconexión*** en donde todas las personas de la casa meten sus móviles a cierta hora de la noche. Unos pocos van incluso más allá y tienen la regla de apagar el wifi en ese momento.

Yo, que vivo sola y no tengo hijos, juego a imaginarme que la puerta de mi cuarto es un arco de seguridad de un aeropuerto que desconecta internet, y cuando lo paso, activo el modo avión. Mi iPhone tiene que venir conmigo a la cama porque necesito usar su despertador. (No, no he querido sustituirlo por un despertador físico, que me parece mucho menos evolucionado, ya que soy de las que necesita entre tres y cuatro alarmas para despertarse.)

Quitado el elemento que causa la distracción, eliminado el problema, ¿verdad? ¡Ojalá fuera tan fácil! Una de las cuestiones que más me sorprendió cuando empecé a investigar cómo se diseña la tecnología para captar nuestra atención fue que gran parte de las distracciones son autoinfligidas. O sea, no solo son los demás los que nos distraen. También nos distraemos nosotros mismos. Porque pasamos casi la mitad de nuestro tiempo (47 por ciento) siguiendo nuestra mente, lo que los psicólogos llaman «divagando mentalmente», según demostró un estudio de la Universidad de Harvard. Su conclusión es que esto nos lleva a la infelicidad. Vamos, que prestar demasiada atención a nuestros pensamientos durante mucho tiempo puede llevarnos a estar más tristes o deprimidos que por otros factores externos.[11]

Esa «mente mono» que se hizo tan palpable cuando meditaba en mi retiro de silencio nos lleva por el camino de la amargura en el día a día y la tecnología es una de sus mejores aliadas, le sirve como vía de escape. Nuestros pensamientos y emociones son desencadenantes internos que nos llevan a desarrollar acciones que pueden parecer inofensivas, pero que nos hacen distraer más de la cuenta.

La secuencia sería algo así:

Se desarrolla una situación: estoy en el trabajo y tengo mucho que hacer. Llevo un rato largo delante de la pantalla y no avanzo.

Nos surgen pensamientos: «Uf, no voy a acabar nunca»; «Hoy me va a tocar quedarme hasta tarde, siempre igual»; «Estoy atascada», etc.

Que generan emociones: en este caso podrían ser agobio o ansiedad.

Y que nos llevan a comportamientos, como puede ser: abro mi red social preferida (Tik Tok, Instagram, Facebook) para ver un vídeo ligero, que creo que me va a ayudar a desatascarme, y que llevará solo un par de minutos.

Lo que suele ocurrir aquí es un error de cálculo, porque una vez dentro entran en juego todas esas técnicas de captación de atención, que acaban haciendo que dos minutos nunca sean dos minutos, sino fácilmente treinta.

No obstante, es importante fijarse en que todo el proceso no se ha iniciado con un desencadenante externo, como una notificación, sino que lo hemos desencadenado nosotros. Con lo cual, hay que encontrar maneras de hacer menos caso a nuestra mente (sobre todo porque ya sabemos que quiere «doparse» con dopamina).

Uno de los más reconocidos expertos en productividad, Nir Eyal, sugiere la ***regla de los diez minutos***, que consiste en retrasar la reacción a nuestros pensamientos y emociones durante diez minutos. Así, le estamos diciendo a la mente: lo haré, pero no ahora. Es decir, cuando nos surge la idea de distraernos (por ejemplo, mirando las redes), ponemos un cronómetro por diez minutos. Cuando salte la alarma decidimos si seguir esa idea todavía merece la pena o no. Y si es que sí, la hacemos.

Eyal recomienda tomarse parte de ese tiempo para la reflexión y explorar, con curiosidad, qué hay detrás de esa búsqueda, haciéndose preguntas como: «¿De dónde vienen estas ganas de hacerlo? ¿Qué es lo que estoy viviendo en mi vida en este momento?». Incluso sugiere escribir las respuestas en un papel.

«Nueve de cada diez veces, cuando acaban los diez minutos, habrás vuelto a trabajar y, de manera efectiva, habiendo desarmado ese desencadenante interno», asegura.

Cuando esto se practica de manera continuada, se va generando el hábito de pillar el pensamiento que nos lleva a la distracción a tiempo, antes de activarlo. Por experiencia propia, sé que llegar a ese punto lleva mucha repetición y bastante disciplina.

La propuesta de Eyal lo que hace es ofrecer una manera de accionar en la era de la distracción constante, un concepto que resumió muy bien el psicólogo austriaco y superviviente del Holocausto, Viktor Frankl, mucho antes de que existieran los móviles: «Entre el estímulo y la respuesta hay un espacio. En ese espacio está nuestro poder de elegir nuestra respuesta. En nuestra respuesta yacen nuestro crecimiento y nuestra libertad».

En el mundo acelerado en el que vivimos, tener ese espacio de tiempo es extremadamente necesario para que podamos decidir libremente. Esto, que suena tan elevado y profundo, se puede aplicar en las acciones más cotidianas con efectos muy positivos. Por ejemplo, para ganar horas de descanso.

«Nosotros competimos contra el sueño», dijo en una conferencia en 2017 el CEO y cofundador de Netflix, Reed Hastings. «¡Y estamos ganando!»[12]

Una de las técnicas que usa la plataforma de *streaming* para ganar en esa competición es que deja pocos segundos para pensar si realmente quieres ver ese otro capítulo de la serie que te gusta y, en seguida, empieza el siguiente.

Para ganarle tú a Netflix, haz la prueba: ***desactiva la reproducción automática*** y ponte como norma levantarte del sofá e ir al baño antes de darle al play para verlo. Verás como la mayoría de las veces la respuesta será: «Mejor me voy a dormir». Tu cuerpo y tu mente te lo agradecerán al día siguiente.

Máquinas tragaperras en el bolsillo

Hace unos cien años, en la Universidad de Harvard un reciente doctor en psicología, Burrhus Frederic Skinner, inventó una caja que tendría un gran efecto en cómo nos relacionamos con nuestros teléfonos inteligentes hoy en día. La «caja de Skinner» (o «cámara de condicionamiento operante») servía para hacer experimentos con ratas o palomas, de cara a observar y modificar sus comportamientos mediante ciertos alicientes.

Skinner enseñó a las palomas a empujar una tecla con el pico y a cambio obtener comida. Sin embargo, se dio cuenta de que entonces estas aves solo picoteaban cuando tenían hambre, así que hizo un cambio: ahora accionar la tecla solo les devolvía comida ocasionalmente. Lo que pasó fue inesperado e interesante: ante esta situación, los animales presionaban el botón más que antes, debido a la incertidumbre de si les devolvería una recompensa. Este concepto se conoce como ***refuerzo intermitente*** y, entre otros descubrimientos, llevó a Skinner a ser nombrado el psicólogo más ilustre del siglo XX por la Asociación de Psicología de Estados Unidos.

El procedimiento fue trasladado a múltiples usos en la sociedad moderna. Entre los más populares: el mundo del juego. De hecho, es la base de lo que hace tan adictivas las máquinas tragaperras, en las que nunca sabes cuándo vas a ganar un premio. El jugador mete monedas y monedas, esperando que alguna le lleve a tener una racha de buena suerte. El movimiento de arriba abajo de su palanca incita, además, al movimiento conocido de recolectar fruto de un árbol.

Hoy en día no hay que ir a un casino para sentirse como una de esas palomas de Skinner. Solo hay que llevarse la mano al bolsillo y coger el móvil. Porque las redes sociales han adoptado muchos de esos métodos. El desplazamiento de los dedos sobre la pantalla para ir actualizándose de lo que ocurre es similar a la palanca de las tragaperras y el hecho de que no haya ningún tope (lo que se llama *scroll* infinito), hace que sigamos y sigamos hasta que nos agotemos. Es el refuerzo intermitente el que nos hace querer mirar todo el rato «por si hay algo interesante» («por si nos toca el regalo de la máquina») y el que amplifica esa sensación del **miedo a perderse algo** (o ***FOMO***, por las siglas en inglés de *fear of missing out*), que también está enraizado en el concepto de la aversión a la pérdida.

Hay una frase del biólogo Edward O. Wilson que para mí sintetiza perfectamente lo que está pasando: «El verdadero problema de la humanidad es este: Tenemos emociones paleolíticas, instituciones medievales y tecnología divina». Es como si estuviéramos en un campo de batalla en el que tenemos que luchar y cuyas circunstancias van cambiando a una velocidad vertiginosa, pero para el que no hemos recibido ningún tipo de entrenamiento. Simplemente nos han dado un arma y nos han dicho: «Venga, que te va a ser muy útil para tu día a día. Apáñatelas que es muy fácil usarla». Así que hemos ido aprendiendo a esquivar las balas como mejor hemos podido y a usar esa ventajosa herramienta sin saber qué efectos adversos puede tener si no la usamos bien.

Estamos tan acostumbrados a la distracción (a esas balas constantes), que hemos dejado de darnos cuenta de que el simple «ping» de una notificación (de WhatsApp o de Teams, por ejemplo) nos encoge mínimamente el cuerpo y nos genera una microsensación de rechazo. Si no me crees, prueba esto.

Paso 1: Busca en YouTube un vídeo de sonido de notificaciones.

Paso 2: Cierra los ojos y respira lenta y profundamente durante un par de minutos.

Paso 3: Luego, dale al play en el vídeo y observa qué sientes. Por supuesto esto es más poderoso si te ayuda un amigo y el sonido te pilla por sorpresa, pero estoy segura de que tu sensación no ha sido agradable.

Lo cierto es que nuestro cuerpo no sabe muy bien cómo reaccionar ante este mundo digital cargado de estímulos. Está demostrado que la mayoría de nosotros cambiamos nuestra manera de respirar cuando estamos delante del ordenador o del móvil, y algunos incluso dejamos de respirar unas décimas de segundo. Este fenómeno se conoce como la ***apnea del email***, ya que primero se descubrió mientras se observaba a personas que respondían a correos electrónicos, pero es extensible al uso de todo tipo de pantallas. Hacer esto tiene efectos sobre nuestro sistema nervioso, y a su vez, sobre otros procesos en nuestro cuerpo, como el descanso.[13]

Todo lo que fui aprendiendo a medida que profundizaba en mi investigación era nuevo para mí y, sin embargo, no era tan novedoso. Es desde principios de los ochenta que se habla de los efectos negativos, tanto físicos como psicológicos, de no usar bien la tecnología. Fue en 1984 (un año después de haber nacido yo) cuando el psicólogo Craig Brod publicó el libro *Techno Stress: The Human Cost of the Computer Revolution* (Tecnoestrés: El coste humano de la revolución informática).[14] Pero yo, hasta que no empecé con mis experimentos digitales en 2018, más de treinta años después, nunca antes había oído hablar de ***tecnoestrés***.

Mi primera reacción fue pensar que son las personas mayores las que sufren este estrés añadido causado por la vida digital, ya que, para muchos de ellos, aprender a usarla es complejo, y eso les lleva a sentir mayor inseguridad, además de incertidumbre por el constante cambio. Y sí, es cierto, ellos son uno de los grupos de riesgo. Pero realmente el tecnoestrés lo podemos sentir cualquiera, incluso los milenials como yo que somos hábiles digitalmente. Porque entre los tipos de tecnoestrés está el causado por la sobrecarga digital y por la hiperconexión continua, que hace que el trabajo esté siempre presente y que sea difícil que no invada la vida personal.

Cuanto más conocía sobre el tema más me di cuenta de una cuestión: que la tecnología también había tenido un rol muy importante en mi *burnout*, en que dejara de trabajar y abandonara mi profesión. La culpa de quemarme no solo era mía, de la organización donde trabajaba o del periodismo, sino que, además, era del momento histórico de digitalización voraz e ingente sobreinformación en que vivimos. Seguro que había otros *tecnoquemados*, que no era la única. Yo había tenido el privilegio de poder parar y experimentar con una manera más saludable de relacionarme con el mundo digital, probablemente muchos de ellos no. Quizás había llegado la hora de hablar públicamente de mi experiencia.

Del mar al escenario

Yo me había retirado a vivir en el mar muy a la francesa. Ni publiqué un mensaje en las redes sociales contando que me iba del ICIJ ni hice una fiesta de despedida cuando dejé Madrid, unos meses más tarde. ¿Por qué? Pues fue por un cúmulo de cuestiones. Por un lado, cuando dejé mi trabajo, estábamos a punto de publicar la investigación de los Papeles del Paraíso y no quería que el anuncio público de mi marcha inquietara a los cientos de periodistas con los que estábamos trabajando.

Por otro, temía que si la gente se enteraba de que estaba disponible alguien me hiciera una oferta interesante a la que no supiera decir que no y ese fuera el fin de un tiempo sabático que verdaderamente necesitaba.

Detrás de esos argumentos, había una inquietud más profunda: no sabía qué decir. Como me sentía un fracaso por no haber podido sacar las fuerzas suficientes para quedarme, me era complicado encontrar las palabras adecuadas que sonaran suficientemente bien. Lo que habría querido postear es: «Noticias personales: tras siete intensos años me voy del ICIJ porque estoy agotada. Siento no estar a la altura de las circunstancias, pero no puedo más. Voy a dejar el periodismo durante un tiempo indefinido. Aún no sé qué quiero hacer con mi vida. Seguiremos informando». Pero me dio la sensación de que esto dañaría mi carrera profesional.

En esa época, en octubre de 2017, no tenía referentes de personas que hablaran abiertamente de su necesidad de parar y de su agotamiento. Por suerte, con el tiempo, cada vez más personajes públicos han ido compartiendo sus retos con la salud mental y normalizando el hecho de tomarse una pausa en su carrera.

Uno de los primeros que yo recuerdo haber visto fue el *youtuber* El Rubius. Tras siete años de carrera meteórica, a finales de mayo de 2018 publicó un vídeo de siete minutos y medio titulado «Me voy a dar un tiempo».[15] Con un estilo desenfadado, e intercalando bromas y risas en su discurso, reconocía a sus casi 30 millones de suscriptores: «Últimamente no me estoy encontrando muy bien, ¿vale? [...] Me está costando cada vez más ponerme delante de la cámara y grabar vídeos y hacer directos, como siempre he hecho. [...] Cada vez es como que siento más y más presión y cada vez, me pongo más nervioso y, cada vez, me cuesta más respirar y me dan como bajones. [...] Y al final mi cabeza ha hecho "puf". Para. "Rubius, necesitas descansar o algo. O sea, cálmate las tetas por favor porque, si no, voy a explotar y no te va a gustar una mierda"». Cuatro meses después, retomó su actividad habitual.

Más o menos en paralelo al *influencer*, hubo una periodista española que también reconoció haber tenido un ataque de ansiedad que la llevó a estar de baja durante tres semanas. Eva Belmonte, que se hizo popular, entre otras cosas, por traducir a diario el *Boletín Oficial del Estado* a lenguaje entendible, describió en un post en su blog que le había dado un «apechusque», un «reventón de lo que los ingleses llaman *burn out* y que yo traduzco como *igual se te ha ido un poco la mano durante años, lista, que te creías muy lista*». Además, se abría en canal, mostrando su vulnerabilidad: «Lo que me ha costado más —y me cuesta, esto no está ni mucho menos superado— es la sensación de que he fallado. [...] Me avergüenza ser una floja».[16]

Las experiencias de Belmonte y El Rubius me hicieron sentir menos sola. Hay un gran valor en saber que no eres la única persona que sufre en silencio. A nosotros nos unía nuestra pasión por lo que hacíamos y que, los tres, padecimos los efectos de un trabajo exacerbado. Les aplaudo porque ellos lograron introducir en su compartir un toque de humor, algo de lo que yo habría sido incapaz.

Desde entonces, fui observando con atención cómo las personas con dificultades de salud mental comunicaban con valentía su situación. Ha sido un ejercicio muy útil para mí, porque me ha ayudado a ir constatando que no pasa nada por hacerlo. El mundo no se acaba por darse una pausa. En la gran mayoría de las ocasiones, no he visto un gran efecto en sus carreras. Simplemente, han vuelto. Transformados, pero han vuelto y han seguido con sus trabajos. Tomarse un descanso a tiempo puede evitarte dejar tu profesión.

De todo lo que he leído, el mensaje que más se acerca a lo que a mí me habría gustado decir es el que hizo el periodista estadounidense Ed Yong en Twitter el 30 de septiembre de 2022, justo cinco años después de mi marcha. Poco antes, Yong había recibido el Premio Pulitzer en la categoría de periodismo en profundidad (la misma que la nuestra, pero en 2021) por su trabajo cubriendo el covid-19. Su elegante hilo de doce tuits empezaba así: «Noticias personales: me tomo un periodo sabático de 6 meses, a partir de ahora. Estos últimos 3 años han sido los más significativos de mi vida profesional, pero también me han roto profundamente. La pandemia no ha terminado, pero después de tanto tiempo mirando fijamente al sol, necesito parpadear».[17]

Otro ejemplo que me parece particularmente inspirador es el de Jacinda Ardern, que fue primera ministra de Nueva Zelanda durante cinco años y medio y dimitió antes de que acabara su segundo mandato diciendo en rueda de prensa: «Sé lo que este trabajo exige, y sé que ya no tengo suficiente energía para hacerlo con justicia. Así de simple. [...] Los políticos somos humanos. Damos todo lo que podemos, durante el tiempo que podemos, y luego llega el momento. Y para mí, ese momento ha llegado».[18]

Miro a Yong y Ardern con una mezcla de admiración y de envidia: no solo consiguieron compartir abiertamente con todo el mundo por qué se iban (y yo no), sino que al hacerlo, consiguieron explicar el coste emocional que tienen este tipo de trabajos de alto nivel.

Aparte de la evolución de los tiempos y la apertura cada vez mayor hacia estos temas, en todos estos casos hay un componente generacional. Tanto Belmonte, como Yong, Ardern y yo somos de la misma quinta, nacidos a principios de los años ochenta, y El Rubius a principios de los noventa. Todos somos considerados milenials y se nos conoce por ser la generación que ha visibilizado el *burnout*.[19]

Con el tiempo he comprendido que cada persona sigue su propio proceso, y no todo el mundo tiene que ser abierto con lo que está sintiendo desde el minuto uno. Yo tardé más de ocho meses en poder hablar de ello públicamente. Ocurrió a principios de junio de 2018, en dos eventos a los que me habían invitado. La primera vez que dije abiertamente que había tenido *burnout* fue encima del escenario en una conferencia periodística en Lisboa, organizada por la Global Editors Network, una red global de editores de cuya junta directiva yo era miembro. Allí participé en un panel titulado «Con el beneficio de la duda (o nuestros mayores errores)». En conversación con un alto cargo de Google y el editor jefe de un potente grupo mediático indio, comenté la importancia de cuidarse para no quemarse y tener que dejar la profesión, como yo había hecho. Sin embargo, este fue solo uno de los múltiples puntos de los que hablamos, y en seguida pasé a territorio conocido: hablar de los aprendizajes técnicos y humanos implantando tecnología en ICIJ.

El momento en el que más me expuse fue en el otro acto, un espectáculo que acababa de llegar a Madrid, llamado *Diario Vivo*, que promovía el «periodismo en directo». Una serie de entre seis y nueve narradores suben al escenario a contar durante unos ocho minutos una historia de algo que han vivido. Lo hacen delante de un micrófono. Es un formato parecido a la *stand-up comedy*, pero en vez de comedia, se comparte realidad. En él se juntaban, tras mucho tiempo, las que habían sido mis dos pasiones: la actuación y el periodismo.

Me habían ofrecido participar porque un amigo reportero que fue parte del primer *show*, le pasó mi contacto a uno de sus directores, François Musseau, que había importado a España la fórmula tras el éxito en Francia y Estados Unidos. Al principio determinamos que hablaría de los Papeles de Panamá, pero en un segundo encuentro, y tras un largo café en una de mis visitas a la capital, François me dijo, con su embaucador acento francés: «Tienes que hablar de la desconexión digital que estás haciendo en Almería». Le había fascinado recibir la autorrespuesta de mi email, la que decía que solo lo revisaba los martes y los jueves. «¡Esto tiene que estar en el monólogo!», me transmitió con gran entusiasmo.

Me puso a trabajar con una coach en *storytelling*, la corresponsal francesa Michaëla Cancela. Ella me ayudó a ir modelando mi discurso, a transformar mi experiencia vivida en una historia cautivadora que el público pudiera vivir conmigo en escena. Ese proceso fue inesperadamente sanador. Los comentarios de Michaëla y su refuerzo positivo fueron clave para que yo tomase perspectiva y pusiese en valor todo lo que había ido descubriendo a raíz de mis experimentos digitales y mi recuperación frente al mar. Las versiones del texto fueron mejorando vía Google Docs y mensajes de WhatsApp, y el 5 de junio me subí al escenario en un teatro al lado de la Puerta del Sol, en pleno centro de Madrid.

La representación sigue un modelo muy particular. El escenario está vacío y solo tiene unas sillas que, en cuanto empieza la función, son ocupadas por los narradores, que están presentes todo el rato. Se sale sin papeles y no hay teleprónter, hay que recitar, de la manera más natural posible, lo aprendido de memoria. Entre mis compañeros de tablas estaban el prestigioso Iñaki Gabilondo, que había sido «la voz» de la Cadena SER durante décadas, José Antonio Guardiola, un histórico reportero de guerra de Televisión Española, y Celia Blanco, conocida por sus programas de radio sobre sexo. Además, se unió una artista, Sara Águeda, que interpretaba musicalmente en su arpa lo que había sentido tras cada monólogo. Era una actuación única e irrepetible, que no se grababa y en la cual se invitaba a apagar el teléfono móvil. Así que decidí abrirme en canal, porque, aunque había más de cuatrocientas personas, no dejaría un registro digital a largo plazo.

Fui la sexta en hablar. Estaba tan nerviosa que casi no pude prestar atención a lo que dijeron los demás. En el patio de butacas estaban mis padres, mi hermana, más de una decena de amigos y cientos de desconocidos. Entre ellos, muchos periodistas, incluso posibles futuros empleadores. ¿Qué pensarían todos ellos al escucharme?

El momento de acercarse al micrófono era cuando aparecía un rótulo con tu nombre en la pantalla del fondo. Cada historia pertenecía a una sección de este diario efímero. La mía era «Nuevas tecnologías», y su titular: «Mar adentro».

Salí firmemente hacia mi lugar en escena. Llevaba un vestido de manga larga negro con dibujos de tigres que me llegaba por debajo de la rodilla y unos botines con tacón. Bajé el micrófono para ponerlo a mi altura, hice una respiración profunda, y empecé: «Estoy a punto de cumplir treinta y cinco años. Técnicamente soy milenial, pero una milenial de la frontera».

Luego hablé del papel de la tecnología en mi vida desde la infancia, de los Papeles de Panamá, de lo excitante de ser periodista de investigación y de cómo acabé agotándome física y mentalmente: «Mi trabajo consiste en descubrir patrones entre millones de datos rápidamente y yo tardé años en darme cuenta de que los datos de esta máquina [señalando a mi cuerpo] me estaban pidiendo a gritos un cambio».

Hablé de mi retiro de vipassana, de que había cambiado Madrid por Almería, y de mis experimentos tecnológicos. Por supuesto, enseñé la autorrespuesta de mi email. Nunca dije la palabra *burnout*, probablemente porque, como dice un compañero, por entonces el término era tan desconocido que sonaba a bebida energética. Sin embargo, les confesé: «Mi vida ya no es tan intensa, ni tiene premios ni viajes y hablo con menos gente al día, pero me siento menos sola. Ya casi no me aprieta el pecho con ansiedad. Puedo dedicar más tiempo a quienes me importan y eso incluye dedicarme más tiempo a mí».

Al final, reté al público a hacer su propia prueba: «Os animo a que apaguéis vuestros móviles un ratito cada día, como habéis hecho hoy para escucharnos. A cambio, invertid ese tiempo en vosotros».

¿Te suena? Aquel monólogo fue el germen de este libro.

Escuchar los aplausos cuando terminé de hablar fue muy emotivo. En vez del rechazo que había temido durante tantos meses si compartía mi historia, sentí un abrazo caluroso a través del sonido al unísono de esos cientos de palmas chocando. Después del *show*, se me acercaron muchos de aquellos desconocidos a felicitarme, a agradecerme mi valentía y a decirme que se sentían muy identificados con lo que había contado sobre los efectos de la hiperconexión. Salí sorprendida: mis aprendizajes y nuevas formas de hacer podían ser de gran utilidad para más personas.

Me tomé el espectáculo como esa despedida oficial de Madrid que no había tenido y la confirmación definitiva de que merecía la pena seguir profundizando en ese viaje «Mar adentro».

AUTOINVESTIGACIÓN: LA ATENCIÓN

A partir de ahora, cada uno de los capítulos contará con una sección como esta al final. Durante unos minutos, te convertirás en periodista de investigación de tu propia vida. Mi intención es lanzarte algunas preguntas que te sirvan para reflexionar sobre ti. Estarán relacionadas con lo que te acabe de contar. Puedes pensar simplemente sobre ellas o apuntar las respuestas por escrito. Escribir nos ayuda a ordenar pensamientos, aclarar emociones y fijar ideas. Y si lo haces a mano, mejor, ya que esto potencia la conexión entre mente y cuerpo, haciendo que cada palabra se sienta más propia y consciente. ¡Espero que esta autoinvestigación te lleve a descubrimientos interesantes!

- ¿Qué relación tienes con el silencio? Puede que no te veas haciendo un retiro de diez días sin hablar con nadie, pero ¿en tu día a día qué espacios tienes para estar solo/a contigo mismo/a? ¿Son suficientes?
- ¿Te animarías a probar la meditación? Si ya lo haces, ¿qué es lo que más te gusta? ¿Te gustaría aumentar tu tiempo de práctica?
- Yo estoy muy agradecida a las personas catalíticas como Gerard que me han sacado de mi zona de confort una y otra vez e incluso me han ayudado a cambiar de vida. ¿Y tú? ¿Qué podrías agradecer a los que te han hecho daño y, a la vez, aprender?
- ¿Eres consciente de cómo usas tu móvil? ¿Cuáles son tus ladrones de tiempo digitales? Investiga mirando las aplicaciones de Tiempo de Uso (iOs) o Bienestar Digital (Android). ¿Se corresponde la realidad con lo que creías?
- Como has leído, hice experimentos con la tecnología, en varias fases. ¿Serías capaz de hacer alguna modificación de las que planteo por tu cuenta? Te las recuerdo:
    - Poner una autorrespuesta, por ejemplo, de vacaciones, indicando cuándo no estás disponible.
    - Hacer la revisión del correo o de las redes sociales en bloques.
    - Quitar las notificaciones.
    - Usar estrategias para priorizar los whatsapps.
    - Establecer límites a las apps a las que dedicas más tiempo.
    - Desactivar la reproducción automática en las plataformas de *streaming* de vídeos.

6
EL CUERPO

El cuerpo sabe lo que la mente aún no se ha dado cuenta.

NAZARETH CASTELLANOS

Siempre he dado por hecho mi energía, como si fuera una fuente ilimitada. Cuando estaba en la universidad, como estudiaba dos carreras dormía seis horas o menos, y al día siguiente me sentía como si nada, completamente fresca. En el trabajo, si estaba fascinada con una investigación, podía pasar horas y horas anclada a la silla sin necesidad de comer o de ir al baño. Los que me conocen suelen destacar que soy un torbellino. En el libro *Los papeles de Panamá: El club mundial de los evasores de impuestos,* Bastian y Frederik, los alemanes que consiguieron la filtración, me describían así: «Tiene el temperamento de como mínimo tres personas. Como una pelota de goma, siempre está en movimiento, sobre todo con los brazos».[1]

Sin embargo, al quemarme, pasé de tener la energía de tres a no tener fuerzas ni para levantarme del sofá. Esa capacidad milagrosa de recargarme desapareció y me convertí en uno de esos móviles antiguos que hay que tenerlos casi todo el rato enchufados porque se quedan sin batería en seguida. Solo tenemos un cuerpo y nos tiene que durar toda la vida, pero el mío se había puesto en huelga y ya no funcionaba como antes. Así que, en paralelo a mis experimentos con la atención, para recuperarme tuve que poner el foco en él urgentemente. Retomé la fórmula que empezó a funcionarme durante los Papeles de Panamá, pero que luego no continué. Es decir, priorizar en mi día a día el ***triángulo básico del bienestar físico***: comer, dormir y hacer ejercicio.[2]

Volver a comer (bien)

Dicen mis amigos que a mí se me conquista por el estómago, porque comer es una de mis actividades preferidas. Me encanta probar comida nueva y salir de restaurantes cuando puedo. Y a la vez, durante años, en mi rutina laboral —sobre todo cuando teletrabajaba—, fue algo que quedó relegado a un lugar secundario, ya que era una actividad que me quitaba tiempo para seguir avanzando con mi lista de tareas. Había días que cenaba de madrugada, cuando terminaba mi extendida jornada laboral. Si no disponía de un minuto ni para comer, imagínate para cocinar, con lo que, más que alimentarme, yo simplemente ingería alimentos. Además, había normalizado tener de manera habitual la tripa hinchada (tanto que me solían preguntar si estaba embarazada, con la consecuente vergüenza al decir «no»).

Cuando llegué a vivir a Aguadulce, visité a una médica de cabecera que tenía un sistema alternativo para medir cómo se encuentran los órganos en el cuerpo y detectar intolerancias. Años antes había intentado ver qué me pasaba haciéndome decenas de pruebas a través de la medicina tradicional, y me habían dicho que estaba bien, aunque yo no me sentía bien. La técnica que usaba esta doctora diagnosticó que tenía casi todos los órganos inflamados, a pesar de no tomar café ni beber alcohol ni fumar. Para reducir el problema, me quitó la mayoría de los alimentos. No solo el gluten, los lácteos y los procesados, tan de moda en la actualidad. Era una fórmula totalmente personalizada: me dejó literalmente con cinco fuentes de proteína animal (calamar, mejillón, rape, pulpo y bacalao) —las únicas que no me inflamarían en ese momento, dijo— y algunas pocas verduras, como la endivia. Con eso, tenía que hacer un menú equilibrado durante dos meses. Decía que mi cuerpo estaba sobrepasado y necesitaba un abordaje radical, que incluía el darme espacio y la tranquilidad suficiente para comer. No podía hacerlo a las corridas o delante del ordenador, me tenía que bloquear entre treinta minutos y una hora para ello (un poco menos en el desayuno).

Su solución me pareció muy peregrina (¡y dura!), pero como estaba abierta a probar cosas nuevas, decidí darle una oportunidad. Más allá de las frustraciones iniciales haciendo la compra y la falta de variedad, lo que más me llamó la atención fue que, a pesar de tomar cantidades abundantes, tras la mayoría de las comidas tenía la sensación de no haber comido. Luego me di cuenta de que lo que realmente pasaba era que ahora me sentía ligera, porque mi estómago no estaba luchando contra los elementos para funcionar bien. Yo nunca habría dicho que me sentía pesada tras cenar o almorzar, hasta que descubrí cómo de liviano debe sentirse uno.

Sumado a esto, semana a semana fui perdiendo peso y, especialmente, me fui deshinchando. Era como si mi músculo volviera a estar pegado al hueso, a tener su tamaño natural, y empecé a sentirme físicamente mejor. A medida que avanzaron los meses, los resultados en los test de la doctora fueron mejorando y fui reintroduciendo alimentos hasta tener una dieta más o menos normal (eso sí, sin gluten ni lácteos). En el camino, hice un par de cursos de cocina saludable para aprender a mantener una nutrición equilibrada.

La comida es una de las principales fuentes de energía del cuerpo y esta fue mi manera de cuidar este aspecto. No digo que sea la única, o la manera estándar para todas las personas con *burnout*. No. Pero merece la pena dar espacio a evaluar y repensar nuestra relación con ella. A mí me llevó a entender su importancia y, de ahí, a reequilibrar el lugar prioritario que debe tener en mi vida. Ya no pienso que sea algo secundario que entorpece mi jornada, sino un paso fundamental y necesario para poder estar bien a todos los niveles.

Dormir: el día, la noche y la luz

Dormir nunca ha sido un problema para mí y, por ello, libros populares como *Por qué dormimos: La nueva ciencia del sueño,* de Matthew Walker, no me resultaron tan reveladores como lo fueron para mis amigos periodistas con insomnio.[3] Al igual que mi padre, tengo la habilidad de conciliar el sueño sin importar donde esté. En los aviones soy capaz de quedarme frita antes de despegar. Pero esta facultad había llegado a límites preocupantes en la época de los Papeles de Panamá. Varias veces, cenando en casa de mis amigas, estaba tan agotada que tenía que tumbarme a dormir en un sofá antes de que llegáramos al postre.

En mi periodo sabático, el hecho de no tener casi obligaciones me permitió volver a conectar con uno de mis mayores placeres: despertarme sin despertador. Al principio dormía muchas horas, como cuando era adolescente, que era capaz de descansar en la cama entre doce y catorce horas de una sentada, y poco a poco, el intervalo se fue ajustando a unas ocho horas al día. Esa es la medida que aún mantengo a día de hoy siempre que puedo, porque noto la diferencia en mi disposición y capacidad. Mi sueño es sagrado.

Además, incorporé como hábito echarme la siesta, esa tradición nacional en vías de extinción. En un primer momento fue porque estaba cansada y mi cuerpo me lo pedía, pero en seguida sentí que me ayudaba a estar más enfocada durante la tarde. De hecho, hay bastante evidencia científica sobre los efectos positivos de las ***siestas breves***, que en inglés suelen llamar ***power naps***. La idea es que ese descanso corto ayuda a mejorar la concentración y el estado de alerta, sin producir la «resaca de la siesta» que aparece cuando duermes demasiado.

De hecho, un estudio pionero de la NASA con personal de vuelos de larga distancia, publicado a mediados de los noventa, demostró que las siestas breves pueden mejorar de forma significativa el rendimiento y la atención. Por un lado, permitieron que un grupo de pilotos realizara un descanso programado de cuarenta minutos; la mayoría durmió un promedio de veintiséis minutos. Por otro lado, también se analizó a otro grupo de control que, por lo contrario, no descansó. Los que hicieron siesta mostraron mayor nivel de alerta, reacciones más rápidas y menor fatiga que los que no, sobre todo en fases críticas de vuelo, como el aterrizaje. Las conclusiones de la investigación refuerzan la idea de que dormir es una herramienta esencial de rendimiento.[4]

La fórmula que me acabó funcionando consiste en algo similar, aunque me hicieron falta varias pruebas para llegar a ella. Me tumbo en el sofá sin taparme los ojos y con la ropa que lleve (o sea, ni me voy a la cama, ni me pongo el pijama ni antifaz) y me pongo el despertador al cabo de treinta y cinco minutos, de los que acabo durmiendo unos veinticinco. Tras volver a abrir los ojos, tardo unos diez o quince minutos en volver a activarme por completo, por lo que realmente bloqueo entre cuarenta y cinco minutos y una hora para esta actividad. Desde entonces, he podido mantener esta rutina, como uno de los beneficios del teletrabajo (y de no ser madre aún).

Investigar sobre cómo la tecnología afecta a nuestro cuerpo me llevó, a su vez, a hacer ciertos ajustes a la hora de despertarme y a la de dormir. Cuando amanezco, intento no interaccionar mucho con el móvil: dejo el modo avión activado durante treinta minutos al menos (en los que me levanto, me ducho e incluso, a veces, consigo sacar quince o veinte minutos para meditar). Luego reviso por encima los whatsapp por si hay alguno de las personas que considero prioritarias y si no, hasta después del desayuno (o sea, pasada una hora y pico desde que abro los ojos), no interacciono con ellos ni entro en el email, que asocio con mensajes laborales.

Nuestro cuerpo está acostumbrado a hacer unas funciones u otras según el tipo de luz del entorno, que regula el ciclo circadiano, es decir, el «reloj biológico». Por las mañanas, busco exponerme todo lo posible a la luz natural, ya que despierta muchos procesos biológicos internos necesarios para ponerse en marcha, como reducir la melatonina, la hormona del sueño, y activar las hormonas y neurotransmisores que preparan al organismo para el día.[5] Por eso mismo, los dispositivos con pantallas son malísimos compañeros de cama. Todos emiten, en mayor o menor medida, luz azul brillante, que le hace creer al cerebro que aún no es hora de dormirse, influyendo negativamente en la calidad de nuestro sueño. Los peores son el móvil y la tablet, por su cercanía a nuestros ojos y por el nivel de implicación que exigen, pero el ordenador y la televisión también son nocivos. Tampoco ayuda estar sobreestimulado con contenidos hasta minutos antes de caer en los brazos de Morfeo.

Para que nuestro cuerpo entienda que es el momento de descansar y segregue melatonina tiene que haber luz anaranjada, poca (o ninguna) luz azul y mínima estimulación. Por eso, lo óptimo es desconectarse de las pantallas dos horas antes de irse a la cama. Pero claro, aplicar esto en un país como España, con nuestras rutinas vitales retrasadas, significaría que, si uno se va a dormir a las once de la noche, no hay pantallas desde la hora de la cena. No daría tiempo ni para ver las noticias de las nueve.

Ante este panorama, yo opté por algo a medio camino que, aunque no es perfecto ni lo más saludable, tiene sus efectos positivos: usar ***filtros para bloquear la luz azul***. Activé el modo nocturno en el móvil, y en el portátil instalé una aplicación que ajusta la temperatura de color del monitor en función de la hora del día, haciendo que por la noche la pantalla se vea amarillenta, imitando las luces del interior de la casa. Hay personas que incluso usan unas gafas naranjas especiales para aumentar este efecto bloqueador durante la noche.

Sin embargo, por mucho que haya aprendido la teoría, lo que no he conseguido modificar es mi principal placer culpable: ver series antes de acostarme. Hasta ahora, no me han generado el mismo tipo de satisfacción las actividades sin pantalla que se recomiendan, como leer, escribir, meditar, escuchar la radio o realizar actividades manuales (puzles, tejer). Romper con este hábito sigue siendo mi asignatura pendiente y espero algún día dar con la fórmula del cambio, que seguro me ayudará a descansar aún mejor.

Hacer ejercicio, dentro y fuera de casa

Mi modo de trabajar a destajo no solo había cambiado mi relación con la comida y el sueño, sino que, por si fuera poco, borró el ejercicio de la rutina diaria. Fui una niña muy atlética. Tuve el privilegio de ir a un colegio privado que dedicaba dos horas al día a gimnasia y luego, en la escuela de teatro, la mitad de las asignaturas tenían que ver con movilizar el cuerpo, una de las herramientas clave para el actor. Pero al entrar en el mercado laboral a los veintipocos años, no encontré la manera de encajar el ejercicio en mi agenda y lo fui dejando y dejando, hasta que ya no había hueco. Era joven, creía que podía con todo y siempre tenía algo más importante que hacer. Ni siquiera las enfermedades que tuve allá por 2014 y 2015, la torsión ovárica y la tiroiditis consiguieron cambiar mi vida sedentaria.

Cuando en los Papeles de Panamá puse el foco en mi salud, como una manera de aguantar el proyecto, empecé a caminar de manera regular para mejorar la poca energía que tenía. Al teletrabajar, podía tirarme días sin salir de casa, con lo que puse en marcha una medida conocida como el ***falso trayecto al trabajo*** (*fake commute to work*, en inglés). Cada mañana, después de desayunar, salía a dar una vuelta de unos treinta minutos por mi barrio, como si fuera de camino a la oficina. Lo único que, en mi caso, el punto de salida y de llegada era el mismo: mi piso. Al volver, iniciaba mi jornada laboral y abría el ordenador. Esta rutina, que se volvió bastante popular durante la pandemia, ayuda a aumentar la productividad, la concentración y a realizar una mejor separación entre el mundo personal y el profesional. (Por cierto, una opción adicional es hacerlo al final del día, solo que a mí se me solía hacer demasiado tarde.)[6]

También había dejado de hacer «otro tipo de ejercicio». Mi última pareja estable terminó a finales de 2013 y, aunque de vez en cuando me metía en Tinder o en aplicaciones similares, mi vida sexual se convirtió en algo completamente anecdótico. A pesar de estar en la treintena, no era algo que echara mucho de menos. Mi libido oscilaba en función de la época del año y, en la mayoría de las ocasiones, estaba en valores negativos. Podía tirarme meses y meses sin tener ganas de acostarme con alguien. Cada vez que sentía ese impulso sexual, entraba en una de las apps de citas, y listo.

Curiosamente, fue esa necesidad de intimidad la que, eventualmente, me llevó a reconectar con el ejercicio físico. En mayo de 2018, varios meses después de establecerme en el sur y casi en paralelo a quitar Twitter y Facebook del móvil, decidí descargarme Tinder por enésima vez. Se me ocurrió la idea cuando por fin empezaron a calmarse las aguas, después de haber acabado con varios compromisos laborales puntuales que me habían llevado a dar charlas en Santander, Valencia y Madrid. Mi círculo de amigos en Almería era muy reducido y sin solteros. Era primavera y quería divertirme.

El mercado de las citas online almeriense era más limitado que el de Madrid, porque aún hay mucho reparo a usarlo por si te encuentras a alguien conocido (lo cual ocurre bastante frecuentemente). Había muchos menos hombres entre los que elegir y muy pocos eran mi tipo, así que la amplia mayoría acabaron descartados, eliminando su perfil de la pantalla con un simple movimiento de mi dedo hacia la izquierda. Y luego, entre los que seleccionaba como que me gustaban, tardábamos mucho en hacer «match». O yo tampoco no era de su agrado o no eran muy activos. (De hecho, más tarde acabé encontrándome con varios que me confesaron que yo había sido su primera cita en esa aplicación.)

Empecé a chatear con algunos, pero en seguida hubo uno que me llamó más la atención que los demás por lo singular: era bailarín (¡y no era gay!). La danza fue una de mis pasiones durante mi juventud, antes de comenzar a trabajar en televisión. Empecé ballet de pequeña y, aunque lo dejé, las clases de baile (musical, jazz, contemporáneo) estaban entre mis favoritas cuando estudiaba la carrera de interpretación. He bailado en decenas de espectáculos de *La Katarsis del Tomatazo*, en Madrid, e incluso salgo como parte del cuerpo de baile de la película musical española de 2005 *20 centímetros*, de Ramón Salazar.[7]

Con este bagaje, conectar con este chico fue relativamente fácil, y más aún porque quiso hablar muy poco y en seguida dijo de quedar. Dimos el salto a WhatsApp para cerrar los detalles: nos veríamos en la puerta de un restaurante en pleno paseo marítimo de Aguadulce a la hora del café y de ahí, ya fluiríamos.

Acabamos tomándonos algo en un chiringuito a pie de playa. Yo pedí una manzanilla, él no recuerdo. No era hombre de muchas palabras, pero fue muy claro: lo que quería era sexo. En menos de una hora nos estábamos enrollando en un callejón cercano. En ese momento se puso en marcha una dinámica de varios meses que nos llevaba a vernos normalmente en su casa y de noche, cuando él acababa de dar clase, para fumarnos un porro de marihuana y follar. Nada de hacer el amor ni tener conversaciones profundas. Yo me sentía la mujer más atractiva del mundo y supongo que él se desfogaba y cumplía ciertas fantasías. Cuando acabábamos, cenábamos algo y, en silencio, veíamos juntos en la tele «El Chiringuito de Jugones», un programa de fútbol que yo me tragaba sin rechistar, a pesar de que odio este deporte. Se nos hacía tan tarde que solía quedarme a dormir y me iba a la mañana siguiente.

De vez en cuando (muy de vez en cuando), ocurría algún momento mágico, sacado de una película de Disney. Él ponía música y nos arrancábamos a bailar en su salón. Entonces, yo sentía que flotaba. Probablemente algo influía el cóctel de hormonas y drogas, y, a la vez, esa sensación tenía totalmente que ver con una chispita que se estaba reactivando dentro de mí.

«¿Y si vuelvo a ir a clases de baile?», pensé. Justo empezaba el verano y, al acabar las clases regulares en las academias, seguro que había cursos especiales estivales. Me puse a buscar: quería volver a hacer danza contemporánea, que es lo que más me gustaba cuando estudiaba en la escuela de arte dramático con los bailarines Chevy Muraday y Mónica Runde, ambos galardonados con el Premio Nacional de Danza. Este estilo de baile nació como una respuesta crítica a las rígidas normas del ballet tradicional y se caracteriza por explorar el movimiento de manera libre y creativa.

Encontré muchas escuelas de danza española (lo que algunos mal llaman «flamenco») y de danza clásica (que comúnmente conocemos como «ballet») y, tras mucho rascar, únicamente una academia que daba contemporáneo. Bueno, mi follamigo bailarín también lo impartía, pero no se apuntaron suficientes alumnas para que la clase saliera adelante. Aunque inicialmente quería evitar mezclar las cosas, al final acabé apuntándome a un par de semanas de clásico con él.

Volver al mundo del *plié* y *demi-plié* con un grupo de veinteañeras hizo que me sintiera como pez fuera del agua, pero me sirvió para ponerme las pilas con la coordinación. Además, tenía su morbo el hecho de tener algo más con el profe. En todo caso, aquellas sesiones no eran más que puro entretenimiento veraniego. Las que verdaderamente me apetecían eran las otras.

El viernes 20 de julio de 2018 retomé las clases de contemporáneo. Fui con muchísimas ganas a las siete de la tarde a la Academia Paso a Paso, en un barrio de Almería al lado de un polígono industrial. La sesión había estado a punto de cancelarse por no llegar al mínimo de plazas, pero esa misma mañana alguien se inscribió a última hora. Éramos tan solo cuatro alumnas, todo un lujo. No hacían falta ni medias puntas, ni puntas, ni tutú: lo único que se necesitaba era calcetín que no resbalara y ropa cómoda. La profesora era una polaca que llevaba años instalada en el sur de España, Kasia (pronunciado: Ka-sha) Ozog, y que hablaba español con un ligero acento andaluz.

Toda la clase ocurría frente a un espejo. Iniciamos con el calentamiento, que es una parte fundamental para no lesionarse. A pesar de ser necesario en clásico, calentar me aburría soberanamente. Aquí no. Kasia nos invitó a hacer nuestros los pasos que nos enseñaba y a usar la respiración como impulsora del movimiento. Fue liberador: había una estructura, pero podía hacerla mía. Al inhalar, me expandía. Al exhalar, podía cambiar el peso y, de alguna manera, rendirme.

De fondo, siempre había música, que solían ser canciones pop entremezcladas con algunas neoclásicas contemporáneas, con piano y cuerda. En uno de los ejercicios, teníamos que levantar los brazos al cielo, con los pies en paralelo a la anchura de las caderas y simplemente dejarlos caer soltando el aire por la boca. Al llegar abajo, con el mismo impulso del cuerpo, y como un látigo, volvíamos a subir, inspirando. Lo hicimos varias veces y, en una de ellas, tuve un *flashback*: me vi de nuevo con veintipocos, en la escuela de interpretación, haciendo el mismo ejercicio con Chevy, mi profesor de entonces. Se me puso la piel de gallina, porque de repente me sentí tan feliz y plena como antes. Al volver arriba la última vez, de pie, con el cuerpo completamente estirado y los brazos mirando al techo, se me empezaron a llenar los ojos de lágrimas.

«¿Dónde has estado todo este tiempo?», sentí que me gritaba en silencio mi cuerpo, a través de sus pulsiones eléctricas. «Me tenías abandonado.»

Mi sensación de que era mi cuerpo el que estaba en huelga y no me respondía como antes dio un giro de 180 grados, y me di cuenta de que era yo quien me había olvidado de él y le había dejado tirado. No sé cómo había podido estar tantos años sin prestarle ninguna atención, ignorando ese placer y esa alegría que sentía moviéndolo, bailando. Haberlo sustituido por el ordenador y la vorágine profesional que tanto se valora en la sociedad dejó de tener sentido inmediatamente.

«Siento haberme ido. Aquí estoy ahora —dije en mi cabeza—. Y no me voy a volver a ir.»

No es que de aquello me hiciera bailarina profesional. Esa toma de conciencia me sirvió para reenamorarme de mi cuerpo, apreciar su sabiduría, y comprender que hacer ejercicio es una manera de darle las pildoritas de energía y amor continuo que necesita.

La relación con mi follamigo el bailarín se acabó poco después de aquello, pero yo me quedé enganchada a las clases de Kasia durante muchos años. Ir a bailar con ella se convirtió en mi momento preferido de la semana, incluso en los días en los que me encontraba cansada o cuando me sentía gorda al mirarme en el espejo de la sala. Hacía todo lo posible para evitar perderme su clase. En ella, me olvidaba de mi yo mental, para reconectar conmigo desde lo físico. Dejaba que la música atravesara y movilizara mis células, y desde ese lugar ocurría la magia en mí. Me sentía libre, bella, ligera y creativa. Me sentía yo misma.

Porque la danza es más que «ejercicio puro». Mezcla movimiento, música y conexión social, y tiene efectos muy beneficiosos tanto para el cuerpo como para nuestra mente. Una revisión sistemática de ensayos clínicos publicada en 2019 demostró que la práctica regular de la danza mejora la neuroplasticidad del cerebro, con cambios medibles tanto a nivel estructural (aumenta el volumen de áreas vinculadas al movimiento) como cognitivo (en funciones como la memoria, la atención y el equilibrio).[8] Asimismo, refuerza factores biológicos asociados al bienestar emocional, con lo cual es una gran herramienta para impulsar la salud mental.

Otros estudios incluso la recomiendan para lidiar con la depresión.[9]

Además, bailar en grupo tiene un poder transformador. Diferentes investigaciones han evidenciado que, cuando lo hacemos, se produce una sincronización de nuestras mentes y nuestros corazones que conlleva una mejoría en la coordinación interpersonal y el sentimiento de formar parte de una comunidad.[10]

Definitivamente, la danza fue clave en mi proceso de recuperación y en la repriorización del cuidado de mi cuerpo. ¿Qué habría pasado si nunca hubiera dejado de bailar? ¿Me habría acabado quemando?

Algunos especialistas que estudian a las personas con un alto rendimiento profesional han determinado que uno de sus secretos para no tener *burnout* es contar con un ***mundo opuesto*** fuera del trabajo, es decir, una actividad o afición que los coloca en un estado completamente diferente al que tienen en su rutina laboral. Aprendí de esto leyendo en LinkedIn al neozelandés Nick Petrie, experto en liderazgo, resiliencia y prevención de este síndrome y quise saber más inmediatamente.[11] En una videoconferencia, me contó que él y sus colegas aprendieron por primera vez sobre este concepto en una entrevista con un mánager sénior de Amazon en Estados Unidos, Vivek Rao, que les confesó que ir a clases de tango por las tardes era lo que le había mantenido a flote en esta exigente empresa durante más de diez años.

«En mi jornada laboral, estoy en mi cabeza todo el tiempo, usando la lógica constantemente. Mi cerebro se agota. [...] En el tango, debes estar en tu corazón y en tu cuerpo. Dos lugares en los que casi nunca estoy durante el día —les dijo—.

Mi cerebro se desconecta, descansa y se recupera. Al día siguiente, en el trabajo, me siento recargado.»

¡Eso era exactamente lo que me pasaba a mí! Parecía que Vivek estuviera describiendo mi experiencia con sus propias palabras. Tras aquella conversación, Nick escuchó decenas de historias similares de sus entrevistados. Los *mundos opuestos* variaban: desde hacer colchas hasta tocar la gaita, o tareas menos llamativas, como limpiar la piscina o cavar zanjas.

Lo curioso era que, en muchos casos, esas labores solían ser cosas que estas personas habían amado en una etapa anterior de su vida y que habían dejado en pausa porque ya no parecían relevantes para el mundo laboral. ¡Eso fue un error! «No es simplemente algo bueno para ti y que te ayuda a recargar energía, que lo hace, sino que realmente ayuda a la gente con su rendimiento y sostenibilidad. ¡Les hace mejores en su trabajo!», me confesó vía ZOOM. En otras palabras: si el trabajo es la única dimensión en tu vida y tu identidad está totalmente asociada a él, tienes más papeletas para quemarte.

Nick identificó que la gran mayoría de las personas solían redescubrir el valor de estas actividades tras haber vivido un *burnout*, como me pasó a mí. Así que él y su equipo intentan invertir esta tendencia enseñando sobre esto en sus formaciones en empresas. Fomentan conversaciones para que la gente hable sobre ello y vuelva a dar prioridad a los mundos opuestos como parte fundamental de sus vidas. «Mucha gente cree que es egoísta, pero lo que estamos viendo es que es verdaderamente necesario», afirma.

¡Quién lo diría! Bailar me ayudaría a ser mejor profesional. «¿Habrá más prácticas que nos vengan bien pero que sean totalmente contraintuitivas?», pensé. Nunca me habían enseñado a trabajar mejor, simplemente lo había hecho como podía y punto. Había conseguido gran parte de mi éxito echándole horas y horas y siendo persistente, pero, verdaderamente, desconocía cómo funcionaba mi mente y mi cuerpo. Y ahí estaba la raíz del problema.

La madre del cordero: nuestro sistema nervioso

Mi hinchazón abdominal, mi somnolencia y mi falta de libido tenían una misma causa en común: el estrés. O, mejor dicho, el estrés crónico. Sabía que era el que me había llevado al *burnout*, pero no tenía ni idea de qué era exactamente, dónde se producía o cómo funcionaba. Aprenderlo me cambió la vida. Es algo que creo que deberían enseñarnos en el colegio, más o menos a la par que aprendemos a hacer fracciones.

Primera idea errónea: «tener estrés» es igual a «estar estresado». Muchos de nosotros solo usamos esta expresión como sinónimo de «voy como pollo sin cabeza» y no: puedes tener estrés sentado en el sofá.

Segunda idea errónea: el estrés es bueno, porque me ayuda a hacer las cosas. Como periodista, me identifico con esta frase porque he conseguido grandes hitos bajo presión y me encanta tener fechas de entrega, pero, en exceso, esta dinámica puede llevar a la enfermedad.

Tercera idea errónea: el estrés es malo. Esto tampoco es cierto, porque sí tiene un sentido y una función importante en nuestra manera de funcionar.

El estrés es una respuesta natural de nuestro cuerpo y nuestra mente que nos dota de superpoderes momentáneos para ayudarnos a enfrentarnos a un factor estresor, que nuestro cerebro suele interpretar como una amenaza para nuestra vida. Es, en esencia, un mecanismo de adaptación: activa el sistema nervioso, libera hormonas como el cortisol y la adrenalina, y prepara el organismo para reaccionar.

Nuestras principales opciones de respuesta son ***la lucha, la huida o el congelamiento*** (*fight, flight or freeze*, en inglés). Para realizarlas de la manera más efectiva posible, el cuerpo recluta toda la energía que tiene disponible para priorizar la supervivencia y por tanto deja de funcionar en «modo normal»: el corazón se acelera y lleva sangre a las partes que más lo necesitan, sobre todo a las extremidades. Porque si tienes que luchar contra algo, no necesitas tus órganos reproductores o quedarte grogui haciendo la digestión.

Parece que los seres humanos estamos muy evolucionados, pero realmente, tanto a nivel físico como mental, seguimos funcionando de manera muy similar a las personas del Paleolítico. Cuando la amenaza era un león que te iba a comer, que se activara el mecanismo del estrés era la diferencia entre morir o estar vivo. ¡Gracias estrés por salvar a nuestra especie!

Los animales también experimentan estrés, no hay más que ver los documentales de La2. Pero aquí viene la clave: cuando las cebras se libran del león, ¿qué hacen? Vuelven a pastar tan tranquilas en la sabana. Porque el estrés está diseñado para ser accionado de manera puntual. Es tal el desgaste que nos genera esa activación, que luego el cuerpo necesita volver a la calma para reponerse. De ahí que uno de los libros más conocidos sobre el estrés, de Robert Sapolsky, se titule *¿Por qué las cebras no tienen úlcera?*[12]

El quid de la cuestión es que hoy en día tenemos que enfrentarnos a «leones modernos» todo el tiempo: nuestro jefe que nos pide algo de hoy para ayer, una noticia de última hora que nos genera preocupación, veinte correos por contestar en la bandeja de entrada o un whatsapp de un ligue que dispara nuestra ansiedad. ¿Cuándo tenemos momentos de calma? En nuestro día a día, en muy pocas ocasiones, o nunca. Y para colmo, nuestra mente no diferencia entre estresores reales e imaginarios, así que hay que sumar algunos «leones» más de entre los miles de pensamientos que tenemos al día (entre seis y sesenta mil, según la fuente).[13]

Estoy utilizando términos muy mundanos porque a mí me sirve para entender mejor este sencillo, y a la vez complejo, mecanismo del estrés, que está directamente conectado con cómo funciona el sistema nervioso, el gran centro de mando del cuerpo humano. No obstante, voy a convertirme por unos instantes en una precisa profesora de biología, porque comprender esto me fue muy útil.

El sistema nervioso se divide en dos grandes partes: el sistema nervioso central (cerebro y médula espinal) y la parte que lo conecta con el resto del cuerpo a través de los nervios, el sistema nervioso periférico. Dentro de este último, hay dos ramas principales: el sistema somático, que controla los movimientos voluntarios, y el sistema autónomo, que regula funciones involuntarias como la respiración, el pulso o la digestión. ¡Atento, atenta, este es el que nos interesa!

El sistema nervioso autónomo, a su vez, se divide en dos sistemas: el simpático, que activa el cuerpo ante el estrés y podemos llamar «sistema de alerta», y el parasimpático, que lo ayuda a relajarse y recuperarse, que llamaremos «sistema de calma». Tenemos uno u otro activado, pero no pueden estar funcionando los dos a la vez. Es como un balancín: solo uno de los dos lados puede estar alto. Volviendo al lenguaje llano: el estrés necesita de la calma, al igual que la luz necesita de la sombra para existir.

El problema es que, incluso cuando el factor estresor ha desaparecido, nuestro sistema de alerta (simpático) no se desactiva tan rápidamente (y menos en el mundo actual de estimulación constante). Para que el estrés sea funcional y nos ayude a enfrentarnos a los retos del día a día, pero sin desgastarnos, hay que «completar el ciclo del estrés», como explican muy bien las hermanas Emily y Amelia Nagoski, autoras del libro *Hiperagotadas* y expertas en salud femenina.[14] Se trata de realizar actividades de manera proactiva que le den a entender al cuerpo y a la mente que ya hemos sobrevivido, que estamos seguros; eso pondrá en marcha el sistema de la calma (parasimpático), lo cual ayudará a que se realicen funciones de recarga de energía, como el descanso o la digestión. ¿Y qué acciones o tareas sirven? Bueno, una opción es que te vayas al campo a pastar como una cebra (es broma).

Regular el cuerpo para regular la mente

Para arrancar el sistema de la calma, normalmente no vale con decirse uno mismo: «Cálmate, todo está bien», porque le resulta muy difícil reaccionar a las palabras. Es más práctico, directo y eficaz hablarle el lenguaje del cuerpo. Por eso, es interesante aprender este «idioma». De entre todos los nervios que tenemos, hay uno que es la pieza fundamental del sistema parasimpático: el ***nervio vago***. Que no te despiste este nombre, que no tiene que ver con que sea un holgazán, sino que viene del latín *vagari*, que significa *vagar*, porque se extiende desde la cabeza hasta el abdomen. Actúa como una autopista de comunicación bidireccional entre el cerebro y muchos órganos internos: el corazón, los pulmones, el estómago, los intestinos e incluso partes del rostro y la garganta. Entre sus funciones, se encarga de regular el ritmo del corazón, la respiración y la digestión, y tiene un papel clave en cómo nos relajamos después del estrés. También influye en nuestras emociones y en la sensación de calma y conexión con los demás.

Cuando descubrí que existía, flipé. No me podía creer que algo tan esencial para mí hubiera estado ahí todo ese tiempo, y yo sin saberlo. Lo que me llamó más la atención fue que el cuerpo, como es la principal puerta de entrada de información para el cerebro, detecta, siente y reacciona antes que la mente. Como explica de manera brillante la neurocientífica Nazareth Castellanos: «El cuerpo sabe lo que la mente aún no se ha dado cuenta».[15]

Por tanto, hay que regular el cuerpo para regular la mente. Dicho de otra manera: tenemos que ***aprender a regular nuestro sistema nervioso***. Aquí esa herramienta innata gratuita que todos tenemos vuelve a ser nuestra gran aliada: la respiración. Respirar lento y profundo manda la señal al cerebro, a través del nervio vago, de que todo está bien, de que hay seguridad, mientras que una respiración acelerada y superficial es interpretada como una señal de que hay amenaza. A mí siempre me ha puesto nerviosa cuando me han dicho: «¡Niña, cálmate y respira!» o «Toma aire y cuenta hasta diez», pero la ciencia respalda esta sabiduría popular.[16]

No hace falta sentarse a meditar durante horas. Pararse y hacer varias respiraciones lentas y profundas es una buena manera de decirle a la mente, en el lenguaje que mejor entiende, que se relaje. Una técnica que me sirve cuando estoy demasiado revolucionada, ya que tiene una estructura a seguir, es la ***respiración cuadrada*** (conocida en inglés como *box breathing*). Se trata de pasar por todas las partes del proceso de respiración con la misma duración, como si fuera un cuadrado. Vale cualquier número, pero lo más común es hacerlo contando cuatro, idealmente, uno por segundo: inhalar durante cuatro segundos, mantener el aire dentro durante cuatro segundos, exhalar durante cuatro segundos, dejar los pulmones vacíos durante cuatro segundos. Así a lo largo de varias tandas, idealmente cinco minutos, y mejor si es con los ojos cerrados, para no tener acceso a estímulos visuales externos que puedan distraer. A casi todas las personas hacer esto les calma, aunque hay algunas excepciones en que no, por ejemplo en situaciones severas de ataques de pánico o trauma. Y como en todo, si se practica de manera regular, es más efectiva que si se usa solo cuando hay crisis.

Este método es utilizado por personal de emergencias, de las fuerzas armadas y por deportistas de alto rendimiento, y lo popularizó el exmiembro de los Navy SEALs, la fuerza de operaciones especiales de élite de la Armada de Estados Unidos, Mark Divine, como una manera sencilla de recuperar el control en situaciones de alto estrés y mejorar el enfoque bajo presión. Sin embargo, tiene raíces mucho más antiguas: una forma similar de respiración aparece en prácticas de *pranayama* del yoga de la tradición india.[17]

Llevar la atención a los sentidos también es útil para activar el sistema parasimpático. Los trabajadores del conocimiento pasamos demasiadas horas usando la vista, mirando la pantalla, con lo que la recomendación es dar espacio a los otros sentidos, desde el oído, como podría ser escuchando música, hasta el tacto. Hay quienes disfrutan acariciando a su perro o su gato; yo, que no tengo mascotas y que teletrabajo, de vez en cuando entre reunión y reunión, lavo los platos. No lo hago porque me guste especialmente, sino porque he comprobado que el contacto con el agua, el jabón, la esponja y la vajilla me calma. Tomé la idea de un curso de mindfulness, pero parece que no soy la única que la aplica. Los multimillonarios Jeff Bezos y Bill Gates aseguraban hacerlo allá por 2014. Claro está, esto funciona si se utiliza como una práctica contemplativa informal, poniendo conciencia en lo que se está haciendo y las sensaciones (no si se hace de manera distraída o automática, pensando en cualquier otra cosa menos en lavar los platos). Un estudio de la Universidad de Florida hizo el experimento con unos estudiantes, que reportaron sentirse un 27 por ciento menos nerviosos y un 25 por ciento más inspirados, tras solo seis minutos fregando.[18]

Uno de los ejercicios más recomendados cuando uno tiene ansiedad o siente agobio por haber perdido el control se centra exactamente en activar los sentidos y se llama ***5-4-3-2-1***. Consiste en identificar y nombrar (aunque sea en silencio) cinco cosas que ves, cuatro que tocas, tres que escuchas, dos que hueles y una que saboreas. Esto ayuda a enraizarte en el presente (*grounding*), calma los pensamientos y relaja el cuerpo, ¡y se puede hacer en cualquier sitio![19]

«Regular el sistema nervioso» suena sofisticado, pero estas ideas y sugerencias son bastante sencillas de realizar. Y las posibles actividades a hacer son infinitas, ya que, en el fondo, todos sabemos qué nos viene bien para calmarnos (otra cuestión es que le demos espacio en nuestras atareadas vidas). ¿Has reflexionado alguna vez sobre lo que te funciona a ti? Piensa en acciones que te den energía, como si te enchufaras a la corriente un ratito para recargar tu batería interna.

Entre las respuestas más recurrentes suelen estar comer rico, dormir y correr o hacer otro tipo de ejercicio, como tenis, pádel o nadar (que son el triángulo básico de bienestar mediante el cual empecé mi recuperación). A eso se suman algunas otras cosas placenteras como darse un masaje, un baño caliente con burbujas o ir a un spa. En mi lista está la danza, obviamente. (Por cierto, lo que me suele pasar al iniciar la clase es que empiezo a bostezar muchísimo, señal de que se está activando mi sistema de la calma. ¡Discúlpame, Kasia!)

Te invito a que pienses más allá de lo físico. Según el modelo de gestión del rendimiento personal desarrollado por Jim Loehr y Tony Schwartz, autores del libro *El poder del pleno compromiso*, «la energía, no el tiempo, es la moneda fundamental del alto rendimiento». Dicen que hay ***cuatro fuentes energéticas*** que nos ayudan a sostenernos de manera efectiva: la física, la emocional, la mental y la espiritual. Stephen Covey también utiliza una categorización similar en el último de sus famosos siete hábitos de la gente altamente efectiva, reforzando la importancia de cuidar y renovar continuamente estas cuatro dimensiones. Gestionarlas permite a las personas rendir mejor, sentirse más realizadas y evitar el agotamiento.[20]

La ***energía emocional*** determina la calidad de nuestra energía: si está dominada por emociones que generan sensaciones agradables (como alegría, amor o esperanza) o desagradables (como miedo, ira o frustración). Nos recargamos en conexión con otros (en mayor o menor medida según nuestro grado de extraversión o introversión), por eso a veces una llamada breve con un amigo en medio de la jornada laboral puede ser la diferencia entre poder acabar un proyecto ese día o no. El humor es otra gran herramienta.

Otra actividad que ayuda es ***fomentar la gratitud***, una poderosa emoción positiva que consiste en sentir aprecio por las cosas buenas de la vida, ya sean grandes o pequeñas. Según diferentes estudios, realizar prácticas de gratitud activa las partes del cerebro que ayudan a regular las emociones, segregando hormonas que nos hacen sentir bien.[21] Hay familias que lo han incorporado a sus cenas y acaban haciendo una ronda de «cosas por las que estás agradecido/a hoy». Yo, durante un periodo, tomaba nota de tres cada noche en el espacio dedicado a ello en mi «Diario de los cinco minutos» (*The Five Minute Journal*). Hacerlo transformó en bastantes ocasiones un «día de mierda» en un «día que no ha estado tan mal».[22]

Alimentar la ***energía mental*** tiene que ver con la capacidad de enfocar la atención, tomar decisiones efectivas y mantener la concentración. Hoy en día esto está muy relacionado con cómo protegemos nuestra atención frente a tanto estímulo y esa constante multitarea. De ahí mis esfuerzos por establecer límites digitales, que respeten la desconexión fuera del trabajo. Aprender cosas nuevas o tener conversaciones estimulantes también promueven que el cerebro esté activo y flexible. Hay quienes colorean mandalas; la exprimera dama estadounidense, Michelle Obama, dice que ella se pone a tejer punto para dejar la mente a un lado y relajarse.[23]

Por último, la ***energía espiritual***. Lo primero que nos viene a la cabeza es la religión, pero se refiere a todo aquello que nos conecte con nuestro propósito, con actuar según nuestros valores y servir a algo más grande que uno mismo. Así que rezar puede ser una de las actividades a realizar, si te sirve, pero si no, meditar, ir a la naturaleza, hacer voluntariado o simplemente estar presente con otros pueden ser buenas opciones.

La idea principal de este método no consiste en añadir aún más cosas que hacer a tu lista diaria, sino que debemos oscilar entre gastar energía y renovarla, tal como hacen los atletas: esforzarse y luego recuperarse intencionalmente. A mí me sirve pensar en mi energía como una cuenta bancaria: cada esfuerzo es un gasto que hace que se reduzca la cantidad que tengo, y si no hago ningún ingreso sé que se va a acabar quedando a cero. Para no llegar ahí, se trata de ir haciendo revisiones internas de vez en cuando para ver cuál de las cuatro dimensiones está más descargada y darle el chute que necesita para que no se descompense demasiado y termine por agotarte.

Creo que es importante destacar que no todo el mundo tiene las mismas circunstancias, y que hay personas que viven en modo supervivencia constante, por ejemplo porque no llegan a fin de mes, tienen familiares dependientes o trabajan en empresas tóxicas. «¿Dónde medito si no tengo un piso?», se preguntaba el psicólogo Nacho Roura en un vídeo viral en Instagram de febrero de 2025.[24] Por supuesto, el contexto (sociocultural, económico, político, psicológico, familiar, relacional) importa y las soluciones no tienen que reducirse únicamente a lo que podemos hacer como individuos o a nuestra biología. A la vez, mientras generamos esas fundamentales mejoras colectivas, en lo que podemos centrarnos inmediatamente como personas es en lo que está bajo nuestra ***zona de control***, esa área sobre la que cada uno tiene influencia directa, esto es, nosotros mismos. Por eso, tiene sentido poner atención en cómo invertimos nuestro tiempo y energía o sobre cómo trabajamos. Como decía certeramente la activista por los derechos civiles y poeta afroamericana Audre Lorde: «Cuidarme no es un acto de indulgencia, es un acto de preservación, y eso constituye una forma de lucha política».

La gran revolución: hacer pausas

Normalmente, cuando pensamos en bienestar o autocuidado, tendemos a asociarlo con todas aquellas acciones o rutinas que llevamos a cabo fuera del trabajo. Sin embargo, el lugar donde pasamos la mayor parte de nuestras horas despiertos es en él y sería incompleto creer que solo debemos autorregularnos al terminar de trabajar. Ahora quiero pedirte que des un salto más en tu reflexión: ¿qué haces durante tu jornada laboral para cuidar tu energía? Si la respuesta es «nada», vamos mal, aunque, lamentablemente, esto suele ser bastante habitual.

La reacción normal frente al estrés sería una gráfica que empieza abajo, cerca del cero, hace pico ante una situación estresante, y luego baja, quizás no a cero, pero cerca, y luego repite el mismo patrón varias veces. Lo que suele ocurrir es muy diferente: después del primer pico, o no hay bajada, o es muy pequeña, y en seguida hay otro pico aún más alto, y luego otro, y otro con lo cual, al final del día, los niveles están tan arriba que bajar cuesta muchísimo más. Es más fácil descender de diez a cero que de cien a cero. Ese es uno de los motivos por los que nos suele costar dormir o disfrutar de la cena al volver a casa: seguimos hiperactivados.

Una de las soluciones más sencillas y fáciles de implementar para ir bajando esa curva a lo largo del día es ***hacer pausas de manera regular***. Nos lo recuerdan algunas apps o los relojes inteligentes con mensajes tipo «Tómate un respiro», pero no solemos hacerlas. ¿Por qué? Yo antes pensaba que eran una pérdida de tiempo, que tenía tanto por hacer que mejor seguir y seguir para acabar más rápido. ¡Qué equivocada estaba!

La investigación científica deja claro que hacer descansos durante la jornada no es un lujo, sino una parte esencial del trabajo efectivo y de nuestra biología. Sin pausas, el sistema nervioso se mantiene activado de manera demasiado prolongada, con lo que hacerlas permite regular las emociones y reducir el estrés. Además, ayudan a recuperar la atención, a prevenir errores, aumentan la creatividad y la capacidad para resolver problemas. Es decir, no solo protegen la salud física y mental, sino que mejoran la productividad y el rendimiento general, demostrando que trabajar más horas sin parar no equivale a trabajar mejor.[25]

Esto es así porque el cerebro no tiene recursos atencionales ilimitados. Al hacer un sobreesfuerzo cognitivo prolongado, se agota y empieza a racionalizar el uso de energía. Entonces, activa algo parecido al modo de bajo consumo del móvil, que reduce la actividad en segundo plano, como descargas y actualización de correo, hasta que el teléfono esté suficientemente cargado. En nuestro caso, pasamos a operar bajo mínimos, en modo supervivencia, porque deja de rendir bien nuestra corteza prefrontal, encargada principalmente de las funciones ejecutivas, es decir, aquellas habilidades que nos permiten planificar, tomar decisiones y controlar nuestro comportamiento de manera consciente. Hacer pausas es la mejor manera de lidiar con esa fatiga prefrontal y restablecer el equilibrio. Como dice la investigadora del cerebro Katerina Lengold: «La recuperación no es un capricho, es mantenimiento neuronal».[26]

Hacer una pausa larga a mitad de la jornada, como la de la comida al mediodía, es fundamental, pero en el resto de ocasiones es suficiente con hacerlas cortas, de unos cinco o diez minutos. Eso sí, para que sean útiles, no vale dejar el ordenador y pasar a interaccionar con el móvil. Es necesario minimizar estímulos, sobre todo tecnológicos, e idealmente descansar totalmente o hacer actividades que calmen el sistema nervioso (de ahí mi costumbre de lavar platos entre reuniones). Porque es en esos microdescansos cuando el cerebro activa la Red Neuronal por Defecto, que es la que nos permite integrar información, generar ideas, consolidar aprendizajes y encontrar perspectiva. Por eso, a veces, se nos ocurren cosas geniales en la ducha o en el baño, y es una de las razones por la que los fumadores suelen tener mejor salud mental que los no fumadores. La magia no está en el tabaco, sino en la pausa.

Hay diferentes recomendaciones sobre la frecuencia con que hacerlas. Muchos programadores informáticos tienden a usar el ***método Pomodoro***, llamado así por los tomates medidores del tiempo para la cocina. Se trata de veinticinco minutos de concentración sin interrupciones y cinco de pausa durante cuatro ciclos (dos horas), tras los cuales se hace una pausa más larga de quince a treinta minutos.

Por otro lado, está el ***método 52-17***, propuesto y popularizado por la compañía letona Draugiem Group en 2014. Gracias a los datos de su software de medición de tiempo DeskTime, vieron que los usuarios más productivos solían trabajar 52 minutos y luego hacer una pausa de 17. Lo curioso es que volvieron a hacer el análisis pospandemia y vieron que las métricas habían cambiado a 112-26. En 2021, los más productivos trabajaban de media 112 minutos y después hacían un descanso de mayor duración, de 26 minutos. Lo achacaban, mayormente, al aumento del teletrabajo. Justo antes de la pandemia la ratio era de 80-17. Vamos, que las circunstancias influyen en la frecuencia ideal.[27]

A nivel científico, hay bastante consenso en que lo máximo que podemos mantener la atención de manera sostenida son unos noventa minutos. Nuestro cuerpo y nuestro cerebro funcionan según ritmos ultradianos, ciclos biológicos que se repiten varias veces a lo largo del día y que regulan diferentes fluctuaciones naturales. Uno de ellos es el ***Ciclo Básico de Descanso-Actividad*** (conocido por sus siglas en inglés, BRAC, de *Basic Rest-Activity Cycle*), descubierto por el fisiólogo estadounidense Nathaniel Kleitman en los años sesenta. Durante el sueño, este ritmo se refleja en la alternancia entre fases profundas y fases REM. Lo sorprendente es que, según Kleitman, este mismo patrón continúa cuando estamos despiertos: pasamos por momentos de mayor concentración, energía y capacidad mental, seguidos de pequeñas bajadas en las que la atención se dispersa, aparece el cansancio o cuesta más mantener el foco. Estos altibajos no son un fallo, sino parte de nuestra biología y ocurren aproximadamente cada noventa minutos en adultos y sesenta en niños. De hecho, la caída de energía empieza a producirse en los últimos quince o veinte minutos de ese bloque, con lo que hacer una pausa entonces es imperativo. Cuanto mayor sea el retraso en hacerla, más lento iremos y nos costarán más las tareas. Este es el motivo por el que, en esos momentos, tardas el doble o el triple de lo normal en redactar correos sencillos, por ejemplo. Es mejor parar y volver al rato para terminarlo.[28]

A raíz de conocer todo esto, cambié radicalmente mi concepción sobre los descansos y mi forma de gestionarlos. Hay personas que consiguen seguir estas pautas de descanso-actividad a rajatabla, pero no es mi caso. Como por mi capacidad de tener hiperfoco soy un poco desastre con la noción del tiempo, lo que empecé a hacer para acostumbrarme es poner una alarma en el móvil que me saltara a los noventa minutos de iniciar un bloque de tareas. Mi compromiso era que cuando sonase, me tenía que levantar y hacer la pausa. Para no perder el hilo de lo que estaba haciendo, mi truco fue anotarme lo que dejaba a mitad de hacer o lo siguiente que quería hacer. Así podía retomar fácilmente al reincorporarme. Al principio, a fin de desarrollar el hábito, dejaba lo que estaba haciendo de manera radical, pero progresivamente he sido un poco más flexible con esto, sabiendo que cada minuto de más sin parar es contraproducente. Es decir, intento no dejarme llevar por el típico pensamiento de «voy a terminar esto, que son diez minutos», porque casi nunca lo son y entonces acabo mucho más agotada.

Tras mucha prueba y error, llegué a una rutina que está totalmente adaptada a mi manera de ser y de trabajar. Cada jornada, hago una pausa larga de dos horas (comida más siesta), y dos o tres cortas, de unos diez o quince minutos, divididas más o menos así: cinco minutos para leer whatsapps (que me proveen de interacción social cuando estoy sola), cinco para moverme un poco por la casa (e ir al baño) y cinco para mirar por la ventana. En Aguadulce, esto debería ser fácil, dado que mi apartamento tiene vistas al mar, pero la mente es muy puñetera. Incluso con semejante belleza delante de mí, me pillé en repetidas ocasiones mirando el móvil, con lo que decidí ponerme un cronómetro para ese periodo, en el cual me prohíbo tocar el teléfono.

Definitivamente, al volver frente a mi pantalla siento los beneficios: tras un microdescanso estoy más enfocada, productiva y voy como un tiro con lo que toca. Aplico este ritual cuando puedo, ya que hay días en los que ponerlo en práctica es difícil, pues la realidad arrasa mi planificación. No me fustigo por ello, solo intento que no sean la mayoría de las ocasiones. Otro de los efectos secundarios de seguir esta pauta es que me ayuda a gestionar mejor el tiempo. Sé que una jornada normal tiene cuatro bloques productivos al día (dos antes de comer y dos después de comer), así que planifico mi carga de trabajo diaria teniendo esto en cuenta.

En cualquier caso, esto es lo que me sirve a mí. Cada uno tiene que encontrar la modalidad que le funciona. Prueba a realizar pequeños experimentos que te permitan ir haciendo ajustes hasta encontrar tu fórmula. ¡No dejes de incorporar pausas a tu día! A la hora de decidir cómo descansar, el Digital Wellness Institute recomienda un truco que minimiza la carga mental: tener un listado ya hecho con ideas de cosas que sabes que te vienen bien para los diferentes tipos de pausa: corta (5-15 minutos), media (15-30 minutos) y larga (más de 60 minutos).[29]

El riesgo de no aprender a autorregularse

Casi siete de cada diez personas trabajadoras en España dicen tener estrés a diario, según un barómetro realizado en 2025 por ManpowerGroup en el que entrevistaron a unos catorce mil trabajadores de diecinueve países. Los datos colocan a los españoles nueve puntos por encima de la media global y en el top 3 de naciones con más estrés, empatados con Singapur, y justo por detrás del líder, Japón.[30]

En muchos casos, esta realidad lleva a la enfermedad. No solo de salud mental, el estrés acelera problemas de salud de todo tipo. En mi caso, además de en mi *burnout*, estoy segura de que tuvo un rol determinante en la pérdida de mi ovario y mi tiroiditis. Los dos casos ocurrieron después de la publicación de investigaciones periodísticas, que son momentos con un alto nivel de estrés.

Desde que empecé el proceso de recuperación por haberme quemado, he conocido y entrevistado a decenas de personas a las que el estrés les ha pasado factura de un modo u otro. En el caso de la periodista Leticia Mena, excoordinadora de la web del *Diario Montañés*, le activó un herpes zóster que estaba durmiente en su cuerpo desde la infancia. Se acabó expandiendo hasta sus nervios ciático y lumbar, y le acabó paralizando el cuerpo. «De poder con todo pasé a casi no poder moverme», relató en un artículo en su periódico tras doce meses de baja. «Quise correr como un Ferrari teniendo el motor de un Ibiza y un herpes zóster me gripó.» Leticia volvió al periodismo tras casi dos años luchando contra su enfermedad, pero luego decidió cambiarlo por un trabajo con un ritmo más calmado. Las dos personas que han estado en su puesto desde que ella se fue acabaron dejándolo asimismo por los niveles de estrés.[31]

Muchas veces es difícil establecer la relación causal entre lo laboral y las dolencias. Emilio (nombre ficticio para preservar su anonimato) decidió un día salir con la bicicleta, algo que solo hacía de Pascuas a Ramos, y tuvo un infarto. Los médicos le dijeron que lo habían provocado unos niveles de colesterol por las nubes. Sin embargo, cuando hablamos me contó que una semana antes había tenido el momento más tenso de sus veinte años de carrera y que llevaba meses estresado.

En aquellos momentos tenía un puesto directivo intermedio en una multinacional y se encargaba de un servicio digital con cientos de miles de usuarios. Su principal manera de comunicarse con los demás era a través de correos electrónicos y chats internos. Estaba disponible a todas horas. Al igual que me pasó a mí, su primer instinto tras salir del quirófano fue pensar en el trabajo y le pidió a su mujer el ordenador para escribir a sus jefes. El segundo día en el hospital se había montado su oficina desde la cama. «Estuve conectado a internet con mi teléfono, pasando la conexión al portátil», me decía. «Claro, las enfermeras se descojonaban conmigo.»

Cuando el médico le dio el alta, le preguntó: «¿Mañana puedo ir a trabajar?». No fue hasta que llegó a casa que se dio cuenta de la gravedad de la situación. «Podría haber muerto de verdad», me explicó con lágrimas en los ojos, acordándose de que podría haber dejado sin padre a sus tres hijos.

También he escuchado a bastantes mujeres con dificultades para quedarse embarazadas, bien porque no consiguen concebir, o porque tienen repetidos abortos espontáneos inexplicables desde el punto de vista médico. Al no tener otra respuesta que darles, los doctores les acaban diciendo: «Es por culpa del estrés».

De fondo está siempre el mismo problema: el mecanismo del estrés está diseñado para activarse puntualmente, no para ser sostenido durante largos periodos. Las sustancias químicas internas que segregamos, y que nos dan superpoderes momentáneos, son dañinas si están en nuestro torrente sanguíneo más tiempo, o en mayor cantidad, de la cuenta.

Al igual que es importante conocer cómo funciona el sistema nervioso autónomo, creo que es muy útil entender cuándo y cómo segregamos las hormonas del estrés, principalmente tres: la adrenalina, la noradrenalina y el cortisol. Cuando el cerebro percibe algo como peligroso (y recuerdo que tanto puede ser un peligro real como una preocupación imaginaria), se activa la ***amígdala***. Esta pequeña estructura con forma de almendra con varios núcleos está situada en lo profundo del cerebro y, entre otras funciones, cumple un papel crucial en la gestión del miedo y las amenazas. Al activarse, envía la señal de alarma al resto del cuerpo a través del hipotálamo, que desencadena la respuesta física de «lucha o huida» estimulando la segregación de hormonas en las glándulas suprarrenales: la ***adrenalina*** actúa instantáneamente para que el cuerpo reaccione de manera inmediata (acelera el pulso, dilata las pupilas, aumenta la presión arterial y desvía la energía hacia los músculos) y, tras el pico, se degrada en pocos minutos una vez pasa el estímulo; la ***noradrenalina*** mantiene la mente enfocada, atenta y motivada, con especial foco en el peligro, y el cuerpo preparado para el estrés prolongado, por ejemplo con una presión arterial estable; y el ***cortisol*** tiene una acción más lenta y prolongada, porque su misión es sostener la respuesta de estrés más allá del momento inmediato, movilizando energía extra, frenando procesos no urgentes (como la digestión o la reproducción) y manteniendo el cuerpo en alerta. Cuando el estrés cesa, el hipotálamo inhibe su producción excesiva y sus niveles vuelven a la normalidad.

Como solemos tener problemas para completar el ciclo del estrés de manera automática, si no ponemos la atención en autorregularnos, convertimos sustancias benignas y útiles en tóxicas. Demasiada adrenalina eleva el riesgo de hipertensión o insomnio, entre otros problemas; un exceso de noradrenalina puede generar ansiedad, irritabilidad o bloqueo mental, que nos hace rendir menos; y si los niveles de cortisol permanecen altos durante semanas o meses pueden afectar al sueño, la memoria, el sistema inmunitario e incluso favorecer el aumento de peso, cronificando el estrés.

Además, nos mantienen «dopados», y nos hacen perder la referencia de cómo estamos realmente. Por eso muchas enfermedades suelen aparecer cuando uno se va de vacaciones, al entregar un proyecto difícil o tras la jubilación. No es que hayamos tenido mala suerte de ponernos malos entonces, es que se estaba cocinando a fuego lento y solo nos podemos dar cuenta de ello cuando nos relajamos y volvemos a ser conscientes del estado real de nuestro cuerpo.

Cuando veas las barbas de tu vecino cortar...

La capacidad de resiliencia de cada persona es diferente (influyen nuestra biología, la genética, nuestras circunstancias, el entorno) pero lo que es seguro es que demasiado estrés durante demasiado tiempo siempre genera, antes o después, problemas de salud física o mental. No seas como yo, que tuve que experimentar en primera persona los efectos nocivos del estrés, para cambiar mi manera de vivir. Pon en práctica acciones para regularte antes de que sea demasiado tarde.

Saber cuándo actuar no es nada fácil. Ojalá tuviéramos un medidor de batería como nuestros móviles, que nos dijera cuándo estamos en rojo, pero no es así. El estrés se va acumulando silenciosamente, y por eso hay que ir desarrollando la mirada para reconocer que nos estamos pasando de la raya. Ese momento será único para ti, con lo que tienes que poner toda tu atención para saber reconocerlo.

El psiquiatra y profesor de la Universidad de California, Daniel Siegel, creó un concepto que te puede ayudar con esto. Todos tenemos una ***ventana de tolerancia***, que es el rango óptimo de activación del sistema nervioso en el que cada uno puede funcionar de forma equilibrada: pensar con claridad, sentir sin desbordarse y responder a lo que ocurre con flexibilidad. Fuera de ella, el cuerpo entra en modo de supervivencia, ya sea activándose de más o de menos.[32]

Cuando el sistema nervioso entra en hiperactivación hay demasiada energía y el cuerpo se pone en modo alerta: el corazón se acelera, la respiración se agita, los músculos se tensan y la mente se llena de pensamientos intrusivos o de preocupación constante. Aparecen la ansiedad, la irritabilidad y la sensación de estar «a punto de explotar». En cambio, cuando cae en hipoactivación, sucede lo opuesto: hay falta de energía, con lo que el cuerpo se apaga y busca protegerse desconectando. Cuesta reaccionar, pensar o incluso sentir. Se experimenta apatía, embotamiento emocional y una especie de distancia del entorno o de uno mismo, como si todo perdiera peso o relevancia.

Estos dos estados nos ayudan a sostener esos momentos difíciles, con lo que el objetivo no es evitarlos, sino darse cuenta de que se está en ellos y aprender a volver al centro, dentro de nuestra ventana de tolerancia. ¿Y cómo lo hacemos? Regulando nuestro sistema nervioso. Cuanto más apliquemos estrategias de regulación —como respirar, movernos, meditar, pedir apoyo, descansar (o todas las que hemos visto antes)— más podremos ampliar esa ventana. Y en el camino, con algunas de esas actividades, también reduciremos nuestros niveles de cortisol.

Reconocer los síntomas que solemos percibir cuando estamos saliendo de esa zona óptima de energía es fundamental para actuar antes de desbordarnos o colapsar. Estos son algunos de los más habituales:

	HIPERACTIVACIÓN	HIPOACTIVACIÓN
Mente	Pensamientos acelerados, intrusivos o repetitivos (rumiación), dificultad para concentrarse, preocupación intensificada, negatividad excesiva o hipervigilancia.	Niebla mental, dificultad para concentrarse, confusión, sensación de desconexión del entorno (desrealización) o de uno mismo (despersonalización).
Cuerpo	Aumento de la frecuencia cardíaca o taquicardia, respiración rápida, tensión muscular, opresión en el pecho, intranquilidad, dificultad para dormir o mantener el sueño, presión arterial alta o problemas digestivos.	Fatiga, pesadez en las extremidades, movimientos lentos, respiración superficial, somnolencia, dolor de cabeza, bajo ritmo cardíaco o entumecimiento.
Comportamiento	Irritabilidad, impulsividad, reacciones defensivas exageradas, agresividad, conducta de riesgo / temeraria o evitación de situaciones percibidas como amenazantes.	Aislamiento de actividades sociales, enganche tecnológico, falta de motivación, evitar responsabilidades, dificultad para hablar, consumo recreativo de drogas o sensación de impotencia.
Emociones o estados emocionales	Miedo, rabia / ira, frustración, ansiedad, pánico, nerviosismo.	Tristeza, culpa, desesperanza, indiferencia, aburrimiento, apatía.

En última instancia, tú eres la persona observadora y la que mejor sabe cuáles de estos síntomas reconoces o no, así como cuáles suelen ser tus tendencias. Cada ser humano es diferente. Poco a poco, he aprendido cuáles son mis señales de alarma. Algunas son bastante comunes, como la tensión en los hombros y en las caderas, otras un poco más particulares, como tener los labios resecos. En cuanto me doy cuenta de que me tengo que echar más cacao de lo normal, me salta la sirena interna: «¡Atención, quizás tengas más estrés de la cuenta, es el momento de autorregularte!». Para otras personas la alarma suena con irritaciones en la piel, cuando se ven comiendo demasiado entre horas o abusando del alcohol.

Lo importante es comprender bien cómo eres cuando estás en tu ventana de tolerancia y todo lo que se salga de ella de más o de menos, puede lanzar la alerta para ti. Yo ahora sé que, aunque suela dormir bien y con facilidad, si estoy somnolienta en actos sociales o caigo redonda rápido, es una señal; lo mismo que si dejo de usar el humor en mi día a día y me vuelvo demasiado seria, o si empiezo a verlo todo muy negativo (aunque en esto también influye mi ciclo menstrual).

Para poder darnos cuenta hábilmente de lo que ocurre en nuestro interior, son fundamentales dos cosas: 1) dar tiempo y espacio a tornar la atención hacia dentro regularmente, convirtiéndote en un/a observador/a de ti mismo/a y 2) tener desarrollada la ***interocepción***, uno de los siete sentidos del cuerpo humano, según la neurociencia. Esto no es un error tipográfico, tenemos al menos siete —y no cinco— sentidos: la vista, el oído, el gusto, el tacto, el olfato, que son los sentidos externos, y los internos, la propiocepción (el sentido de la posición y el movimiento del cuerpo que, por ejemplo, te permite saber dónde están tus brazos o piernas sin mirarlos) y la interocepción (el sentido que nos permite percibir las señales internas del cuerpo, como el ritmo cardíaco, la respiración, el hambre, la tensión muscular o las náuseas). Además de permitirnos reconocer nuestras necesidades físicas y mantener el equilibrio fisiológico del cuerpo (homeostasis), nos orienta para actuar en consecuencia. Como monitorea e interpreta lo que está pasando dentro de nosotros, nos ayuda a conectar las sensaciones internas con los estados emocionales y cognitivos, y por tanto es un elemento clave para regular las emociones y tomar decisiones más conscientes. Es, literalmente, aprender a escuchar el cuerpo para entender mejor la mente.[33]

Al igual que los otros sentidos, se puede desarrollar a través de la estimulación y la práctica constante con diversas actividades. Meditar haciendo un escáner corporal, como aprendí con la técnica vipassana, es una de ellas, pero hay muchas otras, como hacer ejercicios de respiración o movimiento consciente, o realizar terapias somáticas. Si incorporas la rutina de hacer pausas a lo largo de tu jornada, puedes aprovecharlas para detenerte unos segundos y preguntarte «¿qué noto ahora en mi cuerpo?» o «¿cómo sé que estoy estresado/a o relajado/a?». Esto refuerza la conexión entre tu sensación física y la emoción.

No nos solemos dar cuenta de lo desconectados que estamos de nuestro cuerpo. Una de las preguntas más difíciles que me han hecho en la vida es: «¿Dónde sientes esa emoción en el cuerpo?». A nivel profesional, he encontrado respuestas y soluciones a problemas complejos, como analizar la mayor filtración de la historia del periodismo, localizar a personas que funcionaban al borde de la ley o resolver dificultades en países remotos pero durante mucho tiempo me quedé en blanco ante esta —aparentemente— sencilla pregunta.

No tocar

Cuando era pequeña era bastante rebelde y, si veía algo que no me encajaba, no dudaba en cuestionarlo. La convención social de dar dos besos me pareció desde niña estúpida y falsa. No le veía sentido a saludar, sobre todo si era alguien querido, haciendo un baile de cabezas tonto en el que los labios raramente tocan la piel y solo se hace el sonido de «muac, muac». Lo que yo veía como normal era dar abrazos, y encima, me encantaba. En mi adolescencia, una de mis maneras de luchar contra lo establecido fue negándome a dar besos en el saludo y, a cambio, abrazar a la gente. Mi teoría era que un abrazo bien dado, con contacto, sí que era una buena manera de establecer un primer contacto con otra persona.

En algún momento mientras me fui haciendo mayor, probablemente al empezar a trabajar, pensé que tenía que ser seria y profesional, y me cargué esa costumbre. Mis saludos perdieron alma y cercanía. Viviendo en el extranjero, incluso incorporé versiones aún más distantes, como dar la mano, o decir «Hello!» sin tocarse para nada, haciendo un ligero movimiento de cabeza y de ojos a un metro de distancia.

Sin embargo, intentaba seguir haciendo incidencia como podía. Uno de los vídeos que recuerdo con mayor cariño de mi etapa en los informativos de la Sexta fue sobre un hombre australiano, conocido por el seudónimo de Juan Mann, que había generado un movimiento global para dar abrazos gratis en la calle. La idea se le ocurrió después de una noche de fiesta. «Una persona completamente al azar se me acercó y me dio un abrazo. ¡Me sentí como un rey! Fue lo más grande que me ha pasado», dijo según la Wikipedia. Entonces, decidió salir por Sídney con un cartel blanco con letras negras mayúsculas que decía «FREE HUGS» (abrazos gratis). Un par de años después, en 2006, se hizo viral a raíz de un vídeo en YouTube, y miles de personas de todo el mundo se unieron a hacer lo mismo en sus ciudades. Mi pequeña contribución fue hacer el cierre del informativo del fin de semana con ellos. Fue una acción muy bonita, pero de nuevo, sin involucrar el tacto.[34]

Como les pasa a muchas otras personas, tocar a otros quedó, paulatinamente, reservado a mi ámbito más íntimo, sobre todo a nivel romántico y sexual. Sin darme cuenta, me fui privando de una necesidad básica y biológica, la del contacto físico, ignorando el órgano más grande del cuerpo, la piel.

Ya en la década de los cuarenta, se publicaron los resultados de un experimento que es uno de los trabajos más citados cuando se habla del impacto del tacto en el ser humano. El psicoanalista austriaco-estadounidense René Spitz observó una gran diferencia en la evolución de dos tipos de bebés: unos crecían junto a sus madres en la cárcel, y otros criados en un orfanato. Estos últimos mostraban más signos depresivos, como la apatía, la pérdida de apetito o dificultad para dormir, así como retrasos profundos en el crecimiento o problemas inmunológicos. Cuanto más duraba la separación afectiva, el deterioro se agravaba y algunos incluso acababan falleciendo. Todo esto a pesar de que la alimentación y la higiene eran excelentes. Spitz achacó los resultados a la falta de interacción social, contacto, caricias y estímulos afectivos.[35]

Hoy sus conclusiones se revisan con cautela, ya que sus estudios no cumplirían los estándares éticos actuales y no constituyeron un experimento controlado, sino una observación de entornos ya existentes. Además, los críticos apuntan a que el impacto observado no se debía únicamente a la falta de contacto físico, sino a una privación emocional y social mucho más amplia. Aun así, el trabajo de Spitz marcó un punto de inflexión al mostrar que el afecto, el tacto y la estimulación social son necesidades biológicas fundamentales para el desarrollo infantil.

Otros estudios de referencia en este tema, cuestionados en la actualidad por su cruel metodología, fueron realizados en monos por el psicólogo estadounidense Harry Harlow en las décadas de los cincuenta y los sesenta. Harlow separó a los bebés de sus madres poco después del nacimiento y los crio con dos tipos de «madres sustitutas» de idéntico tamaño y forma, pero con una disparidad sustancial: una era de alambre desnudo y otra de madera recubierta de tela suave. Con ellas, investigó el comportamiento de las crías frente a diferentes situaciones, en las que a veces «las madres» daban alimento y a veces no. Los monitos preferían abrumadoramente pasar tiempo con la «madre de tela», tuviera o no comida, y ante un estímulo amenazante, iban a ella buscando seguridad. Demostró que el contacto afectivo es tan esencial como la nutrición.[36]

No existen experimentos equivalentes sobre la privación de contacto físico en adultos, por razones éticas. De todos modos, la evidencia disponible apunta a que el tacto afectivo sigue siendo una necesidad biológica en la adultez, con efectos sobre el estrés, la regulación emocional y la salud física. Una revisión sistemática de setenta y cinco estudios publicada en 2024 en la revista *Nature* encontró que las intervenciones basadas en el tacto resultan especialmente eficaces en personas adultas para mantener equilibrados los niveles de cortisol y para reducir el dolor, los sentimientos de depresión y la ansiedad. Así que cuando la cultura sexualiza el tacto, bloquea una vía crucial para nuestra salud (tanto física, social, mental como emocional).[37]

Yo no aprendí de todo esto leyendo libros o estudios, sino que lo hice de manera experiencial. Mi reconexión con el sentido del tacto ocurrió de una manera bastante fortuita. Fue en una de mis visitas a Almería mientras investigábamos los Papeles de Panamá, a finales de septiembre de 2015, y por un error, pues llegué tarde a comprar en la tienda de productos ecológicos al lado de casa. Gracias a ello, vi un cartel en la puerta de un taller de yoga esa tarde, al que fui, y donde me enteré de que, el fin de semana siguiente, había un retiro de tantra tradicional. Esto me sonaba bien raro, porque en mi cabeza asociaba el tantra a sexo (¿quién no ha oído hablar del «sexo tántrico»?). Pero no, es una tradición espiritual originada en la India hace más de mil años cuyo objetivo principal es expandir la conciencia en todas las dimensiones del ser humano, siendo la sexual solo una de ellas, y alcanzar estados elevados de presencia a través de prácticas meditativas, energéticas y corporales. Me picó la curiosidad y me inscribí.[38]

Fui en coche con la profesora de yoga, María del Mar. El centro estaba en las montañas detrás de Aguadulce, en un lugar muy tranquilo y silencioso, salpicado de pinos y vegetación verde, que me parecieron un vergel comparados con la sequedad amarillenta que yo tenía en la costa. Lo primero que me llamó la atención al llegar es que todos se saludaban con abrazos largos (de cinco segundos o más). Yo estaba tan oxidada que me parecieron bastante molestos, y de una manera extraña, a la vez, me eran tremendamente reconfortantes. «Esta es mi gente», pensé.

Un equipo formativo de varios profesores dirigía las actividades, guiadas por el lema: «Amor y respeto, primero hacia ti y luego hacia los demás». La persona más sénior era el maestro, un alemán grandote con pelo y barba larga blanca llamado Andreas. Si bien tuvimos bastantes momentos para la meditación individual, lo que me enganchó fue cómo usar esos estados de conexión interior para conectar mejor con los demás. Uno de los ejercicios estrella consistía en sentarte cara a cara frente a alguien, cerrar los ojos, hacer varias respiraciones en silencio para anclarte al presente y, al abrirlos, quedarte mirándole a los ojos durante varios minutos. Pasados unos segundos, mantener la mirada se convirtió en algo superincómodo. Quería mirar para otro lado, pero sabía que no debía. Cuando se pasó esa contrariedad inicial que hacía de barrera, ocurrió algo maravilloso: se abrió un túnel de alma a alma y empecé realmente a *ver* a la otra persona. Es un proceso bello en el que simplemente se conecta de otra manera. Como periodista, comprobar que podíamos comunicarnos sin necesidad de palabras me hizo explotar la cabeza.

En una segunda parte, tuvimos que poner la mano derecha en el corazón de la otra persona y la izquierda en el nuestro, y volvimos a cerrar los ojos. Este gesto, aparentemente insignificante, generó un vínculo más profundo entre ambos y, aunque pueda sonar extraño, al hacerlo sentí cosas que parecían no venir de mí, como un halo de tristeza. La práctica acababa con un espacio para compartir verbalmente y, para mi sorpresa, esa persona me confirmó que, efectivamente, se encontraba bastante triste. ¿Casualidad? ¿Suerte? Lo cierto es que lo hicimos varias veces más a lo largo del fin de semana y, en todas, viví situaciones similares de percibir al otro energéticamente.

Gracias a ello, comprendí que no todo el aprendizaje ocurre a través de la comunicación verbal, en las conversaciones o en los libros, sino que se puede aprender desde el sentir, desde la experiencia. Así que, por mucho esfuerzo que haga en describir cómo es, realmente es algo que solo podrás entender y experimentar al hacerlo. Te animo a que, si tienes pareja, lo pruebes, al menos la parte de mirarse a los ojos de manera prolongada. Además, puedes intentarlo con tus hijos, padres o amigos. Recomendación: no dejes que te pueda la vergüenza.

Una vez roto el hielo, pasamos a dinámicas que involucraban el sentido del tacto sin ningún objetivo erótico. La tarea era darse caricias en zonas no erógenas, como los brazos o la cara, con varias intensidades de fuerza y velocidad, pero sin ninguna prisa. Uno daba y otro recibía con los ojos cerrados, y luego se alternaban los roles. Para mí fue fascinante pasar por los dos papeles. Acariciar por el mero hecho del disfrute fue muy enriquecedor y liberador, ya que no sentía ninguna presión por que tuviera que ocurrir *nada* en concreto. Era muy curioso ir explorando cómo la persona reaccionaba diferente si yo iba más lenta o más rápida, o si tocaba una parte u otra de su cuerpo. Yo me iba adaptando y modificando en función de lo que iba percibiendo. Una de las zonas que le dieron escalofríos fue cuando pasé por el cuello, sobre todo detrás de la oreja, y al moverme por sus brazos tan solo con la yema de los dedos se le pusieron los dedos de punta.

Permitirme recibir también fue una experiencia interesante. Al principio me entró la risa, porque sentí bastantes cosquillas. Mi cuerpo no estaba acostumbrado a que lo tocasen, y menos *así*. Respiré varias veces profundamente y se me pasó. Cuanto más lentas iban sus manos, más me gustaba.

Dejarse tocar era una sensación tan placentera y relajante, que cuando se acabó el tiempo me dio pena, ¡quería más! No porque esa persona me gustase especialmente, sino porque me di cuenta de que mi cuerpo anhelaba ese afecto, calma, cuidado y energía, sin que implicara sexualidad. Había descuidado esa necesidad básica que tenía, la de ser tocada.

A lo largo del fin de semana me fui sintiendo cada vez más calmada, más a gusto, más en mí. En ese momento no sabía por qué me estaba pasando eso, pero tiene varias justificaciones científicas. La piel con vello —como la de los brazos, la espalda, el rostro o los muslos— contiene un tipo especial de fibras nerviosas llamadas ***aferentes C-táctiles*** (o *C-tactile afferents*, en inglés), que responden de manera óptima al tacto suave y afectivo, como lo son las caricias. Se activan más con temperaturas cálidas, como la de la piel humana. Envían información directamente a las áreas cerebrales vinculadas con la emoción, favoreciendo las sensaciones de bienestar, calma y conexión con la otra persona. Es un mecanismo de corregulación social.[39]

Además, el tacto afectivo activa la liberación de ***oxitocina***, una de las cuatro «hormonas de la felicidad», clave en comportamientos sociales, y que ayuda a regular el sistema nervioso autónomo, refuerza el sistema inmune, genera sensación de seguridad y facilita la confianza, la empatía y la conexión. Si bien juega un rol fundamental al nacer, en nuestra vida adulta se libera en abrazos, con contacto sostenido, caricias o masajes. También existe bastante evidencia científica sólida sobre cómo el contacto táctil reduce el cortisol, incluso si te tocas a ti mismo, y sobre cómo acciones como agarrarse de la mano atenúan la respuesta cerebral al peligro (especialmente si es con tu pareja).[40]

Por todo ello, es buenísimo ***abrazar a otros***. Parece que la Mar adolescente no iba tan desencaminada. Aunque no todos los abrazos son iguales. Los de palmadita en la espalda y listo, casi no cuentan. Investigadores de la Universidad de Londres demostraron en 2021 que la duración ideal es de cinco a diez segundos.[41] Ayuda que sean firmes, tranquilos y sostenidos, que sean dados con presencia y se repitan varias veces al día. ¿Cuántas? A nivel científico, no hay estudios que confirmen un número exacto a partir del cual se haga la magia. El consenso es que cuantos más, mejor (siempre que sean consentidos, claro está).[42] A nivel anecdótico, está la popular frase «necesitamos cuatro abrazos diarios para sobrevivir, ocho para mantenernos, y doce para crecer», que se atribuye a la psicoterapeuta estadounidense Virgina Satir, una de las psicólogas pioneras en terapia familiar. Según esto, cuatro abrazos sería el mínimo necesario para aguantar diariamente evitando el malestar, ocho para mantener un estado de bienestar emocional suficiente y doce para notar efectos más profundos. No conozco a nadie que llegue a esta cifra en su rutina habitual. Sin embargo, en el centro de tantra yo sí lo conseguía, y era genial.

Me quedé tan sorprendida positivamente con todo lo que viví y sentí ese fin de semana, que decidí repetirlo casi todos los meses siguientes hasta que publicamos, a principios de abril de 2016. Cada vez que terminaba uno de los retiros, me sentía recargada energéticamente, como si me hubieran puesto pilas nuevas y fuera un conejito de Duracell que tenía que volver a la rueda del hámster. Creo firmemente que esto hizo que me mantuviera mejor física, emocional y mentalmente a lo largo de la investigación.

Estaba tan comprometida con continuar con la práctica que el 15 de abril, día en el que dimitió el ministro Soria, salí disparada hacia el aeropuerto desde el plató del programa «Al Rojo Vivo» de la Sexta, en el que había intervenido en directo. Me cogí un avión de Madrid a Almería para irme a hacer tantra. Recuerdo llegar revolucionada por el subidón de la noticia y su impacto, y desde ahí, la compartí con mis compañeros tántricos. Ninguno se había enterado de aquello, ya que la mayoría no leían las noticias. Una amiga me dijo: «Cariño, ¿a ti esto te hace feliz? Pues entonces, ¡enhorabuena!». Efectivamente, en el momento en el que empezaron las actividades e inicié mi camino hacia dentro, aquel logro profesional pasó a ser bastante poco relevante para mí. Esta fue una de las primeras señales que me hizo darme cuenta de que, quizás, estaba siguiendo el camino equivocado.

Reconectar con lo femenino

Volver de manera regular a hacer tantra se convirtió en una de mis actividades preferidas durante años y se lo recomendaba a todo el mundo. A medida que fui profundizando en mi aprendizaje, fui desarrollando una mayor receptividad táctil y abriéndome más emocionalmente. Lloré mucho en esos retiros. A veces sentía que era como si hubiera abierto un grifo que no podía cerrar, porque me habían escondido la llave. Poco a poco, me fui limpiando por dentro y la sensación final siempre acababa siendo de bienestar y calma.

Otro asunto que me movió los cimientos fue reconocer que había abandonado mi lado femenino. En la tradición tántrica, todos tenemos dos fuerzas opuestas y complementarias en nuestro interior: ***Shiva***, que se asocia con lo «masculino», y ***Shakti***, que se asocia con lo «femenino». No estamos hablando de cuestiones de género biológico, sino que cada uno encarna cualidades simbólicas clásicamente atribuidas a cada una de estas dos energías. Shiva representa la dirección, la intención, la presencia estable y la capacidad de orientar la energía. Si bien se suele definir como conciencia tranquila e inmóvil, no lo es desde la pasividad, sino desde la «acción desde el centro». Shakti representa el impulso vital que fluye, siente, intuye, nutre y expresa, siendo sus cualidades la apertura, la receptividad activa, el cuidado, la creatividad y la capacidad de generar conexión emocional y vibratoria.

Desde que empecé a trabajar, yo había priorizado el hacer frente al ser; había estado demasiado en la acción sin dejarme sentir. Con las prácticas tántricas volví a darle el espacio que merecía en mi vida a Shakti, a mi energía femenina, a la creatividad desde el sentir, el cuidado y la emocionalidad. A su vez, mejoré mi energía masculina, añadiendo consciencia a mi acción, lo cual me llevó a preguntarme con mayor frecuencia si estaba donde quería estar. Sin duda, este proceso tuvo un papel determinante en mi decisión de dejar mi trabajo y tomarme una pausa profesional.

Shiva y Shakti son deidades, pero no me hice hinduista. Para mí, fueron arquetipos que me ayudaron a entender qué partes dentro de mí requerían que las reforzara para encontrar la armonía interna, sabiendo que esos ajustes los tendría que hacer de manera constante. Otras tradiciones han expresado conceptos similares de diverso modo. La filosofía taoísta describe el mundo a través del principio ***yin-yang***, dos fuerzas complementarias que están presentes en todo fenómeno natural. El yin simboliza lo receptivo, suave e interior (lo femenino); el yang, lo activo, firme y luminoso (lo masculino). Ninguno puede existir sin el otro, y su interacción constante genera equilibrio, salud y movimiento vital. Usando esta terminología, yo tenía un exceso de energía yang que necesitaba ser reequilibrada. Esto es algo que luego comprobé que les pasa a gran parte de las mujeres en posiciones ejecutivas, que se intentan hacer un hueco como pueden en un mundo hecho por y para hombres.

En mi caso, además de por las convenciones sociales, creo que fue mi familia la que jugó un papel decisivo en ese exceso de energía masculina, expresada a través de mi constante acción. Crecí admirando a mi padre, a quien veía como la máxima expresión del éxito: siempre trabajando en temas importantes y ayudando al mundo a ser mejor, desde sus posiciones en el tercer sector (fue secretario general de Cruz Roja, miembro del Comité Económico y Social Europeo y alto cargo en la Fundación Once). Casi nunca estaba en casa, llegaba algunas veces para darnos un beso a mi hermana y a mí antes de que nos durmiéramos y punto.

Por otro lado, mi madre estaba siempre presente cuidándonos. Ella era profesora de primaria, pero para mí eso como que no contaba, porque lo que yo veía siendo niña es que cuando llegábamos del colegio tenía la merienda hecha, hacía los deberes con nosotras, nos llevaba a ballet o a actividades extraescolares, luego nos daba la cena y nos acostaba cantando canciones o leyéndonos un cuento. En mi simplista cabeza infantil, mi padre trabajaba y mi madre nos cuidaba. Y yo de mayor quería ser exitosa, por tanto, quería ser como mi padre. Él hacía cosas todo el rato, y me premiaba cuando tenía logros, como conseguir buenas notas. Así que no paré de hacer hasta que me rompí. En ese camino, ignoraba las advertencias de mi madre, que me insistía: «Hija, descansa». A lo que yo le solía decir que no tenía tiempo para descansar. Es duro reconocerlo, pero creo que inconscientemente también pensaba que qué iba a saber ella sobre cómo ser exitosa.

Reconectar con mi cuerpo y priorizar mi lado femenino fueron los pasos definitivos para modificar esta perspectiva. Se cambiaron las tornas. Seguí admirando a mi padre, pero elevé a mi madre al mismo pedestal en el que le tenía a él. Incluso ahora, ella estaba un poquito por encima. Mi madre se convirtió en mi nueva heroína. Quería lo mejor para ella y, por eso, en un momento en que empezó a estar bajita de ánimos, la llevé a hacer tantra. Esa experiencia fue muy transformadora para ambas. Ella salió llena de amor y más positiva. A raíz de aquello, empecé a darle abrazos cada vez que nos veíamos y a decirle «te quiero, mami» cuando tenía ocasión.

Que el centro tántrico estuviera cerca de Aguadulce fue uno de los motivos que sumó en mi decisión de irme a vivir allí en mi periodo sabático. Dejé el ICIJ exactamente dos años después de haber empezado a ir y, en ese intervalo, fui a quince retiros, desplazándome desde Madrid. Cuando cambié mi residencia al sur, asistir se volvió incluso más fácil. Solo dejaba de ir a los encuentros por causas de fuerza mayor, como vacaciones con mi familia o el retiro vipassana, a inicios de 2018.

Mis preferidos eran los más largos, porque coincidían con las festividades en el calendario: en Navidad y Semana Santa, que duraban tres o cuatro días, y en julio/agosto, en el que nos juntábamos durante diez días, como si fuera un campamento para adultos. El verano de 2018, el verano en el que reconecté con mi pasión por la danza, fue la tercera vez que iba de «vacaciones tántricas», pero la primera en que no tuve que pedir permiso de días en el trabajo. Para entonces, el centro había cambiado de ubicación, y estaba al lado del desierto de

Tabernas, muy cerca del cortijo donde vivió mi madre de pequeña. Hacía un calor insoportable durante el día, que mitigábamos con duchas constantes o bañándonos en la piscina, y por la noche bajaban las temperaturas muchísimo, con lo que descansábamos a pierna suelta.

Llegué allí con una incógnita sobre mi cabeza: «¿Qué voy a hacer con mi vida?». Me aterrorizaba tanto como si fuera una guillotina a punto de caerme encima. A finales de septiembre se cumpliría un año desde que había dejado el trabajo y me sentía culpable por haber estado tanto tiempo fuera del sistema. Además, nunca perdí ese miedo de que ya nadie me quisiera contratar, de que se hubieran olvidado de mí.

Las actividades de aquellas vacaciones me ayudaron a divertirme como una niña y a sentirme más ligera, deshaciendo el nudo que sentía en mi pecho. La guillotina desapareció y la pregunta dejó de ser amenazante. Pasé a mirarla con curiosidad y no con pavor. No conseguí averiguar el qué, pero sí el dónde. Vi superclaro que Almería era mi lugar.

Cuando volví a Aguadulce, me puse a buscar un piso de alquiler. Encontré un apartamento a pocos kilómetros del de mis padres, en una urbanización en la ladera de la montaña, La Envía, que se había expandido sin sentido en el *boom* inmobiliario y que tenía muchos inmuebles tirados de precio porque los bancos necesitaban tenerlos habitados para conseguir un mínimo de rentabilidad (y prevenir que fueran ocupados ilegalmente). Seguí teniendo vistas al mar, pero en vez de estar al lado, ahora tenía la perspectiva de toda la bahía. En ese mismo edificio vivía María del Mar, la profesora de yoga que me introdujo en el mundo del tantra. Para entonces era una de mis mejores amigas y me pareció una gran idea tenerla como vecina.

La dificultad de volver a ponerme en movimiento

Unos días después de volver del desierto, empecé también un proceso de «coaching de carrera» para avanzar con las dudas sobre mi futuro profesional. Una amiga periodista germano-danesa me había recomendado a alguien que la había ayudado mucho con su organización, llamada Kim Brice. Vivía en los Países Bajos, pero era estadounidense. Parecía tener unos cincuenta y algo y lo que vi en su página web me había encantado, no solo por su formación y trayectoria, sino porque su acompañamiento incluía técnicas somáticas y de mindfulness. Su marca era «Grace & Grit», que se podría traducir como «Elegancia & Determinación». ¡Me representaba exactamente! (O al menos, a mi aspiración de cómo quería ser.)

Es fundamental hacer un buen proceso de selección para asegurarte de que un coach o terapeuta es fiable. Cuando te encuentras en un proceso de búsqueda y transformación, estás especialmente vulnerable y el acompañamiento individual es muy delicado. Algunas claves son: revisar que las credenciales estén claras y sean verificables; desconfiar de promesas rápidas, universales o demasiado increíbles, y asegurarse de que respeta tu autonomía y tiene unos límites éticos definidos. El número de seguidores en redes sociales no es el mejor indicador. Hay quienes dicen ser expertos o gurús en un tema y acaban siendo vendehúmos o sacacuartos. Interesa comprobar que los testimonios que usa de sus clientes anteriores sean de personas reales, no inventados con inteligencia artificial.

Dicho esto, nunca podrás saber al cien por cien qué ocurre en sus sesiones hasta probarlas, por eso es mejor conocer a ese coach o terapeuta antes de empezar una trayectoria. Un profesional serio escucha más de lo que habla, fomenta tu pensamiento crítico, no te hace dependiente ni se presenta como imprescindible y te ayuda a ganar recursos propios. Si sales de los encuentros con más claridad, fortaleza y autonomía —y no con confusión o miedo—, probablemente estás ante un acompañamiento honesto. En mi camino yo he tenido mucha suerte con aquellas personas que me han apoyado y no he tenido ningún problema. Sin embargo, tiempo después de dejar de ir al centro de tantra, me dejó estupefacta la noticia de la condena a prisión de su maestro por el abuso sexual a tres alumnas, algo que no reflejaba para nada lo que yo había vivido allí y con él.

Aunque a Kim me la sugirió una amiga, lo que le daba un plus de confianza, hicimos una primera sesión gratuita por Skype para conocernos y ver si había química. Tenía pelo corto negro y pecas en la cara. Parecía cercana y amable, pero no se andaba con rodeos y era precisa en la manera en la que se expresaba. Supe inmediatamente que encajábamos. En una ola de honestidad, Kim me confesó que no sabía si el coaching virtual iba a dar resultado. Hasta entonces, solo había acompañado a otra persona así, y no había funcionado. En el mundo pospandémico ya no tenemos estas dudas, pero en 2018 eran pocos los que hacían este tipo de servicios a través de videoconferencia. Le dije que llevaba teletrabajando desde 2011, así que tenía la certeza de que no habría ningún problema con la virtualidad, y decidimos empezar a trabajar juntas.

En seguida me mandó un email con los deberes que tenía que hacer antes de volver a vernos. Eran tres reflexiones por escrito: contar la historia de mi vida en no más de tres páginas A4, escribir todas las quejas que tuviera sobre el periodismo y mi último trabajo, y anotar de qué manera me relacionaba conmigo, mis colegas y mi profesión que no estuviera alineada con quien era realmente y quien quería llegar a ser.

«La invitación es a no pensar demasiado en lo que escribes mientras lo escribes. Simplemente deja que venga a ti —indicaba en las instrucciones—. No te cortes. —Y acababa diciendo—: Que encuentres satisfacción en la escritura y la reflexión.»

A pesar de no tener compromisos laborales, no hice todos los ejercicios en las casi dos semanas que tenía. Siguiendo mi tendencia habitual, prioricé otras cosas en vez de esto. Creo que lo procrastiné porque responder a esas preguntas me removía demasiado. Conseguí escribir dos páginas sobre mi vida y se las mandé unas horas antes de nuestro encuentro. Como conclusión final decía: «El periodismo parece quedarme muy lejos y ahora tengo claro que no estará en mi futuro. Siento que tengo una buena intuición, así que he decidido que este otoño voy a centrarme en desarrollarla para que pueda seguir guiándome con acierto».

A lo largo del resto del año y el principio de 2019, las preguntas que me hacía Kim, en las sesiones o en las tareas, fueron ayudándome a profundizar sobre quién quería ser yo a nivel profesional. Para hacerlo emocionante, y construyendo sobre aquel email de despedida a mis compañeros del ICIJ, me dijo que tenía que pasar de ser investigadora de la realidad a una investigadora de mí misma. «Tu vida cotidiana y la manera en que la conduces es tu investigación definitiva», escribió en uno de sus emails.

Kim me sacaba de mi zona de confort y expandía los límites de mi pensamiento. Por ejemplo, nos dimos cuenta de que me estaba costando visualizar un futuro laboral porque no veía otro rol concreto que quisiera hacer. Ella me animó a pensar sobre aquello que me daba energía, que me llenaba y gustaba, sin importar el título de ese puesto. Se trataba de centrarme en mis habilidades y mis sueños, lo cual me hizo ver que mi valor era algo innato y no venía tanto de una profesión o empresa en concreto. Esto me sirvió para seguir separando mi identidad de mi trabajo.

Hubo un ejercicio que me ayudó especialmente a cambiar la manera de verme. Consistía en comentar lo que me venía a la cabeza para rellenar la frase «Yo soy...», sin empezar por lo laboral. Kim tomó notas, que luego me pasó por correo. Le dije: «Yo soy una mujer, divertida, conseguidora, triste, a veces introvertida, muy dura conmigo misma, en búsqueda de lo que quiero hacer, de España». ¿Cómo rellenarías tú esa frase?

Desde que hice esto ya no digo «*soy* periodista» o «*soy* + una profesión o puesto», porque ***no soy mi trabajo***. Por eso, utilizo otras expresiones, como «*trabajo* como periodista». Kim me enseñó una expresión muy potente que me encanta. «I am a human BEING, not a human DOING». En español el juego de palabras no funciona tan bien, pero podríamos traducirla por: «Soy un SER humano, no un HACEDOR humano». A raíz de verme como un ser humano, que primeramente es y, luego, entre otras cosas, trabaja, empecé a describirme de modo diferente ante los demás. Por aquellas fechas me entrevistaron en el pódcast *Vostok 6*, que destacaba perfiles de «mujeres pioneras». Tras presentarme con mis logros de los Papeles de Panamá, me preguntaron: «¿Quién es Mar Cabra?». A lo que respondí: «Soy una chica de 35 años, a la que le gusta ayudar al mundo a ser mejor, y me *he dedicado* a ser periodista en los últimos 15 años. *Mi último trabajo* ha sido dirigiendo equipos de desarrollo y de análisis de datos para hacer periodismo y contenidos». (Vuelve a leer la frase entrecomillada y fíjate especialmente en los términos en cursiva, porque están escogidos muy intencionalmente.) Tras decir esto, añadí: «Creo que tenemos que dejar de definirnos con lo que hacemos y empezar a definirnos con el tipo de personas que somos».[43]

La metodología de Kim no consistía en que simplemente habláramos delante de la pantalla o en reflexionar por escrito. A veces guiaba una meditación y yo la seguía tumbada tranquilamente desde mi sofá. Otras, me pedía que me separara del ordenador para que viera mi cuerpo entero y me decía: «Haz una postura que represente esto que dices que sientes». Al principio me descolocó un poco, pero al conectar con mi lado actriz/bailarina, no me costó mucho hacerlo. Sin embargo, fue ella la primera que me hizo esa pregunta que me dejó en blanco: «¿Dónde sientes esa emoción en el cuerpo?». Mi respuesta inicial fue: «¿Cómo?». A lo que siguió: «No sé de qué me hablas, no la siento en ningún sitio».

Hasta ese momento no me había parado a sentir el lugar de las emociones. Para entonces había trabajado el movilizar mi cuerpo, el tacto e incluso había aprendido técnicas de regulación emocional, pero en ese proceso nunca había conectado las emociones con mi cuerpo. Sabía identificar la rabia, la tristeza o la alegría, no *dónde* las notaba. Para mí, estaban «en mi cabeza», como en la película *Del revés*.[44]

Entre sus múltiples competencias, Kim se había especializado en la conexión mente-cuerpo y había aprendido métodos psicosomáticos. Según la evidencia científica, la mayoría de los seres humanos experimentamos sensaciones corporales parecidas al sentir emociones, incluso si somos de culturas diferentes, y las zonas dependen del tipo de emoción. En el estudio de

2014 «Mapas corporales de las emociones» (*Bodily map of emotions*, originalmente), los investigadores de la Universidad de Aalto, en Finlandia, mostraron visualmente dónde se notaba cada una. La ira se siente sobre todo en la mitad más alta del cuerpo, del abdomen para arriba, con sensaciones más intensas en los brazos (no resulta extraño que a veces vaya asociada a dar puñetazos). El asco se siente fuerte en la garganta y en la tripa (estómago, intestinos), como un malestar visceral. La tristeza hace que sintamos más frío en las extremidades (brazos, piernas), como si se «apagaran» un poco. Y la felicidad genera una activación generalizada por casi todos lados, desde el pecho hasta las extremidades, lo que indica un «subidón» de energía corporal. Esto no quiere decir que si sientes la emoción en otro lado no sea válido, es más una guía. «La percepción de estos cambios corporales desencadenados por las emociones podría desempeñar un papel clave en la generación de emociones conscientes», concluía el estudio.[45]

La verdad es que me habría encantado tener esta chuleta para no haberme tenido que enfrentar a la desazón que me provocaba la pregunta de Kim, pero lamentablemente, no la conocí hasta años después. Me sentía imbécil al no saber qué decir. Ella me insistía en que ignorar la emoción era contraproducente, ya que solo empeoraría la cosa. Saber localizarla físicamente me ayudaría a «estar con ella» y aceptarla, lo cual haría que se fuera disolviendo, e incluso me daría pistas de lo que había venido a enseñarme/mostrarme. Así que tuve que ir afinando la observación de mis sensaciones corporales, y desarrollando la interocepción, hasta que pude decir de manera precisa dónde sentía la emoción en mi cuerpo.

Pasados varios encuentros, empecé a experimentar mejoría. Un día, hablamos de que estaba ansiosa. Kim me hizo la maldita pregunta: «¿Dónde sientes esa ansiedad?». Cerré los ojos, conecté conmigo y lo vi claro: «¡Siento fuego en mi pecho!». Si estuviera en un concurso de la tele, en ese momento me habrían dado mil euros por haber dado la respuesta correcta. ¡Por fin! Pero la cosa no acabó ahí.

«¿Qué crees que te está queriendo decir?», añadió Kim. «Mmm. No sé bien. Parece que me alerta de la inquietud que tengo por no saber a qué dedicarme», respondí. El resto de nuestro tiempo juntas ese día lo pasamos explorando qué necesitaba para mitigar esa angustia y transformarla en aprendizaje. No solo lo hicimos verbalmente, sino también físicamente. Representé en una postura aquello que estaba sintiendo y la mantuve un rato. Me puse con los hombros echados para adelante, con el pecho encogido. Acto seguido, Kim me pidió que hiciera la postura contraria. Eché mis hombros y mis brazos hacia atrás, con el pecho completamente abierto. Fue alucinante ver cómo realizar este cambio postural me hizo sentir mucho mejor.

En la decena de sesiones que siguieron, además de ver cuestiones relacionadas con lo profesional, profundizamos sobre la «Mar mujer», a la que por fin estaba dando espacio y que quería expandirse. ¿Cómo quería que fuera cuando estaba sola? ¿Y cuando estaba en pareja? Anoté mis cualidades deseadas: «Muestro mi vulnerabilidad, sin prejuicios ni miedo; puedo ser delicada si quiero; soy suave y, a la vez, puedo tener una fuerza arrolladora; soy decidida; soy flexible y fluyo». Kim trabajaba mucho con visualizaciones y me sugirió que buscara una foto que expresara visualmente esa aspiración. Para representar a la «Mar amante» encontré esta: era una escena iluminada con tonos rojizos, cálidos y suaves que mostraba el instante exacto en que una gota impacta con el agua y rebota hacia arriba, creando pequeñas salpicaduras, haciendo una forma entre circular y dispersa suspendida en el aire.

Esa era tan solo una pieza del puzle, en el que había otras: Mar como amiga, como profesional o como hija/hermana. Se trataba de describir cómo quería ser en el mundo y lo que era importante de cara a acabar diseñando mi «visión de vida». Añadí un rol determinante, la faceta de mí que cuidaba de mí misma, que llamé «Mar como fan». Porque yo había sido en el pasado mi peor enemiga y eso era lo primero que quería hacer diferente.

Al final, tuve que acabar definiendo cuál era mi propósito. Me costó ponerlo en palabras, pero sabía exactamente cómo sería la imagen. Busqué en internet y la encontré: una mano sujeta el tallo fino de un diente de león esponjoso en su fase de semilla, en la que es la típica bola redondeada blanca. Como si la persona que lo agarra hubiera soplado, algunos de los vilanos (los filamentos que la componen, que son como una semilla con hélices de pelo blancas) vuelan hacia el cielo, de derecha a izquierda del marco. El fondo es verde, pareciera que están en un lugar fértil.

Para mí, esta foto expresaba cómo quería yo ayudar a otros a hacerles volar, a encontrar su camino, pero sin olvidarse de sus raíces. El diente de león es una planta extremadamente adaptable que consigue prosperar en casi todos los suelos, incluso si son terrenos difíciles.

Ese fue el cierre de mi fructífero proceso de coaching con Kim. Mi siguiente paso, ya en solitario, sería encontrar la profesión que me diera de comer para llevar a cabo esa visión de vida y ese propósito. Para llegar a ese nivel de claridad aún tuvieron que pasar más meses, pero mientras tanto decidí materializar físicamente las imágenes del agua roja y del diente de león. Las imprimí en alta calidad en dos pequeños cuadros de 21 por 21 centímetros que se adherían a la pared y las pegué en mi salón. Qué mejor vista diaria que el retrato de tus sueños.

AUTOINVESTIGACIÓN: EL CUERPO

Llega el momento de volver a ser periodista. En este capítulo, la lista que te propongo ha sido escrita al alimón con una de mis primeras lectoras, Delia Rodríguez, que se hizo estas preguntas al acabar de leer el capítulo. ¡Vamos allá!

- ¿Estás comiendo bien, durmiendo lo necesario y moviendo el cuerpo? ¿Seguro, segura? Priorizar el triángulo básico del bienestar físico es el primer paso para vivir a jornada completa. Si no lo haces o ves otras áreas de mejora, piensa un pequeño cambio que sea fácil y puedas poner en marcha desde mañana.
- Existen técnicas muy sencillas que regulan el sistema nervioso y ayudan a controlar el estrés. Espero que hayas practicado algunas mientras leías este capítulo. Ahora ya puedes recurrir a ellas cuando lo necesites. ¿Has probado la respiración cuadrada, por ejemplo?
- El cansancio no es solo físico, también puede ser emocional, mental o espiritual. Del uno al diez, ¿cómo se encuentra tu energía en cada uno de estos aspectos? Ahora que tienes la foto completa, piensa en una cosa que pueda ayudarte a subir tu puntuación.
- Revisa tu rutina y asegúrate de que estás descansando lo suficiente no solo después, también DURANTE el trabajo. ¿Estás haciendo pausas a lo largo del día?
- ¿Enfermas en vacaciones o en fin de semana? Deberías priorizar la gestión del estrés y plantearte qué nivel de fatiga manejas a diario.
- Monitorízate. ¿Estás en tu zona óptima entre la hiperactividad y la parálisis? Para reflexionar, te puede ser útil volver sobre el cuadro de síntomas. ¿Y cómo está tu equilibrio entre lo masculino y lo femenino?
- ¿Haces caso a lo que te dicen tus sentidos? ¿Incluso al sentido del tacto? Quizás no es necesario que practiques tantra, pero seguro que puedes abrazar más.
- A veces es difícil definirse más allá del trabajo. ¿Cómo seguirías la frase «Yo soy…» sin mencionar lo laboral? Hay personas sabias a nuestro alrededor dispuestas a ayudarnos a encontrar la respuesta, si autoanalizarte te suele costar. ¡Pregunta!

7
EL CORAZÓN

No puedes unir los puntos mirando hacia adelante. Solo puedes unirlos mirando hacia atrás, así que tienes que confiar en que, de alguna manera, los puntos se conectarán en tu futuro.

STEVE JOBS

Reconectar con la pasión fue el mayor reto en mi recuperación del *burnout*. Imagínate un Ferrari de Fórmula 1 que, tras acumular varias averías, se ve obligado a hacer una parada prolongada en boxes. Los mecánicos le hacen todos los cambios posibles para que pueda retornar a la pista, pero por algún motivo, el vehículo no se mueve: en el fondo, su motor ha perdido las ganas por competir. Así es como me encontraba yo tras un año sabático: sentía que ya tenía energía suficiente, pero me faltaba empuje. Seguía sin ser la misma de antes, la Mar ambiciosa, la Mar disfrutona, la Mar que quería comerse el mundo. ¿Habría perdido esa cualidad para siempre?

Es imposible decir que hubo una fecha concreta que supuso un antes y un después, un momento exacto en el que volvió mi amor por vivir. El cerebro y el cuerpo están diseñados para proteger la continuidad, no para transformarse rápido, por eso el cambio se cocina a fuego lento y a veces es difícil ver el progreso hasta que ocurre. Lo que sí que sé identificar es cuándo me di cuenta de ese punto de inflexión: un día, volví a soñar con organizar un viaje.

Viajar es una actividad inherente en mi familia y plenamente asociada con el placer. Mi abuela paterna, Enriqueta, nació en 1914 en medio de la Málaga rural, en Antequera, y cuando era joven, antes de la guerra civil, pudo ir varias veces a Inglaterra, lo cual la hacía muy feliz. Mi padre se ha pasado décadas yendo y viniendo a Bruselas todas las semanas, como miembro del Comité Económico y Social Europeo. Aunque viajaba por trabajo, disfrutaba de dejar su huella más allá de nuestras fronteras. Desde que tengo uso de razón, al menos una vez al año hemos hecho un viaje familiar por vacaciones, normalmente al extranjero. Hemos estado en Egipto, Estados Unidos, Mauricio, Kenia y Vietnam, por mencionar algunos de las decenas de países que he visitado.

Mi trabajo internacional en el ICIJ era un buen reflejo de lo que había mamado en casa. Mis amigas de la universidad, las que me llaman Willy Fog, solían bromear con que iba a Nueva York con la misma naturalidad con la que un madrileño se desplaza al suburbio de Móstoles. Sentía que el único territorio fuera del alcance de mi pasión viajera era la Luna. Me encantaba conocer mundo hasta que, al quemarme, me dejó de interesar. No quería ni ver más monumentos históricos, ni comer más comida extraña, ni dormir en más habitaciones de hotel solitarias.

Desde que decidí retirarme a Almería, no es que estuviera quieta sin moverme de mi piso frente al mar. Fui a Valencia, a Santander, a Madrid varias veces, incluso a Lisboa. Todos estos viajes eran para dar charlas o talleres y estaban relacionados con seguir un poquito activa (motivados por ese miedo a «que no se olviden de mí») o con ver a mis padres y hermana, que vivían en la capital. Iba de un lugar A a un lugar B, y ya. Eran transacciones necesarias para conseguir metas, pero no había placer en ellos.

No fue hasta trece meses después de dejar mi trabajo, en noviembre de 2018, que empezó a apetecerme de nuevo viajar: quería ir a Costa Rica. No fue algo aleatorio. Allí vivía mi excompañero Rigoberto, con el que había creado el equipo de datos, y con quien seguía en contacto por WhatsApp. A pesar de ser tímido y hablar poco (en las reuniones y en general), fue el único del ICIJ que siguió escribiéndome de manera regular tras mi marcha y acabamos generando una bella amistad más allá del trabajo.

Raro era el mes que no sabía algo de él. A veces mandaba mensajes cortos de la nada. «Hola Mar!! Te escribo solo para saludar!! 🙂» o «Feliz día! Súper Mar!! 💪😘» (que me envió el 8 de marzo, Día Internacional de la Mujer). Otras, me compartía fotos de su perro, de cómo había empezado a boxear, o me comentaba que le había entrado antojo de tortilla española y que le iba a decir a su mujer que la hiciera. En alguna ocasión, nos escribíamos para dar el salto a hablar por Skype. Rigo casi nunca me pedía nada: ni me exigía que le respondiese ni que le dijera cómo me encontraba. Esto era bastante liberador, porque sentir que tienes que explicar a todo el mundo cómo estás cuando estás mal se hace bastante pesado. En esas circunstancias es mejor evitar preguntar a secas «¿qué tal estás?».

Él simplemente estaba ahí, cerca a pesar de la distancia, y no se había olvidado de mí, como sí sentía que habían hecho otros. Fueron muchos los que desaparecieron de mi vida tras «perder el poder». Algunos me reconocieron años después que no me escribieron porque no querían molestarme en mi descanso. Pero cuando alguien se quita del mapa y, sobre todo, si es por salud mental, lo que suele necesitar es cariño y apoyo social, no silencio absoluto. Con sus mensajitos aleatorios, Rigo me hacía sentir vista y querida.

De vez en cuando, me sugería que fuera a visitarles: «Tu habitación sigue disponible 😉🙂». Y yo solía darle largas: «Ahora no tengo dinero para ir, pero te aviso cuando pueda». Efectivamente, me parecía irresponsable cruzar el charco y hacer un viaje no teniendo un sueldo. Aunque en el fondo, la verdadera razón es que tampoco me apetecía. Pensaba que no se me había perdido nada en Costa Rica, ni en ninguna parte más que en mi sofá.

Sin embargo, tras tanto amor virtual, un día sentí que me apetecía compartir con él en persona y conocer su entorno: a su esposa, su casa y Liberia, al oeste del país, donde nació y había echado raíces.

«Rigo, febrero es un buen o mal mes para ir a Costa Rica?», le pregunté por WhatsApp a principios de noviembre.

«Buenísimo 😉»

«Genial! Pues lo mismo me escapo a verte… te voy contando…»

«👏👏 en febrero hay fiestas cívicas del cantón, si vienes para esas fechas te puedes montar un toro 😀»

«Jajajaja no sé si me atreveré. En qué fechas es eso?»

De pronto, montarme en un toro en unas fiestas locales costarricenses me pareció una idea muy sugerente, lo más divertido del mundo. Y mi mente empezó a imaginar cómo podría ser ese viaje. Fantasear es muy común en los seres humanos, pero es algo que yo había dejado atrás. Volver a ver que podía ilusionarme con un proyecto, como lo es la organización de un viaje, fue muy reconfortante, una señal de que no estaba todo perdido. La vuelta a la vida «normal» era posible y ese parecía el inicio del camino.

Soñarme trabajando

Por aquel entonces, mis padres y mi círculo cercano ya empezaban a preguntarme de manera recurrente: «¿Cuándo vas a volver a trabajar?». Gracias al proceso con Kim había visto claro que no quería regresar al periodismo, pero aún no sabía qué otra profesión me resultaría satisfactoria. Además, aún no me había recuperado del todo y sentía que no estaba lista para retomar la actividad laboral. Necesitaba más tiempo, pero no podía permitírmelo ni económicamente ni a nivel de reputación (o al menos, eso creía).

Así que decidí tirar por el camino del medio. Como manera de darle un pelotazo hacia adelante a mi reentrada en el mundo del trabajo, envié una solicitud a dos prestigiosas becas en universidades estadounidenses. Estas *fellowships* son para periodistas a mitad de su carrera que necesitan un periodo de reflexión e inspiración, y te pagan un sueldo para vivir y estudiar en ellas durante un año, junto con otros compañeros de profesión. Pensé que yo tenía grandes posibilidades de conseguirlas. Frederik, uno de los alemanes que obtuvieron la filtración de los Papeles de Panamá, estuvo en una de ellas, en la Universidad de Harvard, en la costa Este. Y en ese momento, Marina, mi antigua jefa, estaba de excedencia del ICIJ haciendo la otra, en la Universidad de Stanford, en California, y aceptó escribirme una carta de recomendación. Me dio mucha alegría poder contar con su apoyo, a pesar de los desencuentros que tuvimos antes de irme. No sé exactamente qué dijo, porque la carta se enviaba directamente, pero estoy segura de que me puso por las nubes.[1]

Ambas becas exigían presentar un proyecto en el que trabajar durante ese año académico. Me rompí la cabeza para proponer algo que me llevara a aprender de diferentes disciplinas en otras facultades. Para ello tenía que conectar de alguna manera mi año de recuperación y mis nuevas inquietudes con algo periodístico. El término «evasión mediática» (*news avoidance*) empezaba a tomar fuerza y yo lo había experimentado en carne propia. Durante ese tiempo, había necesitado muy poco leer noticias y las personas a mi alrededor en Almería directamente no consumían ningún medio de comunicación (ni impreso, ni online, ni en televisión, ni por radio) más que para ver entretenimiento (y a veces, ni eso). A ello había que sumarle la creciente cantidad de desinformación, que confundía cada vez más las líneas entre lo que es verdad y la ficción. Y entonces, la conexión entre el periodismo y mis experimentos tecnológicos de ese año se transformó en evidente. «La lucha por la atención humana nunca ha sido tan feroz —escribí en una de las solicitudes—. Con casi ningún experto en atención en sus filas, el periodismo tiene todo para perder esta batalla. A no ser que cambiemos esto.»

Sí, le metí un poco de épica al asunto en mi escritura, pero es que la situación podía ser dramática. Cada vez menos personas se informan por los medios de comunicación, que son las entidades que de manera profesional velan por la información de calidad (aunque no todos lo hagan bien). Propuse estudiar cómo «captar la atención humana éticamente» y para ello, sugería investigar las «mejores prácticas de otras disciplinas, como la tecnología, el diseño, psicología y el mindfulness para que las noticias lleguen de la mejor manera a la gente, sobre todo a aquellos fuera del ciclo informativo».

Mientras intentaba convencer a los jurados de Stanford y Harvard con mi narrativa persuasiva, mi mente empezó a volar al mundo de la posibilidad, a soñar con una realidad laboral mejor. Me visualizaba yendo a clase con genios de Silicon Valley, aprendiendo de los máximos expertos de desarrollo personal o incluso atendiendo sesiones para escuchar a líderes budistas o hinduistas. Con esa película en la cabeza, el plan de irme cada vez me fue apeteciendo más. Era muy consciente de que es en esos centros educativos donde se genera el caldo de cultivo del futuro, como había experimentado en Columbia, otra universidad de la Ivy League. Pensé que estar allí era la mejor manera de recuperar mi pasión perdida.

Curiosamente, entre los varios miles de palabras que escribí en las solicitudes, el término *burnout* no apareció ni una sola vez. Sí mencionaba mis problemas de salud física, mi agotamiento, pero no hice ni una sola referencia a mis problemas de salud mental. Ahora, con la distancia, me planteo por qué. Probablemente, como me habían dicho tantas veces que evitara nombrarlo en público (y mucho menos en mi CV), mi subconsciente pensó que, si lo hacía, iba a jugar en mi contra.

Envié las dos solicitudes a principios de diciembre de 2018 completamente confiada en que me cogerían al menos en uno de los programas. Sentía la fuerte convicción de que, en unos meses, cuando empezaran las clases en la universidad en agosto de 2019, volvería a vivir en Estados Unidos. Fue un alivio: tras tantos meses a la deriva, por fin tenía una sensación clara de dirección, de saber qué es lo que quería hacer con mi vida.

La cuenta atrás antes de las becas

Tener un plazo concreto para que ocurra algo siempre me ha venido bien. Los periodistas, como tantos otros profesionales, estamos acostumbrados a tener fechas de entrega constantes y muchas veces estas nos permiten hacer cosas increíbles en poco tiempo. Según mis planes, en ocho meses estaría empezando una de las dos becas. Saber que mi sabático tenía un final marcado me puso cara a cara con la pregunta: «¿Cómo quiero usar el tiempo que me queda sin obligaciones externas?». Y una voz en mi interior me dijo: «Haz que valgan la pena». A lo que le siguió el pensamiento: «Entonces tengo que *hacer* cosas».

Esto volvió a activar en mi la Mar «conseguidora», la productora de televisión que había logrado obtener entrevistas y reportajes inimaginables, la investigadora que trazaba planes estratégicos para alcanzar objetivos difíciles. Ahora lo que tenía que conseguir eran planes chulos que hicieran memorable ese periodo antes de cruzar el charco.

El resto de diciembre y enero ya los tenía organizados, y no pintaban nada mal: en Navidades haríamos el viaje familiar anual a Cabo Verde; en Año Nuevo me iría al centro de tantra en Almería unos días y luego daría el salto a Ávila para realizar, por segunda vez, un retiro vipassana. Justo al acabar mi nueva inmersión profunda en diez días de silencio, volví a abrir mi correo electrónico y tenía noticias de Stanford. «¡Enhorabuena! Eres semifinalista», me decían en un email de dos líneas escrito por la dirección del programa. «Volveremos a estar en contacto a mediados de marzo.» Se me puso una sonrisa de felicidad en la cara, una mezcla entre «sabía que me cogeríais» y «¡uf, menos mal que no me habéis rechazado!». Aunque aún faltaba tener noticias de Harvard, el plan seguía adelante según lo previsto.

Con las pilas absolutamente recargadas tras tanta meditación y conexión interior, más el chute de energía del correo de la selección, sentí que ahora sí era el momento de organizar el viaje a Costa Rica. «Rigo, ya he vuelto al mundo normal 🙂 Hablemos cuando tengas un ratito!», le escribí por WhatsApp. Era finales de enero, así que el plan de montarme en el toro en fiestas quedaba descartado (porque eso ocurría en febrero), pero seguro que habría muchísimas otras opciones interesantes a mano. Veinticuatro horas después tenía mis billetes reservados, a las setenta y dos horas, estaban comprados. Iría quince días desde finales de abril a principios de mayo.

Cerrar ese viaje despertó la fiebre viajera en mí. Unos días después, escribí a Kim para ver si podía ir a visitarla a La Haya. Aunque pensaba que era una ciudad gris, llena de edificios burocráticos y con poco que ver, mi verdadera motivación era ir a verla a ella y sobre todo bailar con ella. Porque Kim, además de una fantástica coach, es profesora de baile. Enseña Nia, que es una técnica inventada en San Francisco en los años ochenta que sigue música y coreografías que mezclan artes marciales, danza moderna y yoga. Aprender este método le transformó la vida, así que no me quería quedar sin probarla. Vi que en España solo había clases en Mallorca, y para irme allí me iba a Holanda y así mataba dos pájaros de un tiro: bailaba y la conocía en persona. Tras varios emails para coordinar fechas, dejé el viaje cerrado para principios de abril.[2] Abril y mayo tendrían una pinta estupenda: primero me iría a los Países Bajos y luego a Costa Rica. ¡Planazo!

Por entonces, Harvard llamó a mi puerta (bueno, a mi email). De las 225 candidaturas internacionales, habían seleccionado a 68 para entrevista, y yo era una de ellas. «¡Ooooooleeeeee! —pensé—. Estoy más cerca de conseguirlo.» Me proponían conectarme con ellos quince o veinte minutos por Skype para realizarla y me daban varias fechas. Elegí una a diez días vista para poder hacerla tranquilamente, ya que entremedias tenía un viaje a Madrid para dar una formación de periodismo de datos para una gran empresa mediática. De vez en cuando, organizaciones que me conocían me llamaban para encargos esporádicos como este, que definitivamente le venían muy bien a mi menguante cuenta bancaria.

Desde mi tranquila vida almeriense, hacer una entrevista en veinte minutos me parecía demasiado rápido, pero ya conocía bien la velocidad de la vida estadounidense de mi etapa en Nueva York. Tenía pocos minutos para enamorarles y debía ir al grano vendiéndome. Como no quería traicionar a mi nueva versión, decidí ponerme de fondo algo que sería un mensaje para mis entrevistadores: una antigua señal de tráfico de madera amarilla con forma de rombo que hace años había comprado en Manhattan y que indica en letras negras «SLOW» (LENTO), para alentar a los conductores a reducir su velocidad.

Me habían pedido estar lista cinco minutos antes, por si iban holgados de tiempo. Abrí el Skype con suficiente antelación, por si acaso, y me puse a esperar a que entrara su llamada mirando la pantalla. La entrevista estaba agendada para sus dos de la tarde, mis ocho de la noche. Fueron puntuales. Al otro lado estaban Ann Marie Lipinski, la directora del programa, y James Geary, subdirector. Eran dos periodistas blancos estadounidenses que rondaban los sesenta, ambos habían hecho la *fellowship* hacía años. El email preparatorio decía que eran «muy amigables» y que la discusión sería «lo más libre de estrés posible». Yo era un manojo de nervios, pero intenté que no se notara.

Mi señal de SLOW sirvió para romper el hielo. James hizo una broma: «Estás en Almería, el lugar donde vais lento». Pero ese fue el único momento en el que tuvimos buena sintonía: ellos y yo no éramos instrumentos que pertenecieran a la misma orquesta. Les percibí muy estirados, demasiado formales, nada cercanos (o al menos, no de la manera a la que yo estaba acostumbrada ahora). Me fue muy difícil leerles, podrían ser perfectos jugadores de póker. Yo, por el contrario, me recuerdo entusiasta, cálida y sonriente, aunque lo cierto es que me costó venderme bien. No desplegué mi mejor versión comercial ni fui lo suficientemente estratégica poniendo en valor por qué era una gran candidata. Quizás me traicionó el subconsciente, porque, en el fondo, no estaba convencida de hacer un programa que me devolviera al mundo del periodismo. Dieciséis minutos después, habíamos terminado. Cerré el ordenador con una sensación amarga y sintiendo muy fuerte una certeza: «No me van a coger». Al principio me entró una gran angustia y mucha rabia, pero luego me calmé.

«Bueno, no pasa nada. Yo realmente lo que quiero es ir a Stanford», me dije. La universidad californiana no solo es una de las fuentes de talento tecnológico de Silicon Valley, sino que la vida allí tiene un aire más relajado, bebiendo aún de los años hippies de finales de los sesenta, y yo, con mi faceta espiritual en pleno desarrollo, me sentía más conectada con esa forma de ser. Así que esperé pacientemente y esperanzada las cuatro semanas que quedaban para «mediados de marzo» para saber de ellos.

El viernes 15 de marzo, como un reloj, recibí dos correos, uno de cada una de las universidades. Probablemente, que los recibiera el mismo día no era casualidad. Los rumores dicen que ambos programas se coordinan para no pisarse candidatos.

El primero fue de Harvard, a las 17.07. Aún mantenía una pizca de ilusión por que mi sensación hubiera sido incorrecta, pero no. El asunto iba directo al grano: «Fundación Nieman: Lamentamos no poder ofrecerle la beca». Mierda. A las 23.35, escribió Stanford con un asunto más críptico («Actualización de la selección JSK»). En el contenido aclaraban que iban con retraso por la gran cantidad de solicitudes de ese año y decían que había que esperar dos semanas más para conocer su decisión final. El mensaje me dio muy mala espina, porque no me habían ofrecido hacer una entrevista y, por mi cuenta, había averiguado que ya se la habían hecho a otros aspirantes. Mis sospechas se confirmaron dos semanas más tarde. Stanford no me daba la beca John S. Knight de periodismo.

«El hecho de que hayas conseguido llegar a la fase de semifinales es un indicativo de tus credenciales profesionales y tu compromiso con el periodismo», mencionaban para animarme. Esas palabras, lejos de consolarme, me enervaron más. En ese momento, estaba muy enfadada con las dos universidades y los directores de sus *fellowships*. Sentía muchísima rabia y frustración. ¿Cómo podía ser que no me hubieran cogido? ¿No eran todos mis premios suficientes? ¿Qué más querían de mí?

Semanas después encontré cierto confort —y algunas respuestas a estas preguntas— en los anuncios oficiales de las personas becadas, también llamadas *fellows*. Mi principal error de cálculo fue no pensar que habría más reporteros interesados en estos programas dentro del equipo de casi cuatrocientos periodistas de los Papeles de Panamá. Harvard seleccionó a mi compañero Andras Petho, que fundó su propio medio de periodismo de investigación en Hungría para evitar la censura creciente bajo el mandato del primer ministro autoritario Viktor Orbán. Stanford escogió a Joseph Poliszuk, reconocido por su trabajo promoviendo la libertad de prensa en Venezuela, que recién iniciaba su crisis política más dura. Ambos habían participado en nuestra histórica investigación y también venían de situaciones tremendamente más complejas a nivel político que mi tranquila posición en España. Para ellos, pasar un año en una universidad estadounidense sería un soplo de aire fresco necesario y urgente para retomar fuerzas ante entornos tan exigentes.[3]

Además del factor Papeles de Panamá, las becas resultaron ser extremadamente competitivas para personas de la Unión Europea. Solo había una plaza en cada una. Andras fue el europeo en Harvard y una periodista de investigación polaca, en Stanford. Su proyecto, la lucha contra las campañas organizadas de desinformación, era sin duda mucho más candente y oportuno que mi propuesta de estudio sobre la atención.

Ninguna de las *fellowships* me dio feedback oficial sobre por qué no me seleccionaron, así que me quedé más tranquila con esta lógica que encontré. Pensar que, quizás, el hecho de que no me hubieran seleccionado no tenía tanto que ver conmigo, sino con el alto nivel y los contextos de los otros candidatos fue un gran alivio. Hay situaciones que escapan al control de uno, y noté consuelo al ver que esta parecía ser una de ellas.

El mismo día que recibí la negativa de Stanford, me había llegado a casa la guía turística de Costa Rica. Ahora tenía un manual para mi viaje y podría elegir las mejores actividades, ¿y después? Se me acababa de caer el plan principal que había guiado mis pasos en los últimos meses: ya no iría a vivir a Estados Unidos en agosto. Tenía que volver a empezar a pensar en mi futuro desde cero, y lo que tenía claro es que me aterraba la idea de volver a trabajar.

Sin rumbo, de nuevo

Sentí el rechazo de Stanford y Harvard como un mazazo que explotaba mi burbuja de fantasía y me devolvía de lleno al mundo real, en donde el dinero es un elemento clave para subsistir. Hacer la *fellowship* me habría ayudado a evadir esa realidad, otorgándome un margen de un año más para seguir explorando, a gastos pagados, por dónde quería tirar. Sin la opción de la beca sobre la mesa, abordar el tema se convirtió en urgente. Me encontraba con unos ahorros casi agotados, unos gastos mensuales que iban a crecer en los siguientes meses con los viajes programados y sin ninguna idea de qué hacer para empezar a tener ingresos regulares. El pago mensual del alquiler de mi piso en Madrid era claramente insuficiente. De algo tenía que vivir, pero ¿de qué?

Vi mi fracaso con estas solicitudes como una señal inequívoca de que aquel era el fin de mi carrera periodística. Darme cuenta de esto fue muy doloroso y más difícil emocionalmente para mí que dejar el ICIJ. Porque en aquel momento estaba tan agotada que solo tuve energía para recuperarme al nivel más básico. Ahora ya había pasado año y medio de aquello y al estar mejor, afloraban más fácilmente las emociones.

Estamos acostumbrados a hacer duelo cuando se muere alguien o cuando tenemos una ruptura amorosa. Pero también se puede sentir profundamente esa sensación de pérdida significativa cuando dejamos el trabajo (o nos echan de él). En mi caso, pasé mi duelo cuando decidí, definitivamente, abandonar el periodismo.

Cada vez que pensaba en ello no podía dejar de llorar, incluso si dentro de mí sentía con fuerte claridad que no quería volver a hacerlo. La situación empeoraba si se lo contaba a alguien. Era empezar a pronunciar «per» y salir lagrimones por mis ojos. Y eso que yo llegué al periodismo casi de casualidad, en la etapa de la universidad. No me quiero ni imaginar cómo se pueden sentir aquellos que saben desde niños que quieren ser *plumillas* y un día deciden dejarlo.

Quitar el periodismo de mi vida era despojarme del sentido de dirección, del propósito, de mi para qué. Yo elegí ser periodista y tuve la suerte de poder vivir de ello, cuando muchos no lo conseguían. Contar historias, investigar secretos y descubrírselos a otros era el motivo por el que me levantaba por las mañanas. Era una parte fundamental de mi identidad. Con mi trabajo, ponía mi granito de arena para construir un mundo mejor. Además, el periodismo me había dado grandes alegrías, gracias a él había llegado a lo más alto y me había sentido plena. Esa vocación había sido mi motor.

La palabra vocación viene del latín *vocatio*, la acción de llamar. Originalmente se refería a sentir la llamada de Dios a participar en la vida consagrada, pero hoy está extendido a otras carreras o trayectorias profesionales. ¡Eso había hecho yo! Había sentido la «llamada del periodismo» y pensaba ejercerlo toda la vida. Nadie me había contado que esa pasión, ese «amor», se puede acabar y, entonces, ¿qué se hace? Por lo pronto, sentir una pena tremenda.

La tristeza es una emoción clave para transitar y asimilar pérdidas, y es un paso esencial en cualquier proceso de duelo. Según el modelo de la psiquiatra Elisabeth Kübler-Ross, que definió las ***cinco etapas del duelo*** a finales de los sesenta, suele ser anterior a la fase final, la de la aceptación. Es en ese momento en el que uno empieza a explorar distintas opciones y a moverse hacia adelante, encontrando una nueva manera de estar sin aquello que ha perdido.[4]

Si no era periodista, ¿qué otra cosa podía ser? Ya había descartado hacía años ser actriz. Me tocaba reinventarme. ¿Sería capaz de aprender otro oficio, de tejer una red de contactos desde cero? ¿Podría encontrar otra profesión que amar? ¿Y si no la amaba, tendría la fuerza necesaria para poder levantarme con ganas de ir a trabajar por las mañanas?

Todas estas preguntas me abrumaban. Sentía un vacío profundo que no sabía cómo llenar. Cuando dejé mi trabajo, el objetivo era recuperarme. Cuando decidí echar las solicitudes de las becas, el objetivo era irme a Estados Unidos. Ahora que no había objetivo definido estaba totalmente perdida. ¿Cómo se puede caminar sin rumbo?

Por fortuna, no pude entretenerme mucho en esos pensamientos, que generaban en mí una sensación asfixiante. Aunque no tenía nada claro adónde dirigirme en el futuro, los planes de viaje que había cerrado hacía meses ya llamaban a la puerta de mi presente. Tan solo una semana después del rechazo final de Stanford, me tocó montarme en un avión para viajar a La Haya. Mis dudas se vinieron conmigo, en un rincón oscuro de la maleta.

El despertar de los sentidos

Había estado en los Países Bajos en varias ocasiones a lo largo de mi vida, desde la típica escapada de fin de semana a Ámsterdam en la época de universidad para probar la marihuana en un *coffee-shop* hasta por motivos de trabajo, para hablar de los Papeles de Panamá a los periodistas de investigación neerlandeses.

Nunca se me ocurrió visitar La Haya, el centro administrativo del país, donde está la sede del gobierno, el Parlamento y la residencia del rey, además de algunas instituciones internacionales. Cuando pensaba en la ciudad, lo primero que me venía a la mente eran los jueces de la Corte Penal Internacional con sus características togas largas azul oscuro y su pieza de tela blanca en el cuello. En mi cabeza, era un sitio con muy poco atractivo y si hubiera tenido que ponerle un adjetivo, lo habría calificado de «aburrido». Sin embargo, si Kim hubiera estado en la Conchinchina holandesa, yo habría acabado viajando hasta allí con los ojos cerrados.

Había organizado mi estancia coincidiendo con los días en los que ella daba clases de danza Nia, que eran los domingos por la mañana y los martes por la noche. Con lo cual, volé un sábado y me volví un miércoles. Después de haber comprado los billetes, me enteré de una afortunada coincidencia: Kim y sus colegas profesoras habían organizado un evento especial el mismo día de mi llegada. ¡Fantástico! Así bailaría tres días de cinco. Era una *jam*, una quedada de baile en la que, durante hora y media, se disfrutaba y compartía en grupo al ritmo de la música. Cuando cogí el avión en Barajas ese sábado a las siete de la mañana hacia Ámsterdam mi único objetivo era llegar a tiempo a las tres de la tarde para ese acontecimiento.

Todo fue como un reloj: mi vuelo llegó puntual, en el mismo aeropuerto cogí un tren a La Haya, viaje que duró unos cuarenta minutos y, de la estación, un tranvía hasta un chalet adosado donde vivía una familia que alquilaba una habitación por Airbnb. Me dio tiempo a dejar mis cosas, comer algo rápido, cambiarme y salir hacia el estudio de danza, a unos quince minutos caminando de mi alojamiento.

Hasta ese momento, tenía activado el piloto automático con el que he realizado decenas de viajes, ya que estoy acostumbrada a moverme sin ningún esfuerzo por la mayoría de países occidentales. En cuanto salí de la casa, empecé a notarme distinta. Era como si me hubiera despertado de un largo letargo y todos mis sentidos se hubieran amplificado. Ahora percibía la realidad con muchísimos más detalles y matices.

Mi habitación estaba a pie de calle. Desde fuera, me di cuenta de que tenía un ventanal muy grande, de unos dos metros. A medida que me acercaba a otras casas, veía sus salones, tan solo protegidos por un cristal. Me entretuve observando disimuladamente desde la distancia las vidas de aquellos desconocidos. Unos veían la tele o comían, otras estancias estaban vacías, algunas tenían cuadros preciosos y casi ninguna tenía cortinas.

No recordaba esas enormes ventanas de mis anteriores visitas al país. Parece ser que el origen de esta costumbre es una mezcla de factores históricos, prácticos y culturales: en el siglo XVII eran un símbolo de riqueza, puesto que atraen más luz natural en un lugar donde por defecto hace frío y llueve, y está también ligada a los valores calvinistas de apertura y honestidad, a una visión un tanto particular de la privacidad. ¿Cómo podía ser que hubiera ignorado —o borrado de mi memoria— algo tan evidente?

Era como si estuviera viviendo el mundo por primera vez. No solo a través de la vista. Mi mirada curiosa, casi infantil, estaba acompañada por una banda sonora con los múltiples sonidos de aquello que me iba encontrando, como las risas de los niños jugando en un pequeño parque al lado del canal. Y siempre, un fondo de graznidos de gaviotas. La Haya es una ciudad con playa (algo que había pasado completamente por alto) y estos pájaros están por todas partes. Muchos locales las aborrecen tanto como odiamos las masificaciones de palomas en algunos puntos de España, principalmente por lo que ensucian con sus cacas, pero a mí, en aquel instante me pareció que producían el soniquete perfecto, vestían de naturaleza el asfalto de la calle y los ladrillos de los edificios.

Todo me parecía precioso y especial. El estudio de danza estaba en la segunda planta de un edificio industrial de mediados de siglo XX, sobrio y funcional, reconvertido en un espacio cultural creativo. La sala principal donde se celebraba el evento tenía 100 m^2 diáfanos llenos de luz, porque en dos de las cuatro paredes había una docena de ventanas. Se llamaba CLOUD, que en inglés significa nube. ¡Qué mágico, iba a bailar entre las nubes!

Cuando llegué, Kim me estaba esperando. Era la primera vez que la veía en persona, después de tantos meses de sesiones online. Desvirtualizar a alguien es algo raro, nunca nadie es exactamente como te lo has imaginado. Me pareció que era más delgada y atlética de lo que había visto a través de la pantalla.

En seguida me presentó al resto de participantes, que cambiaron rápidamente del holandés a un perfecto inglés para incluirme en la conversación, y a los pocos minutos, empezó la *jam*. Había varias profesoras, que se dividieron el liderazgo de la sesión. Me sorprendió ver a Kim en esta otra faceta suya. Esa coach paciente, que sabía formular siempre las preguntas adecuadas en el momento preciso, se transformó en una niña juguetona y traviesa, que con cada movimiento nos invitaba a pasarlo bien. Entre mis favoritos, mover en el aire, al son de la música, un lazo de vaquero imaginario.

Esa sensación de diversión me acompañó durante toda mi visita holandesa y se recargaba en cada una de las clases de danza con Kim. Los recuerdos de ese viaje están plagados de situaciones graciosas y de fascinación, como cuando aprendí a montarme en marcha en la parte de atrás de una bicicleta para ir de paquete. Me flipó ver que los holandeses disfrutaban más de la playa en pleno abril que los españoles. Mientras no lloviera, incluso si estaba nublado, la terraza al aire libre del chiringuito estaba llena. Simplemente, daban mantitas para prevenir el frío.

También se reactivó mi sentido del gusto a través de mi devoción por la comida. Un día, después de mimarme con un masaje, me comí un arenque en adobo en un puestecillo callejero que me supo a gloria bendita. Eso es todo lo que recuerdo de la cocina neerlandesa, porque con la que acabé cautivada fue con la gastronomía indonesia. Había muchos restaurantes de este tipo porque el país asiático fue colonia de los Países Bajos desde el siglo XVII hasta mediados del XX.

(Tengo que reconocer que desconocía esta importante parte de su historia hasta entonces.)

Quién lo diría: encontré el placer más absoluto en un lugar que nunca habría elegido como destino de vacaciones. Creo que no habría importado dónde hubiera ido y mi experiencia habría sido igualmente singular. Porque lo que había cambiado era mi mirada, que empezaba a abrirse hacia los demás, hacia el mundo, después de tantos meses de recuperación y trabajo interior. La vida empezaba a atravesarme de nuevo y dejar huellas de belleza en mí.

Entre lo viejo y lo nuevo

Esa actitud de ligereza vital consiguió mitigar un poco la preocupación que sentía por no tener ni idea sobre qué hacer con mi futuro profesional, pero en los momentos de quietud sin planes ni personas alrededor reaparecía mi angustia existencial. Sobre todo, porque había llegado a La Haya echa un manojo de dudas. Venía de unos días en Madrid en los que habían ocurrido varias cosas que echaron más leña al fuego a mi confusión antes del viaje.

Fui a una fiesta organizada por «El Intermedio» para celebrar sus dos mil programas. Conectar con lo que había dejado atrás se me hizo muy extraño. Ya no formaba parte de ese entorno del famoseo televisivo y me sentía fuera de lugar, como si me hubiese colado en la celebración. Allí me crucé con caras conocidas, como la de la presentadora Sandra Sabatés, con quien había trabajado en la Sexta en mis inicios como periodista, y a la que no veía desde hacía tres años, cuando me entrevistó en plató. La pregunta más repetida que me hicieron ella, y muchos otros, fue: «¿A qué te dedicas ahora?». Y yo no sabía muy bien cómo responder.

Dar charlas sobre los Papeles de Panamá seguía siendo una manera fácil de generar ingresos, así que también aproveché mi visita a la capital para dar una conferencia sobre la investigación en una escuela oficial de idiomas. Aquello me quedaba cada vez más lejos y contar por enésima vez lo mismo me aburría soberanamente. ¿Acabaría yo como esos abuelos que no paran de repetir las mismas batallitas de su época dorada?

Además, aproveché para ir durante unas horas a un congreso sobre meditación en la Universidad Complutense. Me había parecido buena idea, dada mi cercanía con este tipo de temas, y podía ser una buena manera de seguir formándome. Pero lo cierto es que me resultó soporífero. Tampoco me veía haciendo nada con gente como aquella; era un mundo demasiado sesudo e intelectual para mí.

Así que las grandes cuestiones de «¿Entonces, por dónde tirar? ¿Cuál es mi lugar?» me persiguieron a los Países Bajos.

Uno de los lados buenos de haber trabajado a nivel internacional es que tengo amigos o conocidos en casi todos los países, y por ello una noche en La Haya quedé para cenar con el periodista de investigación neerlandés Joop Bouma. A pesar de que tiene la edad de mi padre y de que nos separan casi treinta años, habíamos hecho migas a través de los múltiples proyectos en los que habíamos participado juntos. Gracias a colaborar con él, alguno de mis artículos había salido, con mi nombre, en la portada de su periódico, *Trouw*.

Hablamos de lo divino y de lo humano durante un par de horas. Él acababa de publicar una gran investigación con el ICIJ, pero pronto se jubilaría. No parecía muy preocupado, ya que no significaría un parón en su carrera porque tenía varios libros por escribir. Él sabía los detalles de por qué había dejado mi trabajo, así que tuve que ponerle al día. Cuando acabé, me dijo: «¿Y por qué no te conviertes en coach?». Una idea más a lanzar a mi tablero de decisión.

En aquel momento, cada variable que se me ponía sobre la mesa abría, a la vez, una puerta a un mundo de posibilidades y una ventana al miedo a lo desconocido. Sin embargo, sin yo saberlo, preguntas aparentemente aleatorias como la de Joop, o conversaciones como las que tuve con Kim, que me dijo que trabajar conmigo le había hecho ver que ella quería ayudar a más periodistas, acabaron plantando en mí unas semillas que germinaron un año más tarde.

Estar en búsqueda siempre da resultados, aunque cuesta mucho verlo cuando te encuentras inmersa en la duda. Ante lo desconocido, nuestro cerebro activa sistemas de alerta y mecanismos de defensa que dificultan ver los avances y ser creativo. Esto es por nuestro ***sesgo de negatividad***, que evolutivamente nos ayudó a detectar amenazas y reaccionar rápido para sobrevivir, y que se intensifica en momentos de incertidumbre.[5] Sin embargo, el movimiento, el aprendizaje y la búsqueda crean nuevas conexiones sociales y neuronales, aumentando así las probabilidades de encontrar oportunidades. Pero acaba llegando un momento en el que todo cobra sentido. Como dijo Steve Jobs en un famoso discurso de graduación en 2005: «No puedes unir los puntos mirando hacia adelante. Solo puedes unirlos mirando hacia atrás, así que tienes que confiar en que, de alguna manera, los puntos se conectarán en tu futuro».[6]

Todo paso es un granito de arena que va sumando. En el aeropuerto, antes de emprender mi vuelta, me tomé un café con una joven compañera de Joop que se había quemado tras años de intensas investigaciones periodísticas. Ella fue una de las primeras historias similares a la mía de las decenas que he acabado escuchando en estos años. Como yo, tuvo que parar en seco para luego volver de manera más calmada a la rueda. Periodismo, *burnout* y el coaching se unirían finalmente en mi vida, pero para eso aún quedaba mucho camino por recorrer.

Explorar nuevos horizontes

Después de cinco días de absoluto placer en Holanda, volví a Aguadulce con una sonrisilla tonta de felicidad, como la que se te queda tras haber fumado un porro, pero sin haber probado ni una pizca de droga. Estaba reenergizada y me sentía muy creativa.

En seguida empezó la Semana Santa y me fui al centro de tantra de retiro. Lo recuerdo con mucho cariño, como uno de los que más he disfrutado. Fue especial porque hicimos una fiesta para una amiga con una discapacidad degenerativa e incapacitante para trabajar que, después de años de batalla legal, había conseguido que le dieran definitivamente la jubilación anticipada. Con el espíritu juguetón y danzarín que adquirí con Kim, organicé una sencilla coreografía para hacer todos juntos. Entre actividad y actividad oficial, sacamos un par de huecos para enseñársela en secreto a una decena de personas e incluso les hice unos vídeos para que practicaran a solas. Me encantó ejercer de profesora temporal de baile, y más que lo que bailáramos fuera una de mis creaciones. Me reconectó con aquella Mar posadolescente soñadora que quería ser actriz y que creía en el poder transformador de la representación artística.

El sarao empezaba a las siete de la tarde del viernes, el día antes de que acabara el retiro, y por eso fue con comida vegetariana y sin alcohol. Cambiamos nuestros chándales y ropa ancha, que son útiles para meditar, por disfraces de hippies de los setenta, y convertimos la carpa del almuerzo en una habitación llena de luz y color, con adornos mayormente caseros. Yo me lo había pasado pipa haciendo una guirnalda arcoíris que unía recortes de manos de cartulina.

Tras hacernos decenas de fotos, la cena-picoteo y muchas risas, empezó el *show*. Habíamos creado un patio de butacas improvisado con las sillas de plástico en las que comíamos y mi amiga se sentó, junto a su pareja, en la primera fila a saborear el espectáculo. Unos cantaron, otros le recitaron palabras bonitas y luego, llegó el momento de nuestro baile. Había elegido la canción de Sia «The Greatest» (La mejor) porque era bastante repetitiva, con lo que se seguía fácilmente, y por el tema que trataba. La letra habla de tener resistencia a pesar de los retos de la vida y de quedarse a veces sin aliento. Me pareció que era representativa de la resiliencia que había tenido mi amiga, luchando durante tantos años contra la administración y su enfermedad.[7]

Parecíamos el típico grupo de colegas que quiere dar una sorpresa en la boda a los novios y hace un baile con muchos fallos, pero divertidísimo, sobre todo por las caras de los que se equivocan. El momento clave era el estribillo: «Soy libre para ser la mejor, estoy viva». Quería que la canción le llegara a ella, pero parecía como si, subconscientemente, también me apelara a mí. Al final, la acabamos levantando de su silla y dándole un abrazo grupal en el centro de la pista. Cuando cesó la música, no paraba de darnos las gracias, emocionada.

La fiesta terminó tarde para mí. Estaba muy animada y no quería irme a dormir. Habíamos reconvertido la sala en discoteca, con las canciones sonando en un altavoz conectado a un ordenador con internet. Entre los asistentes había un chico que me gustaba. Era un francés que ya había venido desde París a varios retiros. Me había atraído desde el minuto uno, pero nunca me había hecho caso a nivel romántico, con lo que nos habíamos convertido en amigos. De hecho, había ido a recogerlo al aeropuerto cuando llegó y él me había ayudado a hacer las guirnaldas.

Esa noche, el francés y yo no nos separábamos. Nos lo pasábamos muy bien juntos, haciendo el chorra en la pista de baile. Y, de vez en cuando, yo le acompañaba fuera, a fumarse un cigarro bajo el árbol de la entrada. Mis amigos se fueron yendo a la cama y acabamos quedándonos él y yo comiendo unos restos de tarta. Después de tontear con la cuchara, me dio un beso en la boca. Aunque yo deseaba muchísimo que ocurriera algo así, me extrañó que lo hiciera. ¿Por qué ahora? Más tarde me reconoció: «Ahora, te veo diferente».

Aquel rollete se acabó pronto, un par de días después, cuando volvió a Francia. Yo habría querido tener una relación con él, pero tampoco se lo dije explícitamente por miedo, y la cosa no llegó a más: volvimos a nuestra amistad habitual, con mensajes esporádicos de WhatsApp. Con todo, su comentario dejó una huella en mí, había dado en el clavo: efectivamente, yo ya no era la misma. Algo había cambiado.

Otro signo de esa evolución fue mi siguiente trabajo. Me habían invitado a dar varias charlas en inglés en Cataluña en un retiro corporativo internacional de fundadores de *start-*

ups tecnológicas. Me contactaron inicialmente para hablar de los Papeles de Panamá, pero les convencí para, además, hablar de cómo diseñar aplicaciones de manera respetuosa con el bienestar del usuario. Aceptaron. Cuatro días después de aquel beso, me monté en un avión a Barcelona y, de allí, me llevaron en coche al medio de la naturaleza, en el prepirineo leridano.

La idea era que mi intervención sirviera de inspiración antes de la cena a los casi veinte participantes, casi todos hombres. Habían tenido una intensa mañana de sesiones centradas en inteligencia artificial y recién llegaban de una actividad de mindfulness al aire libre. Los Papeles de Panamá son un gran ejemplo de cómo se puede usar la tecnología para el bien común, lo que se conoce como *tech for good.* Les hablé de nuestra experiencia de manera muy informal, sentados en sofás mientras tomábamos algo, en la salita de la casa rural.

Seguimos socializando durante la comida y después les dejé para preparar mi otra charla, que ocurriría la mañana siguiente. Estaba ligeramente abrumada y nerviosa por hacerla. Era la primera vez que hablaba a tecnólogos sobre el tema. Sentía una gran responsabilidad porque ellos se encargaban de desarrollar aplicaciones y lo que les dijera podría tener un resultado directo en que cuidasen mejor a sus usuarios desde el diseño. Mi objetivo era resumir todo lo que había aprendido sobre economía de la atención, incluyendo los aprendizajes con mis propios experimentos digitales, para que no reprodujeran técnicas que, si bien enganchaban a la gente, no eran éticas.

Por supuesto, iba a mencionar el trabajo de Tristan Harris como una parte fundamental de mi exposición, pero lo fue incluso más de lo que pensaba. Su Center for Humane Technology (CHT), que ya llevaba un año de actividad, hacía un gran evento en San Francisco mientras hablaba a mis oyentes de nuestra investigación periodística. En él presentaban «Humane: A New Agenda for Tech» (Humana: Una nueva agenda para la tecnología). Como la retransmitieron en directo por YouTube, la vi entera antes de irme a dormir y tomé muchísimas notas.[8]

Harris daba un salto más allá en su discurso, decía que cuestiones aparentemente separadas como la adicción a la tecnología, la depresión adolescente o la polarización política eran todos síntomas de un problema subyacente: una carrera de las tecnológicas por explotar las debilidades humanas, que generaba una ***degradación humana*** (*human downgrading*, en inglés). Tras dar múltiples datos y ejemplos, explicaba las acciones que adoptaría su fundación de ahí en adelante: desde grupos de trabajo con actores clave del ecosistema tecnológico hasta una conferencia o un pódcast. Acabé usando gran parte de esos conceptos en mi charla, que habían titulado «Ética alrededor de la tecnología». Me sentí muy satisfecha y orgullosa de haber conseguido que un tema tan crucial estuviera en agenda y de que esas personas directivas regresaran a sus empresas con ideas de cómo construir tecnología de manera más humana.

Vista con perspectiva, aquella experiencia fue una pequeña demostración de algo que empezaba a recuperar sin darme cuenta: la confianza en mi capacidad para aprender, adaptarme y aportar desde lugares nuevos. No era la mayor experta del mundo en ética tecnológica, pero me permití explorar, conectar ideas y ponerlas al servicio de otros. En vez de quedarme paralizada por lo que no sabía y dejarme vencer por el síndrome de la impostora, avancé apoyándome en la curiosidad y en la convicción de que el aprendizaje ocurre en el camino. Esa actitud fue clave para dar mis siguientes pasos.

Esa forma de situarse ante los retos es lo que la psicóloga estadounidense Carol Dweck definió como ***mentalidad de crecimiento*** (*growth mindset*, en inglés): la creencia de que nuestras capacidades no son fijas, sino maleables, y que pueden desarrollarse con esfuerzo, práctica y aprendizaje. Desde esta perspectiva, el error deja de ser una amenaza para convertirse en información y los desafíos se interpretan como oportunidades para crecer, no como pruebas de valía personal. Cultivar una mentalidad de crecimiento no implica ignorar los límites, sino confiar en que, con tiempo y compromiso, podemos ampliar lo que hoy creemos posible.[9]

Pura vida

El día después de volver de Lérida, salí para Costa Rica. Es un país relativamente pequeño —su superficie es tan solo un poco más grande que la comunidad autónoma de Aragón— y, sin embargo, concentra entre el 5 y el 6 por ciento de la biodiversidad mundial. Es sinónimo de naturaleza en estado puro, pero no es lo que yo me encontré al aterrizar. Nada más bajar del avión me aventuré a coger el bus público al centro, que estaba lleno de gente, y lo que más recuerdo de cuando llegué a San José, la capital, es el ruido de coches y motos. Vamos, como cualquier otra gran ciudad del mundo: horrorosa. Aunque la gran diferencia era que, incluso en un entorno tan estresante, las personas parecían tranquilas y eran tremendamente amables. En vez de «¡Hola!», decían

«¡Pura vida!». Tras decir «gracias», no respondían «de nada», sino «con gusto». Gestos tan amorosos cambian la actitud de cualquiera.

Realmente, San José no me interesaba. Era tan solo un paraje de paso, ya que no tuve conexión posible esa tarde para volar a Guanacaste, al noroeste del país. Allí era donde vivía Rigo, el gran motivador de mi viaje costarricense. Como buen analista de datos, él me había hecho un *planning* con sus sugerencias de visitas en una hoja de cálculo y estaba preparado para ser el mejor anfitrión posible. No solo vinieron él y su esposa a buscarme al aeropuerto o me llevaron a conocer a la mamá de Rigo, que me acogió con mucho cariño (y comida deliciosa). También invirtieron todos los días que tenían libres para que fuéramos juntos al bosque nuboso de Monteverde, para compartir un día de aventura mezclando montar a caballo y «tubing», que consiste en bajar un río en un hinchable en forma de dónut, o para enseñarme playas paradisíacas poco conocidas.

En el coche, de fondo, siempre había música. La canción «Calma», de Pedro Capó y Farruko, que mezcla ritmos latinos con reguetón, fue una de las que más cantamos en voz alta y se convirtió en la banda sonora de mi estancia en el país. Aunque fuera una canción de amor, yo sentía su estribillo como un himno a nuestra amistad: «Calma, mi vida, con calma / Que nada hace falta si estamos juntitos andando».[10]

Con Rigo como mi guía turístico particular, usé poco la guía de viajes Lonely Planet que me había comprado. Sí me quedé con una de sus recomendaciones «imprescindibles»: subir la cumbre del Cerro Chirripó, la segunda montaña más alta de Centroamérica. La descripción me cautivó: «Una expedición antes del alba ofrece el auténtico premio: la oportunidad de contemplar el intenso amanecer y de ver tanto el Caribe como el Pacífico en unas gloriosas panorámicas a 3.820 m de altura».[11]

Me pareció una foto idílica que quería incorporar a mi memoria y una aventura muy divertida que vivir, así que hice la reserva. Al leer ese texto, no me saltó ninguna alarma: ni pensé en lo alto que están casi 4.000 metros, ni si tenía la forma física adecuada, ni cuáles eran los materiales necesarios para hacer el recorrido. Es una de mis mayores virtudes: si los retos me parecen más o menos posibles, me lanzo. Lo malo es que lo hago sin pensar mucho en las consecuencias. Cuando hice la maleta en España tan solo metí mis botas de montaña y mi plumas, porque lo que sí que asumí es que allí arriba haría frío. Te hago un *spoiler*: no fueron suficientes.

Tuve que coger varios buses para llegar a San Gerardo, donde se encontraba el acceso al sendero principal, casi a la noche. Me desperté con un mensaje de WhatsApp de mi amigo Guillermo. Justo estaba a punto de lanzar una revista centrada en la naturaleza llamada *Salvaje* y habíamos estado chateando unos días antes sobre cómo podría contribuir: «Espero que estés apuntando todas esas ideas para temas de Salvaje que se te están ocurriendo en el viaje», decía Guillermo.

«Pues justo me voy a subir mi primer 4 mil ahora 😱 Reza por mí. Si sale bien y no muero te lo cuento en la revista», le respondí.

A lo que siguió una broma por su parte muy típica del humor negro periodístico: «Si mueres también me vale».

Estos mensajes dieron un objetivo a mi peripecia: en ese instante, decidí documentarlo todo, por escrito y visualmente, para contarlo en un reportaje. Era la primera vez, desde que había dejado mi trabajo, que me hacía ilusión contar una historia en un medio de comunicación. Nunca llegué a escribir ese artículo, pero las notas que tomé a modo de diario me permiten ahora revivir la experiencia con bastante detalle. Quiero que subas el Chirripó conmigo, porque fue allí arriba que volví a encontrarme.

Haz lo que puedas, con lo que tengas, donde te encuentres

El pueblo de San Gerardo está ya a unos 1.350 metros sobre el nivel del mar y el primer día tenía que subir a la Base Crestones, que estaba a unos 3.400 metros. En mi cabeza, la matemática era fácil: tenía que hacer unos 14,5 kilómetros con dos mil metros de desnivel, lo cual, desde mi ignorancia, no parecía tanto. Había leído online que se podía hacer en unas cinco horas y yo tendría casi el doble. Muy mal se me tenía que dar para no llegar antes del anochecer, hacia las cinco de la tarde.

Ese fue mi primer error de cálculo, subestimar el tiempo. A lo tonto, acabé iniciando mi trayecto a las 9 de la mañana, porque, aunque la oficina abría a las 8, había un par de kilómetros desde allí hasta el inicio del sendero. En la entrada, en el kilómetro 0, me crucé con un chico que empezaba su trayecto y le pedí que me hiciera una foto para la posteridad. Parecía una modelo cutre del Decathlon, porque iba vestida de arriba abajo con prendas de esa tienda (salvo las bragas): camiseta negra de manga corta deportiva de nailon, un pantalón finito marrón de secado rápido y un forro polar de manga larga rosa, hecho un nudo en la cintura. Todo ropa que ya tenía en mi armario. A la espalda, llevaba la mochila pequeña de siempre, donde lo mismo me cabe un portátil que ropa de senderismo, y el plumas iba cogido a una de las asas. Hacía sol y estaba tremendamente emocionada por la aventura, con lo que salí supersonriente con mis gafas de sol con cristales polarizados naranjas. Tras hacerme la foto, el chico siguió su camino y ya no le volví a ver. Claramente, estaba más en forma e iba más rápido que yo.

Fui completamente sola durante la primera media hora. El camino de tierra y piedras, hecho por el hombre, contrastaba con el verde brillante que cubría el resto de terreno. Los árboles a veces tapaban el cielo y era como ir atravesando un túnel de vegetación. En el parque natural, no había nunca silencio absoluto. Si no se oía a los insectos, cantaba algún pájaro, oculto entre las ramas.

Las primeras personas que me crucé fueron unos diez porteadores que bajaban con los caballos con las alforjas vacías. Me contaron que habían salido a las dos de la mañana para dejar en la base las mochilas y enseres de los senderistas, y a las siete habían comenzado el descenso. Menuda vida.

«Que dios le acompañe», me dijo uno.

«Oh, ¿está comenzando? —comentó otro, riéndose—. ¡Suerte!»

Esas fueron las primeras señales de que estaba embarcada en una locura, pero no me achanté, principalmente porque pensé que eran unos exagerados. Aunque quizás no lo fueron tanto: fui la última en subir —y en llegar— del día.

Solo me crucé con gente descendiendo y casi todos eran hombres. Compartíamos unos minutos, mientras descansábamos. De ellos iba recibiendo frases sueltas de ánimo: «Es duro, pero se puede. ¡Póngale fuerza!». «¿Va sola? ¡Qué valiente!» «Vale la pena.» Al ver que iba sin bastones, una de las pocas mujeres que me encontré me dio su palo de madera. Decía que lo necesitaría yo mucho más que ella. Definitivamente, fue un gran regalo y no sé qué habría hecho sin él —y sin el otro que me encontré tirado más adelante. (Anotado para la próxima: meter dos bastones en la maleta.)

Era consciente del progreso porque había postes de kilometraje de piedra, que solían ir acompañados por un cartel de madera oscura explicando la altitud y el nombre del hito en amarillo, que solía ser el de un árbol o ave de la zona, como «El jilguero» o «El rualdo».

A mitad de camino, en el kilómetro 7, a 2.500 metros, estaba «Llano bonito» y había una caseta de dos plantas que hacía de cafetería y súper. Vendían de todo: desde aspirinas, tiritas o tampones hasta galletas Oreo, leche condensada o atún en lata. El tendero, Hansel, de veinticuatro años, tenía su alojamiento en la segunda planta y se accedía por la parte de atrás. Como hicimos migas, me la enseñó. Era una estancia bastante básica, donde tenía una cama y unos hornillos para cocinar. Imagino que tenía un baño propio, pero no lo recuerdo. Creo que la ducha estaba fuera, entre los árboles. Pasaba seis días a la semana en el refugio y luego era relevado por un compañero.

Me vino estupendamente la parada, porque en ese punto estaba ya bastante cansada. De hecho, me quedé una hora para recargar energía, comiendo un poco y haciendo algo que no había previsto: drogarme para el dolor. Uno de los visitantes, que también estaba descansando, me dijo que probablemente iba a tener dolores musculares, así que me dio una de sus pastillas de farmacia, de tiocolchicósido, para relajarlos y aliviar espasmos. Dudé de si tomármela, pero decidí confiar en sus palabras y en que me vendría bien. Fue una más de las múltiples ayudas fortuitas que hicieron mi travesía más llevadera. En el bloc de notas del móvil, que usaba a modo de diario, apunté entonces la frase, entre comillas: «Haz lo que puedas, con lo que tengas, donde te encuentres». Probablemente me la dijo mi farmacéutico improvisado o su compañero. No puedo dejar de releerla, pensando que es una de las citas más sabias que me han dicho nunca.

El camino estaba lleno de inspiración, vestida de múltiples formas: desde personas fugaces que me aportaban de diferentes modos hasta pensamientos reveladores que iban surgiendo. Algunos eran originados por los mensajes motivacionales que había en señales de madera salpicadas por el sendero, en español y en inglés.

Al retomar mi caminata, sobre las 14.15 horas, me topé con una que decía: «Caminante, son tus huellas el camino y nada más. Caminante, no hay camino, se hace camino al andar (A. Machado)». Esta famosa parte de un poema del poeta español, que había escuchado tantas veces a lo largo de mi vida sin mucho efecto en mí, le habló directamente a mi corazón. Esta vez, al leerla, sentí un gran alivio, porque era como si Machado, desde su tumba, me dijese: «Mar, no te preocupes por no saber qué hacer con tu vida, sigue avanzando y algo interesante pasará».

De alguna manera, es lo que estaba haciendo con esa visita al Cerro Chirripó. Me había aventurado a tomar una ruta que no sabía cómo sería y confiaba en que, si seguía, conseguiría llegar a la cima. Si bien yo entonces desconocía cuál sería mi Cerro Chirripó profesional, tenía que entregarme a la idea de que podía construir mi propio camino, solo tenía que continuar caminando.

Esos momentos eureka que me empezaron a ocurrir tenían, probablemente, mucho que ver con algo que sucedía de manera subconsciente. Múltiples estudios han constatado que pasar tiempo en la naturaleza está vinculado tanto a beneficios cognitivos como a mejoras en el estado de ánimo, la salud mental y el bienestar emocional.[12] Investigadores del Instituto Max Planck para el Desarrollo Humano demostraron en 2022 que la activación de la amígdala, la región clave del cerebro en la detección de amenazas y la generación de miedo y estrés, se reducía significativamente tras caminar durante una hora en un entorno natural. Yo ya llevaba cinco.[13]

La otra mitad del tramo que tenía que hacer se hizo muy dura físicamente, pero no pude permitirme lamentarme mucho, ya que quedaban muy pocas horas de luz. Fue una verdadera carrera contrarreloj frente a la llegada de la oscuridad, con impedimentos añadidos como lluvia en un punto durante media hora. A medida que subía, fui cambiando mi vestimenta: me puse una camiseta térmica de manga larga morada que llevaba en la mochila y la de manga corta acabó como bufanda en mi garganta. (Otra nota mental a futuro si repito: no olvidar una braga de cuello.)

Pasadas las 17.30 llegué a la «Cuesta de Los Arrepentidos», una de las subidas más difíciles de la ruta y que exige un gran esfuerzo físico. Aún me quedaban 1,5 kilómetros y, aunque no pude ver el atardecer, sabía que el sol ya se había puesto. Me acordé de mi madre, que siempre bromeaba con que llevo el coche hasta para ir al cuarto de baño. ¡En qué momento se me había ocurrido meterme en aquel berenjenal!

Para colmo, a mitad de la cuesta, vi un montoncito de piedras con una cruz y una lápida de madera: «Manuel Castro Sibaja. Nació 10-10-1960. Murió 28-02-2015». «¡Ostras! —pensé—. ¡Ha muerto gente haciendo esta subida!» Y en ese momento me di cuenta de que probablemente había sobreestimado mis fuerzas, que quizás había sido una gilipollas metiéndome en aquella aventura sin haber buscado más información, y me entró miedo de no llegar, de tener que hacer noche en el bosque, de morir congelada. (Sí, lo sé. Leído ahora parece una exageración, pero, ¡así funciona el miedo en nuestra mente!)

Días después conocí la verdadera historia del fallecido. Todos los años, cientos de atletas, participan en la «Carrera Ecológica, Cultural, Internacional, Campo Traviesa al Chirripó», una competición que se celebra anualmente desde 1989. Los deportistas suben y bajan al cerro corriendo, lo cual son unos 34 kilómetros, y los ganadores masculinos lo hacen en poco más de tres horas. Manuel, un costarricense de 54 años conocido como «Rata», murió en la edición veintisiete al darle un infarto cuando descendía, con el dorsal 222, la Cuesta de Los Arrepentidos. La causa fue probablemente un sobreesfuerzo físico, según informó la prensa local.[14]

Poco después de dejar el altar que lo recordaba, comenzó a oscurecer seriamente hasta que en un punto tuve que encender la linterna del móvil, porque, por supuesto, no llevaba otra. (Nota mental si repito: no olvidar la linterna.)

En una de mis últimas fotos antes de perder la luz, se ve una señal que decía, en inglés y español: «Aunque los pasos se vuelvan lentos y la energía se convierta en fatiga, quedará siempre por dentro el instinto primitivo, la fuerza de voluntad». Y con ese mantra en la cabeza, completamente agotada ya, di el empujón final.

Llegué al albergue de la Base Crestones a las 18.50, casi diez horas después de haber empezado. En el registro me dijeron: «Menos mal que apareciste, estábamos a punto de enviar a alguien a buscarte». A las ocho de la noche apagaban la iluminación, así que cené deprisa: espaguetis con verduras, dos trocitos de pan tostado y una manzanilla; y me fui a la habitación. Me habían dado una de las cuatro literas de la «B4 - Los Quemados». El nombre hacía referencia a una de las zonas del sendero, en el kilómetro 11, afectada por incendios en el pasado. Aun así, me pareció una bella ironía de la vida que me hubieran asignado cama allí. Puse cuatro alarmas para no quedarme dormida (la última a las 2.00) y cerré los ojos.

La segunda montaña

El camino a la cumbre lo hicimos completamente a oscuras y abrigados hasta las cejas. Yo llevaba todas las capas posibles: la camiseta térmica, el forro polar, los guantes, el plumas, y había reforzado la capucha por dentro cubriéndome la cabeza con la toalla de microfibra que llevaba (del Decathlon, claro).

La noche anterior me había asegurado de que no iría sola y me junté con varios chicos para partir juntos, a las 2.45. El objetivo era llegar antes de las cinco para ver salir el sol, que realmente había sido el motivo principal de hacer la ruta. Quería contemplar el «intenso amanecer» y ver tanto el Caribe como el Pacífico, como me había prometido Lonely Planet.

El último tramo era tan empinado que tuve que agarrarme a alguna piedra por miedo a caerme. En poco más de dos horas, a las 4.53, llegamos a lo más alto. Fui la persona número 13, la segunda mujer. Aún estaba a oscuras y se empezaba a iluminar un poco el horizonte. ¡Objetivo conseguido! La cima no era muy amplia y, aunque había algunas rocas grandes, era bastante plana y cabíamos todos bien. Ahora solo tocaba esperar el espectáculo.

Sin embargo, lo que yo había imaginado que ocurriría, nunca pasó. La guía no mencionaba que la mayoría de los días está nublado, con lo que ver el Caribe y el Pacífico es muy raro. El sol sí salió, lentamente, pero entre las nubes. Fue un amanecer muy bonito, pero no lo que yo esperaba. Entonces, ¿había perdido el tiempo yendo hasta allí? Para nada. Me pareció una bonita metáfora de la vida misma: a veces las cosas no se desarrollan como queremos, lo cual no quiere decir que no sean perfectas tal y como vienen. Además, me sentía superorgullosa por haber conseguido lo que me había propuesto, a pesar de las dificultades.

Así que cambié el chip y abracé la belleza del momento. Se veían los diferentes picos de los montes de alrededor, iluminados por una luz dorada que tornaba su color, de verde en canela. Salpicados, había pequeños lagos en sus faldas, aún a oscuras, que a veces parecían congelados. Es por ellos, y por algunas otras formas glaciares, que los indígenas cabécar lo llamaron Chirripó, que significa «tierra de las aguas eternas».

Cuando el sol ya se había levantado lo suficiente, nos pusimos a comer el desayuno que nos habían dado en el albergue y a hacernos fotos. El espacio era pequeño, pero había varias posibilidades: una al lado de la bandera de Costa Rica y la señal de madera que garantizaba que estábamos en el lugar correcto (Cerro Chirripó. Altitud: 3.820 m), otra bajando un poco con los laguitos de fondo, otra por donde supuestamente estaba el Caribe y otra del lado donde supuestamente estaba el Pacífico de fondo.

Al rato, mis compañeros de cumbre empezaron a irse. La mayoría tenía que hacer el descenso completo hasta San Gerardo ese mismo día. Yo no. De lo poco que hice bien al realizar la reserva fue dejarme un día de descanso en altura, porque sabía que mi cuerpo iba a necesitar recuperarse (y efectivamente, en eso, no me equivoqué).

Después de llevar veinticuatro horas a la carrera, me tomé la vuelta a la Base Crestones con mucha calma. Hasta entonces me había estado divirtiendo, ahora tocaba disfrutar. La diferencia entre ambos términos es sutil, pero fundamental. La diversión está asociada con el entretenimiento o el recreo, es decir, con una satisfacción inmediata y superficial, mientras que el disfrute implica un placer más profundo, que tiende a estar asociado con el aprendizaje y el crecimiento.

Pasé mucho tiempo observando la naturaleza, mientras caminaba o cuando me sentaba. La mayor parte del trayecto era en llano, en el Valle de los Conejos. No vi ninguno, aunque sí coyotes de lejos. A ese nivel, no había árboles, tan solo matorrales dispersos y arbustos de poco más de un metro. Estaba a más de 3.400 metros sobre el nivel del mar, pero sorprendentemente, y desde mi desconocimiento de geobotánica, me recordaba en parte al paisaje del Parque Natural de Cabo de Gata, en Almería, cerca de la playa. Hice yoga, medité y, por fin, tuve espacio mental para reflexionar tranquilamente y asentar lo vivido en el último mes.

A las once de la mañana llegué al albergue y estuve el resto del día descansando, sin moverme de allí. Aproveché para cargar el móvil en las dos horas que habilitaban los enchufes, de seis a ocho de la noche, y para mitigar el dolor que ya sí sentía en los músculos, volví a automedicarme. A la noche, dormí de nuevo en la habitación «Los Quemados».

Para descender, ya había aprendido la lección y salí temprano. A las seis, desayuno (huevos revueltos, arroz con frijoles, una tostada y una infusión), y a las 7.10 estaba emprendiendo mi vuelta. Bajando, mantuve la actitud de «voy a ir a mi propio ritmo» y a lo largo del descenso, empecé a ver con nitidez mis siguientes pasos profesionales, que fui grabando en notas de voz, que aún conservo. En ellas se escucha a una Mar energizada, con ganas de comerse el mundo otra vez y lista para volver, ahora sí, al mundo laboral. Algunas de esas notas eran recordatorios más prácticos («tengo que añadir los idiomas a mi currículum»), pero la mayoría eran ideas para accionar. Escribiría a un pope de Silicon Valley, Justin Kan, que acababa de publicar un post sobre la importancia de cuidarse[15] y también a Tristan Harris para proponerle ser el enlace de su centro, el CHT, en Europa y Latinoamérica. También vi con claridad que quería escribir un post sobre mi *burnout*, para «salir del armario» públicamente con lo que me pasó, sin dar rodeos y sin miedo. Incluso conseguí esbozar el inicio del artículo, en un audio en inglés. Explicaba mis éxitos con los Papeles de Panamá y el Pulitzer, y acababa diciendo: «Si alguien me hubiera preguntado cuál era mi situación soñada a los treinta y cuatro, habría dicho que era exactamente esa. Pero habría calculado mal, porque no era feliz [en el trabajo ni en mi vida personal]».

Lo que me animó a hacerlo fue poder inspirar y reconfortar a otros. Ese pensamiento me produjo una sensación de propósito inesperada y fue muy reconfortante. Poco después, descubrí que el columnista del *New York Times*, David Brooks, había desarrollado toda una teoría que explicaba lo que yo sentí en ese momento. En su libro *La segunda montaña: La búsqueda de una vida con sentido,* publicado poco antes de mi subida al Chirripó, cuenta decenas de historias similares a la mía: personas que notaron un gran vacío tras llegar al éxito absoluto y culminar su «primera montaña», centrada en la independencia y los logros personales. Esto los llevó a una crisis o un fracaso, lo que él llama una «caída al valle». Brooks explica que es cuando se dan cuenta de la necesidad de una vida más profunda, más conectada con los demás y con un propósito trascendente, que empiezan a subir una «segunda montaña», la cual les da un verdadero sentido. En ella ya no importa tanto lo individual como lo colectivo y son claves la interdependencia, la autotrascendencia y el compromiso con una causa o una comunidad, con algo más grande que uno mismo.[16]

Me parece curioso que yo hallara mi «segunda montaña» estando literalmente en una, aunque convertir esa intuición en algo concreto no fue un proceso para nada lineal, ni evidente, ni rápido. No es que yo llegara a San Gerardo y dijera: «Voy a convertir mi crisis personal en la nueva forma de ganarme la vida. Seré una activista de la salud mental y voy a ayudar a miles de personas quemadas». No. Por entonces, lo único que quería era escribir un artículo hablando de mi experiencia y punto, a modo de *hobby*. A nivel profesional, creía que habría futuro y podría ganarme la vida en temas de ética y tecnología.

Tampoco puse inmediatamente en marcha lo que me había planteado. A veces, en momentos bonitos y relajados piensas que vas a hacer cosas, lo ves muy claro, pero luego se quedan en el tintero o tardas más de lo que crees en accionarlas. La vida, sencillamente, se desarrolló de una manera diferente a la que había imaginado ese día.

La nueva Mar

Vivir con la incertidumbre del vacío —esa sensación de no saber qué viene después, hacia dónde ir o cuál es tu propósito— es profundamente inquietante. Yo me había pasado la mayor parte de mi vida haciendo, resolviendo, consiguiendo. Siempre había una meta, algo que alcanzar o algún punto al que llegar. Así que aquella época en la que parecía que se me había estropeado la brújula estaba cargada de un incómodo desasosiego interno.

Sin embargo, las diferentes tradiciones espirituales se refieren al vacío como una experiencia necesaria y transformadora, una oportunidad de conectar con lo que es esencial para uno. Místicos cristianos como san Juan de la Cruz hablaron de la «noche oscura del alma»: un periodo de vacío, duda y pérdida de certezas que, aunque doloroso, purifica y abre a una relación más profunda con lo divino. Uno de los libros clave del taoísmo, el *Daodejing*, dice: «Moldeamos la arcilla para hacer una vasija, pero es el espacio vacío dentro lo que la hace útil».

La ***utilidad del vacío*** es un concepto que deberíamos enfatizar y reforzar más en nuestras sociedades occidentales modernas. De hecho, no solo lo valoran las enseñanzas ancestrales. En la terapia Gestalt lo llaman ***vacío fértil***, porque al no ser llenado de inmediato, permite que surjan nuevas ideas y autoconciencia. Expertos en creatividad destacan que la incomodidad de no saber qué hacer estimula el pensamiento divergente, la experimentación y la incubación de soluciones. Estos momentos no son fracasos, sino caminos de crecimiento que nos conectan con nuestro verdadero potencial.[17]

En la práctica, sentarse tranquilamente con ese «no saber» es extremadamente difícil y, con regularidad, me sentía perdida y que estaba fallando. Así que, en mi caso, todas estas teorías sobre el vacío solo cobraron sentido cuando ya vi resultados tangibles a mi periodo de incertidumbre existencial. Por eso fue tan crucial tener claridad sobre mi futuro en la bajada del Chirripó. A la vez, estoy segura de que no habría llegado a ella si no hubiera pasado esos meses anteriores abrazando, como podía, el vacío. Si pudiera mandarme un mensaje a ese momento de mi pasado, diría: «Tranquila, Mar, la confusión que estás viviendo es necesaria para que comprendas, desde el corazón, hacia dónde te quieres dirigir».

Tener la certeza de que la nueva Mar se dedicaría a la intersección de ética y tecnología fue liberador. Me daba un marco en el que moverme (un «qué») y, desde ahí, solo tenía que determinar cuál sería mi rol diferencial, lo que me ayudaría a definir un plan (un «cómo»).

Como plan A, sabía perfectamente dónde quería trabajar: con Tristan Harris en el CHT. Era poco probable que lo consiguiera, pero merecía la pena intentarlo. No vi ninguna posición abierta, así que opté por ser estratégica y moverme para llegar directamente a los tres cofundadores. Una amiga había trabajado con Aza Raskin, pero me dijo que ya no tenía contacto con él, con lo que esa conexión resultó estéril. Un compañero periodista estadounidense me conectó por correo electrónico con Harris, hablándole maravillas de mí. Y yo conseguí el email personal de Randima Fernando, que también era director de operaciones, y le escribí una carta meticulosamente redactada para convencerle de que debíamos conocernos (con mi CV actualizado adjunto, por supuesto).

Como plan B, me decidí a buscar más posibilidades y analizar el mercado en España. Esta parte ya no era terreno desconocido para mí. Era algo parecido al inicio de una investigación periodística: me daban un tema y yo tenía que aprenderlo todo sobre él, para, después, entender dónde había una historia que merecía la pena ser contada. Cuando empecé a investigar sobre la industria pesquera o los paraísos fiscales, no tenía ni idea de esos mundos. Ahora incluso jugaba con ventaja, porque no solo había dirigido equipos de desarrollo tecnológico, sino que llevaba ya casi dos años aprendiendo sobre ello por mi cuenta.

Me propuse abordar la cuestión como haría con cualquier otro trabajo periodístico, siguiendo los pasos que conocía bien: 1) Exploración individual: definición del tema e investigación preliminar; 2) Exploración colectiva: reporteo e investigación de campo y 3) Acción: Redacción y edición. Por supuesto, ignoré las fases de publicación y difusión porque en este caso no aplicaban.

La ***fase 1 de exploración individual*** ya la tenía hecha. El tema lo había definido (ética y tecnología) y llevaba meses leyendo lo que se había publicado sobre el asunto en prensa, en webs o en revistas científicas.

Así que me centré en la ***fase 2, la exploración colectiva***. Mi siguiente paso era realizar la investigación de campo y pasaba por entrevistar a personas expertas. Inmediatamente, me vinieron a la cabeza un par de contactos de mi red con quien hablar. En los siguientes dos meses, me reuní virtualmente con una decena de personas que me ayudaron a familiarizarme con cómo se abordaba la ética en el sector tecnológico, sobre todo ante la llegada masiva de la inteligencia artificial, y también a pensar conjuntamente cómo podría yo encajar en él.

Ese proceso me ayudó a sentirme menos sola ante un cambio profesional tan importante. Además de repartir con ellas, de alguna manera, mi carga emocional y mental, sus contribuciones e ideas multiplicaban mi capacidad de pensar en soluciones. Estas conversaciones fueron determinantes antes de ***pasar a la acción (fase 3)***, porque expandieron mis horizontes y me ayudaron a establecer nuevas conexiones. Si solo me hubiera quedado con mi plan A, habría fracasado. Nunca llegué a recibir respuesta por parte de los cofundadores del CHT.

Mariposas en el jardín

Mis visitas a los Países Bajos y Costa Rica abrieron mi corazón y mi emocionalidad de tal manera que también empecé, en paralelo y sin planearlo, un periodo de investigación, experimentación y expansión a nivel personal.

Tras volver del Chirripó y pasar unos días más disfrutando de la maravillosa naturaleza del país en compañía de Rigo y su esposa, cogí un vuelo a San Francisco. Cuando había estado planificando el viaje costarricense encontré vuelos baratos desde Liberia a Estados Unidos y a mi primo Miguel, que vive allí, le encajaba acogerme, con lo que preferí dar el salto a verle, dado que ya estaba en *ese lado del mundo*. Había más de 4.700 kilómetros de distancia (parecida a la que hay entre Madrid y Riad, en Arabia Saudí), pero eso me pareció relativamente cerca («España está aún más lejos», pensé).

Visitar la zona de la bahía siempre me resulta atractivo. Aprovecho para reencontrarme con buenos amigos y disfrutar de oportunidades como ver bailar al ballet de San Francisco, que me fascina. Ir allí era también una manera de despedirme oficialmente de la zona, ahora que sabía que no iba a vivir en ella, dado que mi sueño de hacer la *fellowship* se había desvanecido.

También me animé a dar un paso que había estado procrastinando desde que me fui del ICIJ: tener una conversación cara a cara con mi exjefa, Marina, aprovechando que estaba de becaria en Stanford, aproximadamente a una hora en tren de San Francisco. A pesar de haber estado en contacto por WhatsApp de vez en cuando, ella y yo no habíamos hablado en profundidad de todo lo ocurrido tras mi marcha. Podríamos haber hecho una videoconferencia en cualquier momento, pero, al menos yo, necesité tiempo para poder tener esa charla sin estar invadida por la tristeza y la rabia. Así, el océano que nos separaba, y el ritmo frenético de la vida, se convirtió durante meses en mi —nuestro— aliado para evitar ese encuentro pendiente.

Además de por la evidente cercanía física, sentí que era algo que necesitaba abordar con ella para poder cerrar esta etapa y dar mi siguiente paso profesional. Cuando por fin nos vimos, había pasado un año y siete meses desde mi marcha.

Quedamos en una cafetería moderna, de las que venden *smoothies* y tostadas de aguacate, cerca de la estación de tren. Eran las 9.30 de un lunes. Yo estaba nerviosa desde que me había levantado, e intenté hacer ejercicios de respiración en el vagón del BART, el equivalente al Cercanías, que tomé para llegar a la ciudad. No sabía bien por dónde empezar. ¿Qué era lo que realmente quería decirle? ¿Cómo se reconecta, desde la lejanía emocional, con alguien a quien has querido tanto y con quién lo has compartido casi todo? Me reconfortó saber que no partíamos de cero: habíamos estado en contacto de vez en cuando por WhatsApp y ella me había hecho varias cartas de recomendación, con lo cual había una buena base de cordialidad. Decidí improvisar, como suelo hacer, pero lo que tenía claro es que no quería que fuera una conversación superficial.

Y no lo fue. Me es difícil recordar bien los detalles de aquel reencuentro. Sé que decidí abrirle mi corazón, decirle lo que había sufrido al irme y cómo me había sentido abandonada por ella. Pero no se lo compartía desde el reproche, sino desde la empatía de que no fue una situación fácil para ninguna de las dos. Ahora entendía que ella había estado bajo mucha presión en aquellos tiempos y que lo había hecho de la mejor manera que pudo entonces. Le pedí perdón por esos días negativos en los que yo dejaba salir la insatisfacción que tenía dentro con tono borde y crítico sobre cualquier cosa, y le agradecí que ella me hubiera aguantado estoicamente. Le dije que había descubierto que lo ocurrido había sido una parte necesaria de mi historia para que yo encontrase la manera de estar feliz en el presente.

Abrirme mereció la pena. Recibí muchísimo cariño y comprensión de Marina, que me escuchó con amor y me trasladó su admiración por mi transformación. El nudo que había impedido que las cosas fluyeran entre nosotras en ese tiempo se deshizo, y volví a sentir la complicidad de antes. Decidimos salir de la cafetería y continuar hablando mientras caminábamos por el paseo al lado de la bahía. Me contó todo lo que estaba aprendiendo en Stanford sobre inteligencia artificial y sobre cultura organizacional, y las ganas que tenía de volver al ICIJ para aplicar esos conocimientos tras ese año sabático. Desde esa alegría compartida, yo le compartí algunas ideas, y ella las recibió con gratitud. Nos despedimos con un fuerte abrazo y con la sensación de que esas horas juntas habían sido demasiado pocas.

Más tarde, le escribí por WhatsApp dándole las gracias por el encuentro y, con mi sentido de practicidad habitual, le pasaba a su vez varios enlaces a iniciativas que le había comentado. El día después, me respondió con un audio, que me llegó al alma: «Más allá del trabajo, de que me encanta compartir ideas y que nos sigamos retroalimentando mutuamente, lo que más me importa a mí es nuestra relación y nuestra amistad. En realidad, es lo único importante».

Aún a día de hoy se me saltan las lágrimas reescuchando ese mensaje. Me siento tremendamente afortunada de haber conseguido cerrar esa herida con Marina y sanar mi relación con ella, algo que no creo que hubiera sido posible realizar sin antes haber hecho mi propio trabajo interior.

Hay una frase, atribuida al escritor brasileño Mario Quintana, que para mí resume esto claramente: «El secreto no es correr detrás de las mariposas, es cuidar el jardín para que ellas vengan hacia ti».

En mi jardín, hoy cuento con la «mariposa Marina», que aparece en mi vida y me da apoyo de cuando en cuando, y siento una tremenda gratitud por ello.

Atenas, habitación 55

Mientras seguía avanzando con la búsqueda de mi nuevo futuro profesional, un mes después de volver de mi viaje por las Américas, los lazos que aún mantenía con el mundo del periodismo me llevaron a visitar Grecia. La Global Editors Network, esa red mundial de editores de cuya junta directiva formaba parte, volvía a hacer su evento anual. Cuando llegué al hotel en Atenas, me dieron la habitación 55. El 5 es mi número de la suerte, así que pensé que tenerlo dos veces no podía ser otra cosa que una muy buena señal.

En esa conferencia no se escatimaba en lujos: recepción de bienvenida para los ponentes con el alcalde en la azotea del ayuntamiento; charlas en uno de los edificios más modernos de la ciudad, gestionado por la fundación de la familia de uno de los principales magnates navieros del país, e incluso un cóctel privado para un grupo reducido en el apartamento dúplex del presidente de la principal empresa energética griega, en el que yo era la persona más joven. Viví todos esos encuentros como oportunidades de experimentar en primera persona, y quizás por última vez, las cercanas conexiones entre medios de comunicación y las altas esferas del poder.

La fiesta de cierre fue por todo lo alto. Tuvo lugar en un espacio al aire libre donde normalmente se organizan bodas en la Riviera de Atenas, una zona costera situada en los suburbios del sur de la ciudad, y festejamos desde el tardeo a la madrugada. En vez de centrarme en relacionarme y hacer *networking*, que ya no me iban a ser necesarios, preferí priorizar el disfrutarla. Además, el día anterior había cumplido treinta y seis y ese era un muy buen momento para celebrarlo. Así que me maquillé, me puse un fresquito vestido veraniego de colores y, sintiéndome la más guapa del evento, me decidí a ignorar a los grandes gurús de los medios que estaban por allí y pasarlo bien con los que realmente eran mis amigos, principalmente, periodistas españoles.

Gocé muchísimo hablando y cotilleando con Kiko y con Paula, o haciendo bromas con Mariana, mientras nos poníamos hasta las cejas de la comida y bebida que iban trayendo los camareros en bandejas. De vez en cuando, se acercaban personas a saludar a alguno de nosotros, y abríamos la conversación, cambiando al inglés si era necesario. Una de las que lo hizo fue una periodista de datos que trabajaba en un gran medio británico y que había conocido en una de las charlas de ese día, con lo que la conexión temática era evidente. Lo que no me esperaba era tener ningún otro tipo de conexión. En cuanto se unió al grupo, sentí tal atracción por ella que no quería que se fuera. Me encantaba cómo se expresaba, con una ironía divertida, y su físico me resultaba extremadamente atractivo. Era delgada, un poco más alta que yo, y llevaba unas gafas con una montura mínima de metal. Tenía el pelo corto e iba vestida muy elegante, con una camiseta azul oscuro, unos pantalones chinos a juego y unos zapatos. No tenía casi pecho (o más bien, se había puesto un sujetador que le aminoraba el pecho) y desde lejos, podría parecer un hombre. A medida que fue avanzando la tarde y apareció la noche, me fui dando cuenta de que lo que estaba haciendo era ligar con ella, y fui viendo cada vez más claro que me estaba enamorando.

Me sorprendió mucho sentirme así. Primero, porque yo nunca había ligado en una conferencia profesional, y segundo, porque nunca había estado con una mujer. Sí es cierto que había tenido la intuición de que yo era bisexual desde mi adolescencia, cuando vi la película *Martín (Hache)* (1997). En ella, el personaje que interpretaba el actor Eusebio Poncela, que era aparentemente homosexual, le decía al joven Hache: «Me puede gustar un hombre tanto como una mujer. [...] Me seducen las mentes, me seduce la inteligencia, me seduce una cara y un cuerpo cuando veo que hay una mente que los mueve que vale la pena conocer. Conocer, poseer, dominar, admirar. La mente, Hache, yo hago el amor con las mentes. Hay que follarse a las mentes».[18]

Al igual que había decidido poner en duda mi profesión de periodista, quizás era el momento de cuestionar también si me había estado limitando a nivel romántico, buscando solo el amor en un género concreto. Así que me decidí a intentar conquistarla. En seguida, mi estrategia empezó a hacer aguas, ¿cómo saber si a ella le gustaban las mujeres? ¿Cómo dar ese paso cuando las preferencias sexuales de la otra persona no son tan evidentes (como lo son en el mundo heterosexual)? Por su apariencia daba la impresión de ser lesbiana, aunque ¿realmente lo era?

Hacer que la gente me cuente cosas es una de mis especialidades, con lo que puse a trabajar a mi mejor investigadora interna. De la manera más sutil que pude, le saqué el tema de las relaciones románticas pasadas. Descubrí que, efectivamente, le gustaban las mujeres y que no tenía pareja. ¡Bien! Mi siguiente paso fue no despegarme de ella en ningún momento: ni en la pista de baile, ni en el autobús de vuelta al hotel, ni en la terraza donde fuimos unos cuantos después a tomar algo. Creía que estaba siendo bastante evidente con mi jugada, sin embargo, ella no movía ficha. Me entró el agobio: «¿Será que no le gusto?». Y entonces, me cagué de miedo: «¿Tendré los suficientes ovarios como para lanzarme yo?».

A medida que avanzaban los minutos, se iba cerrando mi ventana de oportunidad, y el ultimátum llegó cuando dijo que se iba a dormir. Sentí una puñalada en el estómago y esa sensación me movió a actuar: «Yo también», salté impulsivamente, pero intentando parecer lo más relajada y natural posible. Nos alejamos de la gente y caminamos juntas unos metros, hasta que nuestros caminos se separaban y me tiré a la piscina. Titubeando y con los nervios detrás de cada palabra le dije: «Nooo, no sé cómo lo ves, ¿te apetecería venir a mi hotel conmigo?».

Me miró con cara de extrañada. «¿Estás segura?», me dijo. En nuestras conversaciones le había confesado que nunca había estado con una mujer.

«Por supuesto», le dije. Ella aceptó, pero puso una condición: no tendríamos sexo. Esto fue algo muy novedoso para mí, acostumbrada a las relaciones con hombres, en las que tener sexo suele parecer lo único que quieren hacer al acabar la noche. Acepté y volvimos juntas a la habitación 55. (Efectivamente, ese número me trajo suerte.) Nos tiramos horas hablando, tumbadas en la cama, y dándonos alguna caricia y beso de vez en cuando, hasta que nos dormimos. Aquello era un sueño cumplido para alguien como yo, a quien le encanta la profundidad. A la mañana siguiente continuamos la conversación y no nos separamos durante varios días, mientras descubríamos Atenas de la mano.

Allí empezó una de las relaciones de amor más bonitas que he vivido. Me enamoré hasta las trancas. Volví a sentirme como una adolescente disfrutando de cada minuto con ella, descubriendo por primera vez cómo era seducir y ser seducida por alguien de mi mismo género. Más adelante, acabamos teniendo sexo y fue una experiencia sublime. Por fin sentí que la otra persona entendía a la perfección cómo activar cada uno de los recovecos de mi cuerpo.

Acortábamos la distancia entre Aguadulce y Londres a golpe de videoconferencia y mensajes de WhatsApp y, ocasionalmente, hacíamos viajes para vernos en persona. Estaba tan segura de que ella era mi media naranja que les conté a mis amigos más cercanos que estaba con ella, incluso a mis padres y mi hermana, que reaccionaron de una manera completamente comprensiva a mi salida del armario. «Si estás feliz, eso es lo único que nos importa», me dijeron. Con ella bromeaba con que algún día querría escribir sobre lo maravilloso de todo aquello. Me hizo prometer que, si lo hacía, no revelaría su identidad. Y así lo he respetado.

Y con la misma intensidad y rapidez con la que apareció en mi vida, desapareció. Nuestro idílico romance se acabó a los cuatro meses, así que también fue una de las relaciones de amor más dolorosas de mi vida. Cuando lo dejamos, lloré al igual que lloraba de pena cuando tenía quince años. Simplemente me levantaba por las mañanas y tan solo mirarme al espejo hacía saltar las lágrimas durante horas.

No solo la echaba de menos. Dudar de mi identidad sexual añadió una incertidumbre más a las múltiples preguntas que tenía encima de la mesa: no solo no sabía qué hacer a nivel profesional, sino que ahora tampoco tenía ni idea de quién quería que fuera mi pareja. ¿Había sido aquello algo puntual o la puerta de mi armario se había abierto para siempre? Hablé con amigas lesbianas para poder entender lo que me ocurría y encontré cierto consuelo en el libro *Cómo superar un bollodrama,* de Paula Alcaide, que acabó siendo mi psicóloga.

Cuando me decidí a emprender un nuevo camino vital no imaginé que esa exploración haría tambalear pilares que había considerado tan estables durante años, pero así fue. Era como si el agujero vacío que veía delante de mí, que me impedía avanzar hacia el futuro, se hubiera hecho aún más grande y sentía que no tenía ni idea de cómo cruzar al otro lado.

Del revoltijo a la claridad

En medio de ese momento de *totum revolutum* en mi vida, a principios de septiembre se presentó la película de los Papeles de Panamá en el Festival de Venecia y, más tarde, se estrenó en los cines y en Netflix. Titulada *The Laundromat: Dinero Sucio* contaba con estrellas como Gary Oldman, Meryl Streep y Antonio Banderas, que hacía de uno de los dos socios fundadores del bufete Mossack Fonseca.[19] Desde que supimos que se haría, unos meses después de nuestra publicación en 2016, había mantenido una fantasía: poder vivir profesionalmente de ella. No porque me fuera a llevar nada en *royalties*, sino porque sabía de periodistas que habían vivido un antes y un después a nivel de ingresos tras hacerse films sobre sus reportajes.

Es el caso de algunos de los integrantes del equipo de investigación del *Boston Globe* que destapó casos de abusos sexuales de niños por parte de miembros de la Iglesia católica, y que se convirtió en el largometraje *Spotlight*, ganador de dos Óscar, uno de ellos a la mejor película. Conocí a uno de sus editores en una conferencia y, en una conversación informal, me contó que venía de dar una charla en una gran empresa por la que había cobrado unos sesenta mil dólares. Es decir, en un par de días de trabajo (si contamos el tiempo de desplazamiento) se había sacado el doble del salario medio de los españoles durante todo un año. Haciendo mi propia adaptación del cuento de la lechera, yo imaginaba a veces que algo así me sacaría del revoltijo de confusión vital —y económica— que tenía.

No era tan descabellado. Los Papeles de Panamá habían tenido impacto más allá de las leyes, de los premios y de los tribunales: llegamos a calar hondo en la cultura popular. Se habían hecho decenas de canciones con ese nombre, segmentos en programas televisivos de entretenimiento como el «Daily Show» o «Last Week Tonight» y viñetas de humor *ad hoc* para periódicos y revistas. En una de ellas, publicada en el *New Yorker*, un ejecutivo trajeado en su oficina en un rascacielos mira por la ventana a otros edificios mientras pone el brazo sobre un niño pequeño, también con traje. En el pie de la imagen, la frase: «Hijo, algún día cercano todo esto saldrá a la luz en los Papeles de Panamá».[20]

Me hicieron especialmente ilusión las referencias en series de televisión, sobre todo porque hubo varias que mencionaron la base de datos pública que creé con mi equipo, la *Offshore Leaks Database*, en la que se podían buscar los nombres de los involucrados. En «Billions», que narra el enfrentamiento entre un ambicioso fiscal federal y un poderoso gestor de fondos de inversión, decían que la iban a explorar para avanzar con una investigación. Esto no estaba tan lejos de la realidad, ya que la Interpol, la Oficina Antifraude Europea y el Ministerio Fiscal de España, entre otros, lo habían hecho. En la serie española «Mar de Plástico», que relata la realidad de los invernaderos almerienses a través del seguimiento policial de un asesinato, decían:

—¿Te acuerdas de la filtración de los papeles de Panamá? Bueno, pues hay un programa en el que puedes meter un nombre a ver si sale. ¿Sabes quién está?

—Yo.

—Todavía no. Víctor Grossman, el abogado.

Sin embargo, como en el cuento de la lechera, mi tinaja se rompió y mis sueños quedaron en nada. Los periodistas casi no salíamos en la película. El director Steven Soderbergh decidió cortar nuestra contribución a la hazaña porque, por lo que me dijeron, le había parecido que aportaba poco al relato, sobre todo después del éxito de *Spotlight* tres años antes. En su versión ficcionada de lo que ocurrió, nuestro trabajo sale brevemente mencionado poco antes de que se acabe la cinta y ya. Entre esto, y que el film pasó sin pena ni gloria por las pantallas, la ilusión de forrarme dando charlas se esfumó.

Ese chasco se vio compensado cuando, por fin, empezaron a germinar algunas de esas semillas que había ido plantando durante meses, tanto de manera directa como indirecta. Terminadas las fases de exploración individual y colectiva de mi transformación profesional, entré de lleno en la ***fase 3: la acción***. En el periodismo este es el momento de ponerse a escribir, pero en mi cambio vital significó que empecé a estar activa, a actuar. Quería evitar la parálisis por un exceso de análisis.

La idea que había tenido en el Chirripó de escribir un artículo sobre mi *burnout* no llegó a materializarse. En su lugar, mi compañero de *El Confidencial*, Ángel Villarino, me entrevistó para una noticia en la que hablaba de profesionales exitosos que habían decidido pasarse a una vida más tranquila y espiritual, que vio la luz casi al mismo tiempo que la presentación de la película, cuatro meses después de mi experiencia montañera. La nota relataba mis vivencias en el centro de tantra y con la meditación, y finalizaba con mis declaraciones: «Me siento superbién estando en calma y ahora disfruto mucho del silencio en mi día a día —le decía—. Y entonces la pregunta es: ¿quién era esa Mar que salía en la tele, la extrovertida que no paraba de hablar y hacer cosas? ¿Quién era esa persona que no soy yo?».

También me invitaron al *Hotel Jorge Juan*, un pódcast producido por *Vanity Fair* España y conducido por Javier Aznar, en el cual charlamos distendidamente durante más de una hora sobre esa nueva Mar que estaba descubriendo y en el que me sorprendí a mí misma guiando una pequeña meditación en medio de la entrevista.

El gran aprendizaje de todo esto es que a veces tenemos ideas que no se desarrollan como habías pensado en un inicio. Y está bien, tenerlas te da una dirección. Luego, tienes que aceptar que a lo mejor se dan de manera diferente a como las pensaste (y en muchos casos, cómo ocurren finalmente es mejor que lo que imaginaste en un principio).

Ese camino que había iniciado en búsqueda de una nueva yo, me llevó a su vez a empujar los límites de qué era posible que hiciera profesionalmente, al dejar el periodismo. Nunca se sabe cuál es el paso que te llevará a construir un puente para cruzar al otro lado del agujero vacío, así que poco a poco fui haciendo ***pequeños experimentos*** para ir testando qué es lo que me gustaba y cómo podía aportar valor.[21]

Abrí el abanico a opciones muy diversas: Exploré, por ejemplo, si dar el salto al ámbito de los fondos de inversión, que invierten sobre todo en *start-ups* tecnológicas. Parece muy alejado de todo lo que había hecho hasta entonces, pero tenía un cierto sentido: a mí me da felicidad hacer que las cosas ocurran, y para que eso pase, los proyectos necesitan dinero. Envié la solicitud a la convocatoria de un programa para generar más diversidad en ese mundo, que suele estar dominado por hombres blancos. Pasé varias fases hasta que me caí del proceso tras hacer la entrevista.

Probé a trabajar con gente nueva (e interesante): Gracias a mis conversaciones con expertos en ética y tecnología, acabé conectada con Idoia Salazar, una profesora de la Universidad CEU San Pablo de Madrid que estaba en proceso de montar una asociación sobre inteligencia artificial responsable. Era un tema de nicho entonces, pero sabía que se convertiría en *mainstream*, así que me uní a este proyecto pionero en España. A mediados de septiembre, lanzamos en sociedad el Observatorio del Impacto Social y Ético de la Inteligencia Artificial (OdiseIA) en un evento en el Google Campus de Madrid apoyado por varios altos cargos del gobierno al que asistieron un centenar de personas y que presenté. En pocos meses, se sumaron como socios grandes empresas.

Reformulé mi oferta de servicios a ver si conseguía tracción: Empecé a incorporar charlas de ética e inteligencia artificial a mi habitual repertorio (que antes consistía en: Papeles de Panamá y tecnología para el bien común). Había muy pocos especialistas en el asunto a finales de 2019 (no como ahora, que aparecen expertos en IA como setas) y conseguí hablar de ello en compañías como Microsoft o en conferencias internacionales.

Mi revoltijo vital comenzó a aclararse y mi corazón empezó a latir con fuerza de nuevo. Me sentía energizada y con muchísimas ganas. Por fin dejaba atrás mi *burnout* y estaba lista para volver al cien por cien al mundo laboral a principios de 2020. Internamente, lancé un grito: «¡Mundo, prepárate, que voy!».

Pero parece que el mundo tenía otros planes para mí, y para todos nosotros.

AUTOINVESTIGACIÓN: EL CORAZÓN

Coge una lupa y apúntate al pecho. ¿Qué ves? No te preocupes, es metafórico. Aquí van algunas preguntas literales:

- ¿Qué has aprendido sobre cómo apoyar a alguien cercano que se encuentra mal o no está al cien por cien? Casi seguro que en estos momentos alguien en tu vida se puede beneficiar de esos mensajes que van más allá del «¿qué tal estás?». Haz la prueba y apoya a alguien que te importa.
- ¿Cuáles son las metas recientes que no has podido cumplir? ¿Por qué? Si hay algo más que puedas hacer para lograrlo, adelante. Y si el barco ya zarpó, piensa si ese supuesto fracaso te ha proporcionado una oportunidad inesperada.
- Yo tuve que hacer el duelo por dejar el periodismo. ¿Qué duelos has tenido que hacer tú en tu pasado?
- ¿Te dejas asombrar por la vida? Te propongo un juego: Sal a dar un paseo como si fueras un niño o una niña y lo vieras todo por primera vez. Así me sentí cuando estuve en La Haya y fue maravilloso.
- ¿Eres consciente de tu sesgo de negatividad? ¿Qué crees que podrías hacer para combatirlo?
- Mira hacia atrás en tu historia: ¿Qué eventos no tenían sentido en aquel instante y que de no haberlos vivido no serías quien eres en el presente? Vuelve sobre la frase de Steve Jobs si necesitas inspiración.
- Recuerda: Haz lo que puedas, con lo que tengas, donde te encuentres. ¿Qué significa para ti esta idea en estos momentos?
- ¿Tienes miedo al vacío? ¿Te permites avanzar sin saber del todo adónde ir? Reflexionar sobre por qué o por qué no te puede llevar a lugares interesantes.
- Hacer pequeños experimentos es una muy buena manera de ir avanzando hacia un cambio deseado. ¿Cuáles podrías hacer tú y para qué?

8
LA MENTE

> No es egoísmo. Es mi salud, simplemente lo necesito, tengo que tratarme con más mimo.
>
> El Chojin[1]

Hay acontecimientos que se quedan grabados en la memoria para siempre. Algunos solo en tu mente o en la de unos cuantos. Otros, en la de todos. Los atentados del 11 de septiembre de 2001 es uno de ellos. Conozco a pocas personas que no recuerden qué estaban haciendo cuando los aviones comerciales que secuestraron terroristas de Al Qaeda impactaron contra las Torres Gemelas, en Nueva York. Yo tenía dieciocho años y estaba a punto de empezar la carrera de Comunicación Audiovisual. El hecho se difundió en España sobre las 3 de la tarde. En ese momento, estaba viendo «Friends» en la televisión, en el extinto Canal+, así que no me enteré hasta media hora después, cuando empezó el *show* de humor y entrevistas en directo «Lo + plus». Hicieron una breve referencia a lo ocurrido al principio e intentaron seguir con el programa, hasta que tuvieron que dar paso a la emisión de CNN+ definitivamente, conscientes de la gravedad del asunto. Yo me quedé enganchada al especial informativo durante horas. Cuatro años más tarde, ese canal de noticias veinticuatro horas fue mi primer lugar de trabajo, como becaria.

El 13 de marzo de 2020 es otro de esos días guardados a fuego en la historia de nuestras vidas. Quizás la fecha concreta no es tan sonada, pero sí su impacto: se anunció el confinamiento en España por la pandemia del coronavirus. Mi padre, mi madre, mi hermana y yo llevábamos dos días comentando en el grupo familiar de WhatsApp que parecía que el gobierno iba a dar el cerrojazo a los viajes dentro del país. El miércoles 11, mi padre había vuelto a Madrid desde Bruselas antes de lo previsto, y el jueves 12 yo había decidido quedarme en Aguadulce tras cancelar un viaje a la capital para dar una charla en una conferencia. Sobre la hora de comer de ese viernes 13, se esperaban las declaraciones del presidente, Pedro Sánchez, para hacerlo oficial.

14.32 - Mi hermana: «Sánchez sale a hablar ahora. En directo».

14.36 - Yo: «Sí, lo vamos a ver. Voy a comprar comida antes de que hable este hombre?».

14.40 - Mi hermana: «Los súpers se vacían dos días y luego vuelve todo a la normalidad. Xo si quieres compra».

14.41 - Yo: «Bueno, voy a ir esta tarde y que sea lo que Dios quiera. Tengo cosas».

14.41 - Mi padre: «En fin, tú misma...».

14.46 - Yo: «Voy a ir ahora mejor».

No era una decisión baladí. En los días previos los supermercados se habían quedado desabastecidos de ciertos productos, sobre todo de papel higiénico. Con la sorna característica española, había decenas de bromas en redes sociales sobre el tema. Mi madre nos había mandado una que había sido reenviada muchas veces: «Fallece una persona por 👑-virus, dejando a sus herederos: 200 kilos de macarrones y espaguetis, 37 pizzas congeladas, 26 kilos arroz (...) 77.438 rollos de papel higiénico, la cartilla del Banco, con saldo cero».

Eran pasadas las 3 y Sánchez seguía sin salir a hablar. A las 15.11, ya de los nervios, me lancé a mi coche y, de allí, al Carrefour. Mientras paseaba por los pasillos del súper comprando comida para subsistir unos días, me conecté al directo de la Sexta por el móvil. Sobre las 15.30, empezó la comparecencia. En apenas seis minutos y sin turno de preguntas, el presidente anunció que el gobierno declararía el estado de alarma al día siguiente, que estaría en vigor durante quince días.

«El heroísmo consiste, también, en lavarse las manos, en quedarse en casa y en protegerse uno mismo, para proteger al conjunto de la ciudadanía —decía—. Este virus lo pararemos unidos.»[2]

Volví a casa con la tranquilidad de saber que tenía suficiente comida —y papel higiénico— para las dos semanas que duraría esa situación anómala, que no había vivido nunca. Ni yo, ni creo que nadie, contábamos con que al final estaríamos noventa y ocho días confinados en casa pudiendo solamente salir por causas esenciales.

La vida en pausa

La pandemia del covid-19 supuso una crisis sanitaria, social y económica sin precedentes en todo el planeta. En nuestro país, los hospitales se vieron desbordados durante meses, con pacientes graves saturando las UCI y servicios de urgencias. Entre 2020 y 2023, cuando se dio por finalizada la emergencia sanitaria, habían fallecido alrededor de 154.500 personas, según datos analizados por RTVE. Casi todas (95,5 por ciento) tenían más de sesenta años.[3] A nivel global, la Organización Mundial de la Salud confirmó que se registraron «cerca de 780 millones de casos y más de 7,1 millones de fallecimientos; no obstante, se cree que la cifra real es mayor».[4]

Yo tuve la suerte de que nadie de mi familia directa perdió la vida por esta enfermedad, aunque sí familiares de amigos. A mí, sobre todo me provocó un terremoto a nivel laboral. En enero me había dado de alta como autónoma en la Seguridad Social y esos primeros meses del año 2020 fueron un no parar entre las actividades de la asociación de inteligencia artificial responsable, OdiseIA, varias conferencias y diversos encargos formativos o de investigación para las universidades de Columbia, Texas Moody, Complutense de Madrid y Vrije Brussel. Además, me dieron una beca para hacer un curso de liderazgo. Tras dos años y medio de recuperación y exploración, ya estaba a pleno rendimiento. Me había montado una vida como consultora/formadora/ponente *freelance* y parecía que la cosa funcionaba. Tenía compromisos confirmados hasta el verano. Pero con el confinamiento, mi vida profesional se puso de nuevo en pausa.

Al principio me cayó como un mazazo, pero con el tiempo se convirtió en una oportunidad para mí. A partir de marzo de 2020, nuestra vida se volcó totalmente en el mundo virtual. El trabajo en remoto pasó a ser la norma en muchas industrias. La adopción de herramientas de colaboración y teletrabajo creció dramáticamente y hasta el más torpe se convirtió en experto en videoconferencias. Softwares que antes eran casi desconocidos, como Microsoft Teams, Slack o Zoom, pasaron a formar parte habitual de la rutina diaria.[5]

En esa nueva normalidad, yo me movía como pez en el agua. Era una veterana del teletrabajo y el uso de la tecnología no me intimidaba. Los bombardeos de mensajes en múltiples plataformas, los saltos constantes entre una y otra, o las reuniones en las que había que pedir una y otra vez que se silenciara el micro —o que lo activaran para hablar— habían sido mi día a día desde 2011.

Me convertí en la gran aliada técnica de los proyectos en los que estaba involucrada. Por ejemplo, preparé la configuración, las herramientas necesarias y formé al equipo de OdiseIA para que pudiéramos realizar eventos online en directo a través de YouTube. También ayudé a estructurar y hacer más eficientes las comunicaciones por WhatsApp de los participantes en el curso de liderazgo que acababa de iniciar de una organización estadounidense llamada Acumen, que había lanzado por primera vez su programa en España. Nada de aquello era remunerado, aunque las ayudas del gobierno ante la situación excepcional me aportaban algo de estabilidad económica.

Tenía las habilidades necesarias para esa época en varios niveles. Tras los retos tecnológicos, llegaron los mentales: buena parte de la población empezó a sentir fatiga digital. Yo no solo la había experimentado en carne propia, sino que ya estaba de vuelta: aplicaba un modo más saludable de relacionarme con los espacios y dispositivos digitales. «Es como si me hubiera estado preparando para este momento», pensé. Todo lo vivido cobró sentido. Ahora podía contribuir al bienestar de otros.

Mi círculo cercano, conocedor de mi trayectoria de autoconocimiento de los últimos años, comenzó a buscarme como guía para mantener su equilibrio. Desde Chicas Poderosas, una iniciativa de empoderamiento para mujeres que trabajaban en el ámbito periodístico en Iberoamérica que había contribuido a poner en marcha en nuestro país, me invitaron a hacer unos vídeos para un curso masivo en línea sobre liderazgo. Entre los módulos que grabé incluí uno titulado «Yo primero: Cómo cuidarte», en el cual compartía mi historia de *burnout* y los cambios que había hecho en mi vida, como priorizar el triángulo básico de comer, dormir y hacer ejercicio o llevar a cabo prácticas como la meditación.

Cuando nos confinaron, las compañeras del proyecto en España recurrieron a mí por el grupo de WhatsApp para conseguir trucos accionables. «Siento que necesito algo de relajación, llevo toda la semana sin concentración en el trabajo por lo que no me ha cundido nada y sigo sin centrarme… Me tiene un poco nerviosa el asunto. Consejos, @Mar?», me preguntó una de las periodistas. «Consejo #1, apaga el móvil por ratos, sobre todo el finde. Nuestro cerebro no está diseñado para procesar tanta info y estar en alerta tanto tiempo», le aconsejé rápidamente. «Ay, qué bien hace siempre escucharte (leerte en este caso)», respondió.

Conversaciones como esta pasaron a ser la norma en aquel chat y me sentía realizada apoyándolas. Acabé asumiendo el papel de Pepita Grillo del autocuidado, enviando enlaces útiles o insistiendo en que se priorizaran. «Yo también llevo varios días como paralizada y agotada física y mentalmente. Cualquier consejo es bienvenido!», escribió otra colega. «Os animaría a no sobrecargaros con cosas que añadan a vuestro estrés. Por vuestra salud y por evitar errores.

Nada es tan importante como vosotras», comenté. En otra ocasión, para movilizar el cuerpo las animé a bailar en casa y les pasé una canción bailonga que me ponía muchas mañanas, *Papaoutai* de Stromae.[6] Más adelante, convocamos una charla online para toda la comunidad con mi psicóloga, Paula Alcaide, «Cómo sentirse bien en el confinamiento», con recomendaciones como normalizar los momentos de bloqueo y falta de concentración, dándose espacios para el descanso cada hora y media, o transformar la autoexigencia en autocompasión y gratitud. «Estar de "puta pena" está bien», les dijo Paula para animarlas a no sentirse culpables por encontrarse mal de vez en cuando.

Ellas seguían en activo en el periodismo y muchas cubrían el día a día de la pandemia, durante la cual los medios tuvieron un rol informativo fundamental, marcando récords de audiencia. Esto generó niveles sin precedentes de estrés entre los profesionales de los medios. Algunos me decían que no tenían tiempo ni de levantarse para ir al baño a lo largo de su jornada. Meses después salieron datos que evidenciaron la magnitud del problema que percibí a través de sus experiencias: en una encuesta a más de 1.400 periodistas en 125 países, el 70 por ciento identificó los impactos en la salud mental de cubrir el covid-19 como su mayor desafío.[7]

Una semana después de que se decretara el estado de alarma, propuse guiar una pequeña meditación en la siguiente reunión virtual de Chicas Poderosas España. Les gustó tanto que lo repetí una semana más tarde. Darles esos cinco minutos de silencio en los que no tenían nada más que hacer que escuchar mi voz y respirar les resultó tremendamente reconfortante. Esto hizo que se me encendiera la bombilla: «¿Y si alguien experto como Kim acompañara a los y las periodistas en este momento tan clave?». Así que le mandé una nota de voz por WhatsApp: «Conozco organizaciones que [...] estoy segura de que querrían hacer algo específico sobre cómo meditar o cómo encontrar silencio en el caos del periodismo». Luego me ofrecí a ayudarla a abrirse camino en el mundo de los medios. Ella respondió en menos de tres minutos: «Sí, sí, sí. ¿Qué hora te va bien [para hablar]?».[8]

Cuando la visité en La Haya, mi antigua coach ya me había dicho que quería apoyar a los profesionales de la información, pero sola no había llegado muy lejos. Ahora sí era el momento adecuado y mi idea inicial era servirle de puente con contactos en el sector. Sin embargo, cuando hablamos me sugirió que uniéramos fuerzas: «Si lo que les estresa es la tecnología, la experta en eso eres tú, Mar». Así que decidí hacer uno más de mis pequeños experimentos: juntas, creamos el programa de un mes «Protégete del estrés y la sobrecarga digital» y empezamos a buscar financiación. Llamamos a muchas puertas y, aunque la mayoría no tenía dinero, acabamos consiguiendo una beca europea específica para proyectos pandémicos dos meses después de aquella nota de voz. Al proyecto se sumaron mi primo, que se encargó del diseño de materiales y la web, y Aldara Martitegui, una periodista española que conocí en CNN+ y se había formado como coach.

El siguiente paso fue elegir un nombre atractivo y no nos costó mucho. «Acabo de tener una *onda cerebral*», dijo Kim en una videollamada de equipo. Ella solía utilizar esa expresión cuando le venía la inspiración repentina. «¿Por qué no nos llamamos "The Self-Investigation" (La Autoinvestigación)? Como aquello que dijiste en tu correo de despedida del ICIJ, Mar». El 7 de julio de 2020, realizamos nuestro primer *webinar* en inglés y, unas semanas más tarde, uno en español.

Para nuestra sorpresa, se inscribieron cientos de periodistas de países tan diversos como Pakistán o Colombia.

Aprovechando las posibilidades que se me iban presentando, de manera orgánica añadí una capacidad más a mi CV: me posicioné como experta en bienestar digital. Para seguir formándome, me apunté a la certificación como educadora en el tema que ofrecía el estadounidense Digital Wellness Institute, un curso de diez semanas. Y mientras tanto, seguían surgiendo posibilidades. En mayo, me contrataron para dar una charla sobre este tema en un programa de formación interna para empleados del Banco Santander. Ese mismo mes, el diario *El País* me entrevistó para un reportaje sobre la tecnosaturación y frustración que sentía la gente tras dos meses sin contacto social y, luego, me invitaron a escribir un artículo.[9] A finales de junio, publiqué «Cuando la mente cae esclava de la tecnología» contando mi vivencia en primera persona con la hiperconexión y dando algunas recomendaciones prácticas, como apagar las notificaciones o hacer tiempos de desconexión digital de horas o días. Cerraba con una reflexión: «Si algo nos ha enseñado la pandemia es el poder de la pausa. [...] Estoy convencida de que podemos utilizar esta enseñanza de manera consciente para relacionarnos más saludablemente con la tecnología. Solo así seremos verdaderamente libres».[10]

Una digitalización saludable

Soy milenial, pero no nativa digital. El ordenador llegó a casa cuando tenía unos doce años, y recuerdo lo extraño que era conectarse a internet: esos molestos pitidos y ruidos del módem eran parte del ritual. En el instituto hacía los trabajos tirando de la enorme enciclopedia Larousse, veinticuatro tomos que llenaban varias baldas de la estantería. Con dieciocho años compré mi primer móvil, poco antes del atentado de las Torres Gemelas. Durante la carrera empecé a buscar cosas en Google, y no fue hasta el máster en Estados Unidos, con veintiséis, cuando me hice con un teléfono inteligente.

Aunque no tuve dispositivos digitales desde la infancia, para mí tecnología y trabajo siempre han ido de la mano. Estoy delante de un ordenador desde que fui becaria. Soy una «trabajadora del conocimiento» —o, como dicen en inglés, una *knowledge worker*— de manual. En la Sexta Noticias mis compañeros me llamaban Mr. Dato porque solía ser la primera en avisar de las noticias de última hora. Para ello, trabajaba con mi pantalla dividida: a la derecha, el texto que tenía que escribir; a la izquierda, un *feed*, en el que iban entrando los teletipos de las agencias, en inglés y en español. De fondo, el sonido de la tele que tenía al lado, probablemente con algún canal veinticuatro horas. Y así, entre ocho y diez horas al día. Cuando salía a la calle a alguna cobertura, el ciclo se cerraba de nuevo delante del ordenador, editando las imágenes.

Sin herramientas digitales, mi equipo de desarrolladores del ICIJ nunca habría existido y no habría podido trabajar en remoto desde España. Los Papeles de Panamá no habrían sido lo que fueron: no habríamos podido analizar millones de documentos de manera distribuida globalmente, con tantos reporteros involucrados, tan rápidamente y a un coste tan bajo. Me atrevería a decir que sin tecnología no habríamos ganado el Pulitzer.

Durante años asumí que la multitarea era una parte intrínseca de mi rutina profesional y, encima, me vanagloriaba de dominarla como una crac. Cuando trabajaba en el ICIJ, mi día a día era una lluvia de mensajes y solía explicar que era como una controladora aérea, capaz de estar atenta a las necesidades de todos en cualquier momento y por múltiples canales (email, videoconferencia, chat, WhatsApp, Signal, Threema, Slack...). Entonces creía que esa era mi gran habilidad, una de las cualidades que me habían ayudado a llegar tan alto, y que nada de ello tenía un efecto negativo en mí. ¡Qué ilusa!

Antes de quemarme, lo primero que hacía al abrir los ojos era coger el móvil y no me separaba de él hasta la hora de dormir. Respondía en minutos cuando alguien me escribía, aunque fuera fin de semana o estuviera de cena con los amigos. «Disculpad, es que es importante», les decía. No imponía ningún tipo de límite entre trabajo y vida personal. De madrugada, a pesar del cansancio, contestaba a mis compañeros con mensajes de voz desde la cama. Con ese nivel de hiperconectividad, no es sorprendente que terminara exhausta.

Después de recuperarme del *burnout* y volver al mundo laboral, mi principal preocupación fue no recaer. Y la sobrecarga tecnológica era una clara amenaza. Me sentía medianamente segura porque gracias a mis experimentos en 2018 había aprendido a establecer límites digitales a nivel individual. Era como si, en el mundo virtual, viviera en una casa a la que por fin le había puesto puertas, ventanas y alarmas que me ayudaban a evitar robos —de tiempo— y otras interferencias indeseadas. Pero cuando empecé a trabajar con más personas sentí que, en ocasiones, mantener mi equilibrio mental se hacía difícil. Así que tuve que dar el salto al siguiente nivel: aprender a convivir digitalmente con otros sin agotarme. Siguiendo con la analogía, ya tenía mi hogar bajo control, pero me tocaba encontrar el modo de cohabitar saludablemente con mi comunidad de vecinos. La duda era inevitable: si no hacía multitarea, si no estaba disponible todo el tiempo, ¿podría seguir rindiendo al máximo? ¿Podría incluso volver a ganar un Pulitzer? Y los demás: ¿estarían dispuestos a cambiar sus disruptivos malos hábitos?

Poco a poco, fui cultivando una manera más sana de trabajar a nivel digital, que me permitía cuidarme y, a la vez, ser tremendamente efectiva. Lo bauticé como el ***método de las dos Ps: promover el foco en el trabajo y proteger el descanso fuera de él***. Generar estrategias en ambas áreas no solo pasaba por soluciones técnicas, también por entender qué causas y qué procesos psicológicos estaban detrás de ciertos comportamientos, de cara a poder modificarlos.

A través de los cursos de The Self-Investigation y otras charlas que daba, fui comprobando que ese nuevo *modus operandi* que había desarrollado para mi propia supervivencia era muy útil para quienes me escuchaban. Así que, al empezar 2021, me decidí a lanzar una columna regular en *El Confidencial* llamada «Tecnosaludables». En el primer artículo, del 16 de enero, hice una declaración de intenciones: «Este blog nace hoy para hacerte pensar sobre tu uso de la tecnología y darte soluciones concretas que puedas aplicar, para que así te relaciones de una manera más saludable y consciente con el mundo digital». En el siguiente año y medio escribí una treintena de posts con lo que consideré el pack esencial de recomendaciones que cualquiera debería conocer.[11]

Mis propuestas respondían a un grave desequilibrio que se había ido incubando sigilosamente. Tras un año de pandemia, el agotamiento digital era enorme. Y ya no era solo un reto personal, sino una cuestión crítica para las empresas. «La alta productividad está ocultando una mano de obra agotada», concluía un informe de Microsoft publicado en marzo de 2021. El 54 por ciento de los encuestados decía sentirse sobrecargado de trabajo y un 39 por ciento manifestaba estar exhausto.[12]

Habíamos hecho un proceso de digitalización feroz a marchas forzadas, sin pensar en las posibles consecuencias para la salud mental. Tan solo en la plataforma de Teams, de febrero de 2020 a febrero de 2021, hubo un incremento exponencial: el tiempo dedicado a reuniones se había más que duplicado (2,5 veces) a nivel global; el usuario promedio estaba enviando un 45 por ciento más de mensajes de chat por semana y los correos electrónicos habían aumentado en 40.600 millones.

En la mayoría de las organizaciones, esa brutal transformación digital ocurrió sin ir de la mano de una formación adecuada para evitar el agotamiento. Y de ahí los resultados al cabo de unos meses. Jared Spataro, vicepresidente corporativo de Microsoft 365, declaraba con rotundidad: «Los datos son claros: nuestra gente está sufriendo. Y tenemos que encontrar nuevas maneras de ayudarles». Tocaba remediar el asunto y convertir esa digitalización en saludable.

Lo lamentable es que una gran parte de las rutinas improductivas adquiridas entonces se siguen produciendo hoy en día en muchos entornos laborales. De por sí, la era de la distracción en la que vivimos trae consigo muchas dificultades para sostener la atención, como los chutes de dopamina y el refuerzo intermitente que mencioné en el capítulo «La atención». Además, en el trabajo encontramos otros factores que nos impiden mantenernos enfocados: la poca normalización de los espacios sin interrupciones, un exceso de reuniones y una expectativa errónea de lo rápido que hay que responder. O sea, podemos hablar de tres males interconectados: la interrupcionitis, la reunionitis y la urgentitis. Por tanto, para promover el foco, es preciso llevar a cabo tres acciones: minimizar interrupciones, reducir las reuniones y redefinir lo urgente.[13]

Promover el foco en el trabajo, acción 1: minimizar interrupciones

INTERRUPCIONITIS: EL PROBLEMA

Esta situación es muy típica en las oficinas pospandémicas: inicias tu jornada y abres el correo electrónico. Sientes angustia, porque hay decenas que han entrado desde anoche y tu lista de tareas ya es demasiado larga. Empiezas a responder. A la mitad, «¡ping!», te llega un whatsapp. Vuelves a la bandeja de entrada y ya hay dos correos nuevos. Los lees y «¡ping!», alguien te manda un mensaje en Teams con una «preguntita rápida». Mientras estás respondiendo, te entra una llamada. Para cuando retornas al correo que estabas escribiendo en primer lugar pueden haber pasado, fácilmente, un par de horas. Y así todo el día. Por eso suele ser tan común pensar cuando acabas el día: «Sé que no he parado... pero ¿qué es lo que he hecho hoy?».

Es el sino de los trabajadores del conocimiento: es muy difícil tener espacios de concentración y las interrupciones son la norma. Lo que suele pasar es que los únicos momentos posibles de concentración están fuera de la jornada laboral, ya sea temprano por la mañana, al final del día o durante los fines de semana. Esto se traduce en echar más horas de la cuenta. A mí esto me parece una locura.

Las descripciones de los puestos de trabajo no dicen: «Tu función principal, en la que debes invertir más tiempo, es estar dando saltos todo el rato entre los múltiples canales de comunicación de la empresa». Y, a la vez, es lo que acaba pasando, lo que nos hace improductivos, nos agota y, pensando en el empresario, repercute directamente sobre la cuenta de resultados.

Jonathan Spira, autor de *Overload!: How Too Much Information Is Hazardous to Your Organization* (¡Sobrecarga! Cómo el exceso de información es peligroso para tu organización), estimó que las interrupciones hacen perder 28.000 millones de horas al año, lo que supone una pérdida para la economía estadounidense de casi un billón de dólares. Esto equivaldría aproximadamente a 719.000 millones de euros usando el tipo de cambio medio anual de 2011, cuando publicó su libro.[14] Probablemente, si los cálculos se hicieran con datos posteriores al 2020 las cifras serían aún más altas. No existen estimaciones similares solo para España, pero si realizáramos una regla de tres proporcional por población activa (lo cual no es nada científico, pero nos puede ayudar a tener una idea somera), podríamos hablar de una pérdida anual de más de 100.000 millones de euros en nuestro país.

Quiero proponerte un juego, que espero que te ayude a experimentar esto de lo que estoy hablando (y también a divertirte un poco). Coge una hoja en blanco y un lápiz o un bolígrafo. Deja la pereza a un lado, te prometo que merece la pena. Esto solo funciona si lo practicas, no si lo lees.

Ahora, pon en una línea horizontal, una detrás de otra, todas las letras del abecedario, de la A a la Z.

¿Qué tal ha ido? Fácil, ¿verdad? Quizás, mientras lo escribías, hayas recordado alguna cantinela de la infancia que te ayudó a aprendértelo.

Vamos con lo siguiente. Pon en una línea horizontal, uno detrás de otro los números del 1 al 27.

¿Qué tal esta parte? Como si volviéramos al cole, ¿eh? Dudo mucho que te haya sido complicado.

Puede que llegados a este punto estés pensando que no entiendes de qué sirve hacer esto y que está siendo todo muy sencillo. Ten paciencia.

Quiero que le des la vuelta a la hoja para usar la otra cara, o que la dobles. Lo importante es que no veas lo que has hecho. Empezamos de cero de nuevo. Quiero que en esta ocasión alternes letras y números. Igual que antes, uno detrás de otro: A1, B2, C3… y así hasta que llegues al final. Antes de que lo hagas, una advertencia: no vale hacer trampas y poner todas las letras primero y luego rellenar con los números. ¡Vamos, te espero!

Entiendo que estás leyendo estas palabras porque ya has terminado. Vuelve sobre lo que has escrito y revisa: ¿hay algún error? Si todo va bien (y has usado el abecedario castellano actual), deberías haber llegado a Z27. ¿Ha sido así?

¿Cómo te has sentido en esta parte del ejercicio? ¿Qué diferencias has notado con las partes anteriores?

No puedo leer tu mente ni estoy ahí contigo, pero te puedo decir lo que he visto haciendo este juego con más de quinientas personas. Cuando estamos en un grupo siempre hay varios que han cometido algún error: no han llegado a la Z27, sino que acaban en Z25 o así; o a mitad de camino han tenido que tachar porque se habían «comido» algo. Puede que esto no te haya ocurrido a ti, pero puedes comprobarlo si lo haces en tu próxima cena con amigos. Además, te vas a echar unas risas.

Lo que sí estoy segura que ha pasado es que la última parte te ha resultado más difícil que las anteriores. Ha requerido más concentración: al acabar, has sentido que tenías que hacer un esfuerzo mayor o quizás que has tardado más. Hay personas que se ponen a resoplar mientras están en ello o algunas que me han confesado que, en esta ronda, se han tenido que inventar estrategias para poder llevarlo a cabo, como ir cantando en su cabeza la canción con la que la mayoría aprendimos el abecedario en España, y después rellenar el número.

Si en vez de costarte dos minutos hubieras estado haciéndolo ocho horas, definitivamente me habrías dicho al finalizar que estabas bastante cansado o cansada. Pero ¿por qué? En la primera parte, solo te has tenido que centrar en una tarea: o letras o números. Es como si cada uno estuviera en una estantería de tu mente y, por tanto, recuperarlos de un tirón es más fácil. Has estado haciendo ***monotarea***.

En la segunda, has tenido que ir cambiando entre ambos. Es como si tuvieras que ir a la estantería de las letras, luego a la de los números, luego a la de las letras, luego a la de los números... y así en cincuenta y cuatro ocasiones. Ese baile entre estanterías definitivamente requiere más energía, involucra la coordinación de más partes de tu cerebro y por ello, desgasta más. Has estado cambiando de tarea o ***task switching***. Es lo que mal llamamos ***multitarea*** (porque realmente no podemos realizar dos cosas a la vez, lo que sucede es que saltamos de una a otra). Este proceso no solo es costoso a nivel energético. Cuando nos distraemos, tardamos una media de unos veinticinco minutos en retomar lo que estábamos haciendo, según la experta en atención Gloria Mark, profesora de la Universidad de California Irvine.[15]

Entonces, si nos lleva a cometer más errores, nos ocupa más tiempo, nos hace menos productivos y nos agota: ¿por qué hacemos tanta multitarea?

Para empezar, por desconocimiento de la evidencia científica. Casi nadie ha recibido un curso que enseñe qué es lo que le pasa al cerebro delante de las pantallas y cómo evitar caer en agujeros negros que roban tu tiempo y atención, así que acabamos haciendo lo que podemos, muchas veces en nuestra contra. Pero hay más motivos. Tener cargas laborales inmanejables, con listas de tareas por hacer que nunca se acaban, nos lleva a querer hacer más y más rápido. La multitarea da una falsa sensación de productividad y, además, nos hace sentir bien porque ayuda a segregar dopamina. Y luego está la aceptación social: en muchos entornos laborales se entiende que, si haces varias cosas a la vez, eres mejor trabajador. Esto es totalmente falso. De hecho, los expertos que han profundizado en nuestra capacidad de realizar dos tareas a la vez han observado que solo un 2,5 por ciento de las personas podían hacerlo bien.[16] Esta creencia sin fundamento también está íntimamente relacionada con otro de los males del mundo laboral, la urgentitis, de la que hablaremos en breve.

Hay estudios que indican que estar cambiando constantemente entre tareas puede consumir tanto como un 40 por ciento del tiempo productivo de una persona.[17] Pero la multitarea no solo tiene un alto coste en el corto plazo. Los investigadores de la Universidad de Stanford y de la Universidad de California analizaron una década de literatura científica y observaron que las personas que usan con frecuencia múltiples formas de medios al mismo tiempo tenían un peor desempeño en tareas simples de memorización y les costaba más sostener la atención. En inglés se las conoce como *heavy media multitaskers* y algunos comportamientos típicos son: enviar mensajes mientras ven la televisión, revisar redes sociales cuando trabajan con el portátil o cambiar constantemente entre aplicaciones, pestañas y dispositivos. Vamos, lo que hacemos casi todos nosotros hoy en día.[18]

Interrupcionitis: la solución

Viendo los nulos beneficios —y múltiples aspectos negativos— de la multitarea deberíamos evitarla en la medida de lo posible y convertirnos en promotores de la monotarea, del «hacer una sola cosa y después otra», en nuestro día a día laboral. Cuando se acaba una tarea, se empieza la siguiente. Dicho de otra manera: hay que minimizar las interrupciones. ¿Cómo se pone en práctica esta nueva manera de trabajar? «Si no planificas tu tiempo, alguien lo hará por ti», dice certeramente Nir Eyal. Los días en los que no invierto unos minutos en organizar lo que va a ocurrir, acaban siendo días de caos, en los que las interrupciones de otros acaban dominando lo que hago y cuando lo finalizo tengo una sensación de desazón.

Uno de los conceptos que más me ha ayudado es el de ***timeboxing***, que consiste en dividir mi agenda del día en «cajas» o bloques, cada una con un objetivo a completar y en un tiempo determinado. Así sé en qué me tengo que enfocar en ese rato. Cuando me surge un pensamiento de «ay, tengo que responder a esto o aquello», lo que hago es anotarlo en la lista para hacerlo en el hueco que tengo para lidiar con mensajes. Entre todas las tareas del día marco una como la más importante, lo cual me da una guía de la prioridad y me refuerza positivamente si no termino todo lo que tenía que hacer. Al menos esa tiene que quedar realizada.

Haber instaurado en mi rutina la revisión por tandas del correo electrónico y redes ha sido útil para implementar otra técnica que aplico. A partir de los conceptos explorados por Cal Newport, profesor de ingeniería informática, para mí hay dos tipos de bloques de tareas: los que requieren un alto grado de concentración (y, por tanto, cero distracciones), que se llaman de ***trabajo profundo*** o ***tiempo de foco***, y los que son para resolver cuestiones más pequeñas o responder emails, es decir, de ***trabajo superficial***. Para poder hacer esto de manera eficiente, aviso a las personas con las que estoy trabajando de que estoy entrando en un modo en el que no voy a estar disponiblc, y lo hago por chat o pongo el modo no molestar en nuestra herramienta interna de comunicación. En algunos calendarios compartidos incluso puedes indicar que lo que tienes programado es uno de esos bloques sin interrupciones.

También me resulta muy útil dejar en mi agenda ***cajas de nada*** o ***cajas colchón***, que son tiempos con los que ajusto imprevistos del día o la mala planificación (porque a menudo calculo que una tarea me ocupará menos tiempo del que acaba consumiendo). Intento dejarme los viernes lo más libres que puedo para realizar el ajuste necesario de la semana.

Esto no quiere decir que nunca haga multitarea. Cuando estoy en esos bloques de trabajo superficial, sí tengo el chat activado y respondo a otros. Pero dividir mi tiempo de esta forma me ayuda a ignorar todo lo demás con la conciencia tranquila en los bloques de trabajo profundo. Para mí es importante admitir que no todos los días consigo que esto funcione a la perfección. Hay días caóticos o en los que otros toman el control de mi agenda (sobre todo cuando trabajo mucho con clientes externos), pero uso estas estrategias como guía siempre que puedo.

A la vez, entiendo que hay algunos puestos de trabajo que requieren estar disponibles para responder a mensajes todo el rato, como pueden ser las personas que se dedican a atención al cliente o están en una línea de apoyo psicológico, por ejemplo. En esos casos, es importante cuidar mucho los espacios de recuperación, cuando acaba la jornada, pero, sobre todo, en las pausas a lo largo del día. Recuerda, esos cinco o diez minutos que tengas cada varias horas son momentos de recarga de tu batería interna. No los dediques a revisar el móvil, sino a fomentar tu tranquilidad, simplemente estando «sin hacer nada».

Estoy segura de que algunos que estáis leyendo esto pensáis: «Lo que planteas no es posible para mí». Si eres tú, pregúntate: ¿Por qué? Quizás tenga que ver con nuestros dos siguientes males.

Promover el foco en el trabajo, acción 2: reducir reuniones

Reunionitis: el problema

Las constantes interrupciones no son las únicas que deforman nuestras agendas laborales, también quedan desfiguradas por el exceso de reuniones. La cantidad de tiempo que pasamos reunidos crece cada año desde el inicio del milenio, pero realmente se disparó desproporcionadamente tras la pandemia. Convocar un encuentro virtual es cuestión de dos clics y, como no hay desplazamientos físicos, pueden sucederse uno tras otro, sin pausas, hasta que se acaba la jornada.

Estados Unidos es el país líder en la investigación en este tema. Allí tienen su sede muchas de las compañías de software especializadas que publican anualmente su «Informe del Estado de las Reuniones», que suele incluir datos agregados del comportamiento de sus usuarios a nivel global.[19] Los resultados se pueden complementar en cada país con información procedente de encuestas más amplias. En el caso de España, Adecco abordó el aumento de las reuniones dentro de un informe de tendencias empresariales en 2022, en el cual preguntó a más de trescientas veinte empresas de ámbito nacional.[20]

Aunque las estadísticas varían, la realidad que muestran suele ser la misma: las reuniones ocupan gran parte de nuestro tiempo en el trabajo (para la media, es al menos un cuarto de la semana, un 50 por ciento para los ejecutivos). Encima, a la mayoría de las personas les parecen una pérdida de tiempo y son muchas las que al mismo tiempo se dedican a hacer otras cosas, en modo multitarea. O sea, nuestra jornada laboral se traduce en demasiadas reuniones, en recibir y escribir mensajes por correo electrónico y por el chat… y muy poco tiempo haciendo el trabajo que nos corresponde. ¡Qué horror (y qué error)!

Esa proliferación de reuniones tiene un coste económico que raramente consideramos. Uno de los mayores expertos del mundo en el asunto, el profesor de ciencia organizacional y gestión de la Universidad de Carolina del Norte, Steven G. Rogelberg, estimó en un informe de 2022 que las empresas de cinco mil empleados podrían ahorrar cada año más de 100 millones de dólares (103 millones de euros) si recortasen las reuniones innecesarias. La cantidad sería menor en entidades más pequeñas: las de cien empleados, podrían ahorrar anualmente casi 2,5 millones de dólares (2,6 millones de euros). Para llegar a estas cifras, tuvo en cuenta los salarios de Estados Unidos, que son mucho más altos que en España, pero estoy segura de que, si lo replicáramos con nuestra realidad financiera, seguirían siendo números significativos como para tomar cartas en el asunto.[21]

Estos cálculos macro se pueden trasladar al día a día. Una estrategia rápida y efectiva para decidir si celebrarla o no es realizar las ***matemáticas de la reunión***: una cuenta rápida del coste que implica. Por ejemplo, una reunión de una hora con la participación de cuatro personas son cuatro horas de trabajo invertidas, es decir, media jornada laboral, o si lo medimos en dinero, suponiendo que la hora por persona sale a 50 euros, la reunión cuesta 200 euros. Por no hablar de lo que se deja de hacer para conseguir ese hueco en la agenda, claro. Con esas cifras nos podemos preguntar: ¿Merece la pena tenerla?

Una iniciativa en la misma línea, aunque más sofisticada, fue la emprendida en 2023 por la plataforma de *e-commerce* canadiense Shopify. Su herramienta funciona para las reuniones de tres personas o más y, al generar la convocatoria en el calendario, te informa del coste que tendrá para la empresa. Lo estima multiplicando su duración por el número de participantes y por la compensación media de cada uno de sus roles y departamentos. Un encuentro de una hora con siete personas, incluidos dos altos ejecutivos, costaría 2.115 dólares (1.920 euros), según una simulación hecha para la revista *Fortune*.[22]

Del informe de Rogelberg también se extrae otra conclusión interesante: los encuestados creían que se podían haber saltado alrededor de un 30 por ciento de las reuniones, siempre y cuando se les mantuviera al tanto de las conclusiones. Hacer esto es cada vez más fácil con los agentes de inteligencia artificial, y quizás es preciso poner en relevancia que este estudio lo financió la herramienta de transcripción y síntesis Otter.ai. Más allá del posible sesgo sobre esta cuestión, lo cierto es que estos datos son la enésima confirmación de que a veces se invita a demasiada gente.

Reunionitis: la solución

A la hora de valorar posibles acciones para mitigar la reunionitis, es importante tener en cuenta que no todas las reuniones son igual de agotadoras. Las videoconferencias desgastan más que las reuniones físicas. El director y fundador del Stanford Virtual Human Interaction Lab, Jeremy Bailenson, nos demostró durante la pandemia que la llamada ***fatiga de Zoom*** es real y se puede combatir con pequeñas modificaciones que están en la mano de cualquiera.[23]

El vídeo no solo limita nuestra movilidad física al mantenernos quietos en la silla, sino que también nos fuerza a mirar a la persona que habla mucho más que si estuviéramos en la misma sala. Además, incrementa la carga cognitiva, es decir, provoca un mayor desgaste de nuestra energía mental, ya que se requiere más esfuerzo para interpretar las señales al ver solo parte del cuerpo. La recomendación de Bailenson es realizar de vez en cuando ***reuniones solo de audio*** e incluso moviéndose (hay quienes las hacen mientras dan un paseo). Por cierto, si eres jefe/a y pones en práctica sugerencias como estas delante de tu equipo, les ayudará a sentir que tienen permiso para hacerlo ellos también.

Por otro lado, en las videoconferencias ocurre algo que no se da más en nuestra vida: ¡nos estamos viendo a nosotros mismos todo el rato! Esto abruma a cualquiera. Imagina tener un espejo exactamente delante de ti en una reunión física, sería terrible. La buena noticia es que en la mayoría de programas puedes ***ocultar tu propia imagen*** para que tu atención no se vaya constantemente a observar cómo te ves. Y con respecto a los demás, entiende que ver todas sus caras (visión de galería) te cansará más, porque hay más información a procesar, así que hazlo solo cuando sea absolutamente necesario. Si no lo es, configura la herramienta para que la persona que habla ocupe la mayor parte de la pantalla.

Reducir el número de reuniones no es solamente una cuestión de eficiencia y productividad, sino también de motivación. «Paso de puntillas sobre la última reunión programada para el día de hoy, que podría haber sido perfectamente un correo electrónico», escribía Beatriz Serrano en la aclamada novela *El descontento*. Ese comentario de la protagonista refleja perfectamente el sentir de muchos en las oficinas actuales. Para evitar esa frustración, siempre, siempre, antes de convocar nada, conviene preguntarse: ¿podría esta reunión resolverse con un correo electrónico o un documento compartido? Sin embargo, para proponer una solución más estructural hay que redefinir de base para qué tenerlas y cuándo, haciéndose algunas de las siguientes preguntas:

Para qué (propósito):

¿Para qué la hacemos?
¿Quiénes son las personas esenciales que deben estar?
¿Cuál es el objetivo a conseguir?

Cuándo:

¿Debemos tener reuniones todos los días?

¿Pueden ser a todas horas?

¿Cuál debería ser la duración por defecto?

¿Para qué la hacemos? El psicólogo organizacional estadounidense Adam Grant resume en cuatro las razones por las cuales reunirse: para decidir, aprender, establecer vínculos y para hacer. «Si no tiene ninguno de estos propósitos, cancélala», sentenció en uno de sus populares posts de la red social X.[24] Hay que ser aún más cautos con los encuentros virtuales. Cerca del 30 por ciento de las videoconferencias implican multitarea, según un estudio de 2021 de la Universidad de Stanford. En él se constataba que las actividades que requieren análisis y creatividad suelen dársenos mejor por la mañana. Por tanto, para conseguir que la gente preste más atención, los autores recomiendan que las reuniones remotas sean cortas, con pocas personas y hacerlas por las tardes.[25]

¿Quiénes son las personas esenciales que deben estar? Antes de convocar una reunión, puede ser útil hacer una mínima reflexión para dividir a los asistentes en tres grupos: 1) aquellos que son esenciales y tienen que estar durante toda la reunión, 2) los que solo son necesarios en algún momento puntual (y se pueden perder el resto) y 3) los que solo necesitan el resumen. En función de esto, se realizan tres tipos de convocatorias, lo cual ayudará a cada individuo a priorizar los encuentros en los que verdaderamente aportan valor.

¿Cuál es el objetivo a conseguir? Rogelberg recomienda ir más allá de tener un orden del día (que suele ser la recomendación por excelencia para que una reunión sea eficiente). «En lugar de plantear tu agenda como un conjunto de temas a tratar, considera enfocarla como un conjunto de preguntas que necesitan ser respondidas. Al hacerlo, quien lidera la reunión realmente debe preguntarse: ¿Por qué nos estamos reuniendo?», explicaba en el pódcast *WorkLife* con Adam Grant.[26] Así es fácil identificar a las personas imprescindibles: aquellas que contribuyen a resolver esas preguntas. Además, esta técnica ayuda a saber en qué momento termina el encuentro: cuando ya se han obtenido las respuestas.

¿Debemos tener reuniones todos los días? Una fórmula probada, y que funciona para frenar los excesos, es ***prohibir las reuniones totalmente uno o varios días a la semana***. La empresa de software estadounidense Asana lleva más de una década implementando exitosamente su regla de los «miércoles sin reuniones» (*No Meeting Wednesdays*). La cumplen religiosamente, salvo en casos excepcionales, sus más de cien empleados: diseñadores, programadores, los trabajadores que tienen contacto con el cliente... y sobre todo los jefes. «Siempre estoy viendo maneras de tener menos reuniones», explicaba en 2021 en una entrevista Dave King, su entonces Chief Marketing Officer (director de márquetin). Para él, los miércoles eran el «mejor día de la semana».[27]

Desde la organización han asegurado numerosas veces públicamente que la norma ha impactado positivamente en su productividad, en cuanto al número de tareas completadas y trabajo realizado. «Tener un día enfocado es una manera sencilla y efectiva de hacer que los equipos se energicen, que se orienten en lo que tienen o quieren hacer, y sentir que, al menos una vez por semana, el día no está dirigido por la agenda», remarcan en su blog interno.

Medidas como esta no son tan solo implementadas por compañías de software estadounidenses. Profesores de varias universidades británicas, entre ellas las de Reading y Newcastle, así como la francesa Escuela de Negocios NEOMA, publicaron un popular artículo a principios de 2022 sobre «el sorprendente impacto de los días sin reuniones». Para elaborarlo, habían entrevistado a setenta y seis compañías de más de mil empleados cada una y con operaciones en más de cincuenta países que habían puesto en práctica la política el año anterior. Aproximadamente la mitad de ellas había conseguido reducir las reuniones en un 40 por ciento prohibiéndolas dos días a la semana. Otras, incluso se habían atrevido a ampliar a tres o cuatro días, y en algún caso aislado, directamente ya no hacían, lo cual desaconsejaban los autores.[28]

La combinación más efectiva resultó ser tres días sin reuniones. Aun así, independientemente del número de días sin ellas, en todos los casos, los empleados manifestaban mejoras en autonomía y cooperación, así como reducción de estrés y microgestión. Claramente, cuando uno tiene menos tiempo, se vuelve mucho más selectivo a la hora de usarlo.

La elección del día de la semana a bloquear depende de las circunstancias de cada organización. Si bien a Asana le funcionan los miércoles, a mí me va bien liberar los lunes y los viernes. Los lunes suelen ser considerados los días más odiados para reuniones (algo que secundo).[29] También está demostrado que los viernes, sobre todo por la tarde, cae la productividad, con lo que algunos expertos recomiendan instaurar los ***Focus Fridays*** (o ***viernes de foco***), es decir, dejarlos libres para que los empleados trabajen concentrados en sus tareas clave antes del fin de semana.[30] Tanto el lunes como el viernes son los días más habituales para teletrabajar en España, por lo que tendría sentido mantenerlos sin encuentros y así potenciar la asistencia presencial el resto de la semana.

En cualquier caso, la idea de tener días sin reuniones no parece haber calado mucho entre las empresas de nuestro país o, al menos, las que lo ejecutan no lo publicitan tanto como las estadounidenses. Podemos encontrar en alguna noticia en medios casos puntuales de esfuerzos para disminuir su número y otras medidas similares. Por ejemplo, según informa *El Periódico*, el BBVA reforzó su plan de conciliación digital tras el covid-19 recomendando compartir previamente la agenda, limitarlas a cuarenta y cinco minutos y marcar como opcionales a los asistentes no esenciales.[31]

En 2023, *El País* contaba que Repsol, dentro de un proceso de redefinición de su modelo de trabajo híbrido, se planteaba cómo hacer las reuniones más eficientes. Decidieron reservarlas solo para lo que no se pudiera hacer de manera asíncrona y que tuvieran una duración de treinta minutos. Fuentes de la compañía declaraban para el periódico que, con estas acciones, buscaban «liberar tiempo de la agenda para un mayor equilibrio laboral-personal».[32]

¿Pueden ser a todas horas? Abordar la «fatiga de Zoom» fue una de las primeras decisiones de Jane Fraser tras convertirse en Chief Executive Officer (consejera delegada) de Citi, en el top 15 de los bancos más grandes del mundo con 210.000 empleados. «Todos estamos sintiendo el agotamiento», les decía en la comunicación interna enviada el 22 de marzo de 2021, según *The New York Times*. En ella autorizaba a no encender la cámara en ninguna de las reuniones internas los viernes. Podrían hacerlas por teléfono o solo por audio. Eso sí, las videoconferencias se mantenían de manera externa, con clientes y reguladores. Es muy valioso que iniciativas como estas se difundan y cuenten con el respaldo de los niveles más altos de una corporación. Sin este tipo de apoyos, las mejoras suelen fracasar. Unos meses más tarde, presentaba otras dos medidas: las reuniones pasaban a ser por defecto de cuarenta y cinco minutos e instauraron la «hora para tomarse un respiro» (*Take Time To Breathe Hour*), de 12 a 13 h de cada país, una hora libre de llamadas y reuniones al día.[33]

El hecho de que uno de los mensajes de una CEO venga a decir: «Por favor, respetemos la hora de la comida sin reuniones» es un síntoma de lo extendido que está el problema. También muestra que una de las posibles soluciones es prohibir los encuentros solo durante ciertas horas del día.

En mis trabajos con personas en diferentes partes del mundo me ha sido útil acordar una ***franja de superposición horaria*** en la que estamos disponibles para vernos si hace falta. Incluso trabajando en el mismo país, no está de más establecer hasta cuándo se pueden tener reuniones, para evitar ponerlas fuera del horario laboral.

¿Cuál debería ser la duración por defecto? La cantidad de encuentros no es la única cuestión a resolver; es igualmente relevante revisar su duración. Fijar que por defecto —y para todos los empleados— esas reuniones sean de cuarenta y cinco minutos, como hicieron Citi o el BBVA, ayuda, potencialmente, a tener una pausa y hacer una transición entre una tarea y otra. Tener reuniones seguidas sin descanso causa un efecto devastador sobre nuestra energía y concentración, como demostró Microsoft en un experimento en 2021.[34]

En él, se midió la actividad mental de catorce personas durante cuatro reuniones de media hora. Durante una semana las realizaron seguidas, una tras otra. A la semana siguiente, con paradas de diez minutos entre ellas, que aprovechaban para meditar. La diferencia era abismal: con las pausas reducían sus niveles de estrés, ganaban foco y tenían mayores niveles de interacción. Así que, cuando se trabaja a nivel digital, parar regularmente a lo largo de la jornada se convierte en doblemente importante y poderoso.

Si las reuniones deben durar una hora, otra opción es dejar un tiempo entre una y otra. ¿Quién dijo que todas tienen que empezar a la hora en punto? ¿Por qué no unas a y 15, otras a y 30 y otras a y 45, por ejemplo? Eso sí, para poder tomarse una pausa hay que tener la conciencia tranquila de que no pasa nada si desapareces unos minutos, y esto no siempre es tan fácil como parece.

Promover el foco en el trabajo, acción 3: redefinir lo urgente

Urgentitis: el problema

«Yo no puedo estar desconectado», me han dicho muchas veces en mis formaciones. «En mi trabajo tenemos que responder rápidamente a todo.» Y yo suelo preguntar de vuelta: «¿Esto es algo que tú crees o que te han pedido tus jefes explícitamente?». Por supuesto, hay organizaciones en que la toxicidad es tal que la respuesta es: «Mis superiores me lo exigen», pero muchas veces es una cuestión de expectativas autoimpuestas. En cualquier caso, tener esta creencia es bastante común.

La aplicación de correo electrónico Superhuman hizo una encuesta en 2021 a mil trabajadores del conocimiento, la mitad de los cuales trabajaba desde casa y la otra mitad en la oficina. Al menos uno de cada dos sentía que tenía que responder al email en treinta minutos o menos: daba igual si el remitente era un cliente externo, un compañero o compañera, o su jefe o jefa (aunque en este caso, la cantidad de personas que sentía que tenía que responder tan rápido era aún mayor). Y si el mensaje venía por chat, la cifra subía a cuatro de cada cinco.[35]

Pensar que tenemos que contestar en menos de treinta minutos (y también sacar el trabajo adelante) es completamente quimérico. Por sentido común y por pura matemática. Las estimaciones de 2019 ya indicaban que el trabajador promedio recibía unos 126 correos electrónicos laborales al día, lo que podrían ser unos dieciséis cada hora, o uno cada cuatro minutos. Es por eso por lo que responder por tandas es más eficiente.[36]

Para desmontar esta arraigada creencia de que «tengo que estar siempre disponible», la clave está en preguntarse: ¿es esto verdad? Si te lo cuestionas seriamente, lo más probable es que empieces a encontrar matices que te harán difícil dar un «sí» rotundo, y que dependerán de tu situación:

¿Es esto verdad para todo el mundo? ¿O depende de si la persona que me escribe es un compañero, una cliente o mi jefa?

¿Es esto verdad para todos los mensajes? ¿O hay unos cuyo contenido indica que son más prioritarios que otros?

¿Es esto verdad a todas horas? ¿O la dinámica cambia, sobre todo fuera del horario laboral?

Urgentitis: la solución

El primer paso es saber distinguir entre urgente (aquello que reclama atención inmediata y no puede esperar) e importante (aquello relevante —para nuestros objetivos, valores o resultados— pero que no exige una respuesta inmediata). Entendido esto, se pueden aplicar diferentes soluciones para cada caso.

Todo el mundo no es igual: Es perfectamente normal que algunas personas sean más prioritarias que otras y sus mensajes requieran ser atendidos más rápidamente. Para poder hacerlo de manera eficiente, lo primero es reconocer, sin culpabilidad, cuál es esa jerarquía para poder actuar en base a ella. Con esto no me estoy refiriendo solo a cargos. Puede que en este momento tengas que priorizar a los compañeros —con una posición igual o similar a la tuya— con los que trabajas en un proyecto con una fecha de entrega cercana. Si verdaderamente sientes que tienes que estar disponible para responderles en poco tiempo, puedes, por ejemplo, crear una ***regla en el correo*** que te ponga sus emails en una carpeta de «urgentes» o puedes hacer que se te marquen con un color específico que te ayude a visualizar fácilmente que ha entrado algo suyo.

Cada mensaje requiere de una premura distinta: La urgencia es una cuestión de perspectiva en el mundo de la comunicación digital. Así lo demostraba el artículo titulado «You don't need to answer right away! Receivers overestimate how quickly senders expect responses to non-urgent work emails» (¡No tienes que responder inmediatamente! Los receptores sobreestiman lo rápido que los remitentes esperan respuestas a los correos electrónicos de trabajo no urgentes), escrito por Laura M. Giurge y Vanessa K. Bohns de la London Business School y la Universidad de Cornell, respectivamente. Al no quedar claro para cuándo había que responder, la persona que recibía el correo tenía margen para interpretar libremente y solía pensar que tenía que hacerlo más rápido de lo que esperaba el que lo enviaba. El resultado era que en un lado se elevaba el estrés, mientras que en el otro no se era consciente de ser la causa de ese malestar. Las investigadoras invitaban a trabajar activamente contra lo que denominaron el ***sesgo de la urgencia del correo electrónico***, ya que, con pequeños ajustes por parte del remitente, se conseguía aumentar la sensación de bienestar del receptor.[37] «Los otros simplemente no saben cuándo tus peticiones no son urgentes —decían—. Al igual que harías en un email urgente, considera ***explicitar tus expectativas*** sobre la rapidez de la respuesta con una simple nota en el email.»

Esa indicación puede estar en la línea del asunto o dentro del cuerpo del correo. El objetivo es dejar claro si se requiere una acción del receptor y para cuándo. Hay que evitar términos imprecisos como «lo antes posible». Y si el remitente no lo indica, no tengas reparos en responder para aclarar cuándo lo necesita. Otra manera de dar permiso a una respuesta más lenta es poner una nota que siempre aparezca al final de tus correos, tras tu firma, y que diga: «Mi horario de trabajo puede no coincidir con el tuyo. Por favor, no te sientas en la obligación de responder fuera de tu horario laboral».

También podemos modelar el comportamiento con nuestras reacciones, sobre todo en situaciones no urgentes. Hay un mensaje que recibo muy repetidamente y que me saca de quicio cada vez que lo leo: «Disculpa que te esté respondiendo tan tarde». No me molesta la disculpa en sí, sino que normalmente suele llegar cuando tan solo han pasado horas desde mi mensaje original a esa persona. «No, no te disculpo», le digo. Puede sonar borde, pero es justo lo contrario: es porque no hay nada que disculpar. «Estoy segura de que había otras cuestiones más urgentes para ti que mi petición, que no lo era. No te preocupes», suelo aclarar. Y me lo suelen agradecer. Pienso que, si podemos mitigar las angustias innecesarias en el trabajo, mejor.

No somos una tienda 24 horas: Y, por tanto, la expectativa de respuesta debería ser diferente dentro y fuera del horario laboral. Para empezar, porque en algunos países, como España, existe el ***derecho a la desconexión digital***, que establece que las personas no tienen que conectarse a ningún dispositivo digital de carácter profesional durante sus periodos de descanso. Para garantizarlo, se recomienda tener normativas internas que especifiquen cómo se va a respetar este derecho en la práctica, así como indicar las pautas para los que tienen plus de disponibilidad. Otra manera de proceder es dar un ***teléfono corporativo***, de la misma manera que se facilita un portátil para trabajar en remoto. Esto ayuda a separar la vida personal y la profesional y es especialmente recomendable para empleados con trabajos dinámicos, que realizan tareas vinculadas a la gestión y coordinación.

A la vez, entiendo lo común que es que mientras estás cenando o viendo una serie por la noche se te ocurra algo para el día siguiente y quieras comunicarlo antes de que se te olvide (¡a mí me pasa a veces!). Si el asunto no es urgente, un simple mecanismo para respetar el espacio de descanso de los empleados es ***programar el envío del correo*** para que llegue al día siguiente. Es rápido: son dos o tres clics en la mayoría de los proveedores (como Gmail o Outlook). Eso sí, si lo usas mucho es recomendable que establezcas diferentes horas de llegada para no producir agobio con una avalancha de mensajes programados.

Proteger el descanso fuera del trabajo: evitar las intrusiones digitales

El problema

No poder desconectar cuando se acaba la jornada laboral es una de las mayores preocupaciones de nuestro tiempo. Nos pasa por múltiples motivos, desde los más positivos a los más negativos. Tal vez nos apasione lo que hacemos y sigamos pensando soluciones en todo momento. También puede que recibamos y atendamos mensajes profesionales fuera de horario. O quizás nuestra lista de tareas sea tan inabarcable que no dejemos de pensar en todo lo que nos queda por hacer. Uno de cada tres empleados dice que le es imposible mantenerse al día con el ritmo de trabajo, según la encuesta global Work Trend Index de 2025 de Microsoft.[38]

Ya en 1948, la Declaración Universal de los Derechos Humanos reconoció que «toda persona tiene derecho al descanso, al disfrute del tiempo libre, a una limitación razonable de la duración del trabajo»,[39] pero la digitalización ha hecho saltar por los aires esta idea. La oficina está con nosotros en casa, en el baño o en la playa, a través de nuestro teléfono móvil, y nos pueden llegar correos electrónicos o chats a todas horas. Ocho de cada diez trabajadores afirmaron recibir comunicaciones laborales fuera de su horario, según un informe de Eurofound que analizaba datos de cuatro países, incluido España.[40] Por ello, hoy en día decenas de países reconocen legalmente el derecho a la desconexión digital, que se podría decir que es la versión 2.0 de la protección del derecho al descanso.

La preocupación por los efectos negativos de la tecnología a la hora de establecer límites entre vida personal y trabajo comenzó a tomar fuerza a principios de la década de los 2000 en Francia, con varios casos en los tribunales que planteaban si los empleados debían o no estar disponibles para la empresa fuera del horario laboral y si eso constituía causa de despido. También se empezó a generar preocupación sobre el estrés que causaba la conectividad constante y esto abrió el debate sobre la necesidad de proteger a los trabajadores. Sin embargo, tuvo que ocurrir un escándalo para que el tema fuera tomado en serio.

Fue a raíz de una ola de suicidios en France Télécom. Entre 2008 y 2009 al menos 35 empleados se quitaron la vida movidos por una serie de tácticas de acoso moral o *mobbing* para forzarlos a renunciar voluntariamente. El caso acabó en los tribunales, que condenaron a prisión a varios ejecutivos de la compañía, incluido el CEO, por «acoso psicológico institucional». Lo ocurrido desencadenó un profundo debate en el país sobre cómo la tecnología digital contribuyó a crear un entorno nocivo de presión y exigencia constante.[41]

En los años posteriores se fueron haciendo avances de concienciación y normativos y, el 1 de enero de 2017, entró en vigor en Francia una ley que reconocía, por primera vez en la historia, el derecho a la desconexión digital. Si bien la legislación lo establecía como un derecho individual de los empleados, se atribuía a la empresa la obligación de implantar medidas para garantizarlo.[42] Uno de los primeros países en seguir a los franceses fue España (Ley Orgánica 3/2018) y también se ha ido replicando en otros, entre ellos Australia, Bélgica, Croacia, Grecia, Irlanda, Portugal, Eslovaquia, Chile, Corea del Sur o Filipinas.[43]

El quid de la cuestión es que muchas de estas leyes, entre ellas la española, dejan en manos de la empresa decidir cómo hacerlo y explicitarlo en una política interna, y las multas por incumplir son irrisorias, con lo que al final muy pocas lo llevan a la práctica.[44]

La solución

La cantidad de herramientas digitales en los entornos laborales actuales es tal que se generan situaciones caóticas en que un mismo mensaje te puede llegar por cuatro o cinco canales diferentes (email, Teams, llamada, WhatsApp ¡y paloma mensajera si es necesario!). ¿A quién no le ha llegado el típico mensaje que dice «te he mandado un correo electrónico»? Por no hablar de esos correos con copia a toda la oficina que acaban inundando la bandeja de entrada con gente que responde a todos solo para decir «Gracias».

Con tanto bombardeo de información y canales posibles, nos acabamos perdiendo cosas. Y, por otro lado, el no saber diferenciar por dónde llegará lo urgente dificulta la desconexión por las noches, los fines de semana y durante las vacaciones. Es como tener en casa una gran caja con herramientas mezcladas: para encontrar la que queremos tenemos que irlas sacando una a una hasta tener suerte. ¿No sería mucho más fácil si cada una estuviera fácilmente visible y con un letrero de para qué sirve?

El equivalente de esto en el mundo tecnologizado es establecer un ***marco de comunicación digital***, es decir, tener un acuerdo colectivo de comportamiento en el que se da claridad a los empleados sobre qué se espera de ellos, cuándo y por dónde. A su vez, se trata de establecer pautas que ayuden a entender la conducta deseada (conocida como ***netiqueta***). Por ejemplo, se pueden incluir recomendaciones para lidiar con correos masivos sin generar sobrecarga (pista: responde solo a la persona en cuestión).

Este proceso es menos burocrático y más ágil que implementar una normativa acorde con la legislación. Así, es un gran primer paso para abordar el asunto de manera práctica. Eso sí, será más o menos sencillo dependiendo del tamaño de la plantilla y de la naturaleza de sus actividades. Las situaciones más complejas de coordinar se dan en las organizaciones que trabajan a nivel global y en las que el trabajo es colaborativo (como en las multinacionales o mi antiguo trabajo en el ICIJ). Aunque lo ideal es que las reglas funcionen en toda la empresa, en muchas ocasiones empezar por ahí no es práctico: es mejor probar en uno o varios equipos para ver qué funciona antes de escalar a toda la compañía.

Antes de instaurar nada, el primer paso es prestar atención y comprender a los miembros del equipo y sus necesidades. Los mandos directivos serán quienes tomen la decisión final sobre las pautas del marco de comunicación digital. Sin embargo, diseñar una estrategia de arriba abajo, sin ningún tipo de escucha, acabará en fracaso. Para que las personas se sientan involucradas y puedan hacer aportaciones es bastante efectivo organizar una o varias reuniones. Además, hablar del tema ayudará a limar asperezas y generar empatía. Otra opción es realizar una encuesta con opiniones anónimas (y quizás más libres).

Es importante no olvidar que el objetivo de estas conversaciones es identificar: 1) qué canales son más útiles para qué tipo de mensajes, 2) cuál es la expectativa de respuesta de cada uno y 3) cómo resaltamos lo que es urgente, tanto en horario laboral, como fuera de él. De ahí, se establecen acuerdos explícitos que las personas involucradas deben conocer y seguir, y que ayudarán a mejorar la ***comunicación interna***. Porque si todos los canales sirven para lo mismo, reina el caos. Y si cada uno tenemos unas reglas, pero no las comunicamos y acordamos con los demás, se pueden vivir películas diferentes.

El *burnout* suele abordarse como un problema de gestión emocional o de resiliencia personal, pero si algo hemos visto a lo largo de estas páginas es que, en realidad, se gesta y se perpetúa en sistemas mal comunicados: mensajes contradictorios, expectativas implícitas, urgencias mal definidas, silencios estratégicos... La comunicación interna actúa como el sistema nervioso de la organización: si falla, el cuerpo entra en estrés constante. En muchas ocasiones, tu agotamiento no se debe a que no sepas gestionarte, sino que se puede deber a trabajar en un entorno que no cuida cómo se comunica. Si algo hemos experimentado todos es que la incertidumbre sostenida genera más desgaste que el exceso de trabajo puntual. La comunicación interna clara explica decisiones y contextualiza cambios, lo cual rebaja el estrés cognitivo y emocional de forma directa. A ella deberían aspirar todas las empresas.

Una de las maneras más sencillas de representar estos acuerdos es la propuesta por Martina Rua y Pablo Fernández en el libro *Cómo domar tus pantallas: Claves para el détox digital y el bienestar en la era conectada*. Ambos son periodistas y proponen estructurar la manera de comunicarse con el equipo siguiendo la tradicional pirámide de comunicación, en la que la información más relevante va al principio y la menor al final. Siguiendo este esquema, sugieren dividir los canales de comunicación en tres categorías: si la información es urgente (debe responderse al momento), importante (en el día) y si puede esperar más de 24 horas.[45]

Por ejemplo, en tu equipo podéis acordar que si urge algo os vais a llamar por teléfono; que para las comunicaciones ágiles en horario de trabajo usaréis el chat de la aplicación corporativa, como Teams, Gchat o Slack, y que si puede esperar un día o más, os mandaréis correos electrónicos. Esto ayudará a mitigar el agobio de tener que estar revisándolos continuamente «por si pasa algo». En este caso, para estar tranquilo durante un bloque de trabajo profundo o fuera del horario laboral, bastaría con mantener el móvil con sonido. Y si no es tu teléfono personal, sino el de empresa, mucho mejor.

No hay una única fórmula que sirva a todas las organizaciones por igual. Puedes ajustarla a tu contexto específico. En el periodismo, es muy importante estar en contacto con las fuentes, aquellas personas que te nutren de información para tus noticias. Cuando enseñé el marco de comunicación digital al equipo de investigación de *The Guardian*, ellos decidieron marcar reglas menos restrictivas para el contacto con las fuentes que para sus comunicaciones internas. En otras profesiones, el equivalente podría ser establecer comportamientos diferentes en el trato con clientes externos que entre compañeros.[46]

Tampoco hay que considerar esos acuerdos como algo estático y que funcionará perfectamente desde el minuto uno. Por eso, es fundamental contar con un mecanismo de rendición de cuentas que permita revisitarlo periódicamente. Las reuniones mensuales del departamento pueden ser un buen momento. Y por último: los jefes y las jefas deben ser los más estrictos cumpliéndolo y no mandar señales contradictorias. Frases bienintencionadas como «Escríbeme por donde prefieras y a cualquier hora, que yo respondo» ponen en duda lo acordado. Indirectamente, muestran al empleado que debe hacer lo mismo.

Si eres autónomo o autónoma, establecer tus propias normas también puede resultarte útil. Existen distintas maneras de comunicar tus límites con elegancia. Una opción sencilla es incluir tu horario laboral o tus preferencias de comunicación en la firma de tus correos para que aparezca automáticamente en cada mensaje. Si usas WhatsApp, otra opción es pasarte a WhatsApp Business y configurar respuestas automáticas que indiquen cuándo estás disponible o qué hacer si es una urgencia.

En mi caso, me llevé una sorpresa al ver que una de las medidas que mejor me funciona para proteger mi descanso es usar un software para el registro horario. Aunque en España este control es obligatorio en las empresas, no lo es para los *freelance*. A mí me ayuda a no alargar excesivamente mi jornada y evita que me sienta culpable por no responder si ya he cumplido las horas previstas del día. De paso, me ha permitido ser más eficiente y consciente de cómo utilizo mi tiempo.

Una última recomendación que a mí me hace mucho bien: al menos una vez al mes apago el móvil durante un día, es decir, hago ***ayuno digital***. Tomé la idea de la artista y pensadora Tiffany Shlain, que popularizó el concepto del «Tech Shabbat». Inspirándose en el *sabbat* judío, ella propone un día a la semana en el que desconectarse voluntariamente de dispositivos digitales, tales como teléfonos, ordenadores y redes sociales. El objetivo es recuperar la atención, el descanso mental y la conexión con uno mismo y con los demás. En el mundo de estímulo constante en el que vivimos, estar veinticuatro horas sin ningún tipo de interrupción digital y vivir la vida tal cual ocurre me resulta completamente restaurador.[47]

La epidemia silenciosa

La masiva fatiga digital durante la crisis sanitaria del covid-19 fue apenas el primer síntoma de algo mucho más profundo. El aislamiento, la incertidumbre, la intensificación del trabajo y la disolución de las fronteras entre vida personal y profesional crearon el caldo de cultivo perfecto para un deterioro generalizado de la salud mental, una epidemia silenciosa. Esto tuvo un efecto directo en el mundo laboral: desde 2020 hasta 2024, las bajas médicas por este motivo en España aumentaron un 72 por ciento y alcanzaron la cifra de 643.681 en 2024, según el diario *El País*, que citaba datos del Instituto Nacional de la Seguridad Social.[48]

La pandemia no creó el problema, pero sí lo hizo imposible de ignorar. La Organización Mundial de la Salud estima que cada año se pierden 12.000 millones de días de trabajo a nivel global debido a la depresión y la ansiedad, lo que cuesta a la economía mundial un billón de dólares anualmente (unos 850.000 millones de euros al cambio de finales de 2025).[49]

En nuestro país, un acto desafortunado puso el foco político y mediático sobre el asunto. Ocurrió en marzo de 2021 en un Congreso de los Diputados lleno de mascarillas. El entonces portavoz de Más País Íñigo Errejón le pedía al presidente Pedro Sánchez en sesión de control un plan más ambicioso para la atención psicológica. «Que alguien te acompañe o te eche una mano cuando lo estás pasando mal no puede ser un lujo para quien se lo pueda pagar», dijo. Al bajar su micrófono, Carmelo Romero, un diputado del Partido Popular, le gritó: «¡Vete al médico!». Esas tres torpes palabras causaron un revuelo y una indignación tal que este no solo tuvo que pedir disculpas por la salida de tono, sino que el tema se quedó como prioritario en la agenda política. Para finales de aquel año, el gobierno aprobó la primera estrategia de salud mental en doce años con el respaldo de todas las comunidades autónomas.[50]

A escala mundial, el debate se inició ese verano en los Juegos Olímpicos de Tokio 2020, que se habían pospuesto un año. La superestrella de la gimnasia artística Simone Biles, de veinticuatro años, decidió renunciar a varias competiciones por salud mental. «Simplemente es horrible cuando estás luchando contra tu propia mente», explicó a los reporteros. Biles sufrió un episodio de lo que se conoce como *twisties*, una falta de sincronización entre el cuerpo y la mente, que atribuyó a los altos niveles de estrés. De una manera inesperada para ella, con esa acción ayudó a visibilizar y normalizar el asunto.[51]

Desde entonces, ha habido decenas de casos de personas conocidas que han contado abiertamente sus dificultades en este ámbito. El rapero El Chojin plasmó de una manera preciosa la importancia de tratarlo como cualquier otro asunto de salud: «No es egoísmo. Es mi salud, simplemente lo necesito, tengo que tratarme con más mimo». Sin embargo, el estigma que genera hablar de ello o pedir ayuda sigue siendo fuerte. Según la campaña #InThisTogether, lanzada en octubre de 2024 por la Comisión Europea, el 50 por ciento de los trabajadores considera que revelar un problema de salud mental tendría un impacto negativo en su carrera.[52]

De una manera extraña, todas esas circunstancias sociales me ayudaron a reconciliarme con mi pasado. Durante mucho tiempo odié el Pulitzer por todo lo que sufrí para conseguirlo. Además, ¿qué sentido tenía haberlo ganado si ya no iba a hacer periodismo? En diciembre de 2021, la revista *Forbes* me incluyó en la lista «Top 50 Awarded Spaniards», el ranking de los españoles que han cosechado más premios, medallas y galardones fuera del país en los últimos cinco años. Mi nombre aparecía junto al de estrellas como Alexia Putellas, Ferran Adriá, Rafael Nadal y Penélope Cruz.[53] En la gala de presentación vi claro que ese prestigio que había adquirido con el premio sería un importante respaldo para dar voz a un asunto que normalmente se vive en secreto. «No tengo ganas de hablar del Pulitzer con vosotros, tengo ganas de hablar del coste que tiene el éxito», dije. Mencioné que el día anterior la actriz Verónica Forqué se había suicidado y compartí que yo había tenido un *burnout*. Y añadí: «Tenemos que dejar de estigmatizar los asuntos relacionados con la salud mental».

Comprendí que había emprendido el ***camino del héroe***. Así se llama una estructura narrativa universal presente en novelas como la *Odisea*, *Alicia en el País de las Maravillas* o *El Señor de los Anillos*. En ella, la persona protagonista abandona su mundo ordinario, se enfrenta a pruebas en un mundo especial con ayuda de aliados, atraviesa una transformación y regresa a su lugar de origen con nueva sabiduría. En ese punto estaba yo: la protagonista de mi historia estaba volviendo a casa. Era la misma, pero estaba cambiada. Y como mi transformación había ocurrido a diferentes niveles, no solo podía ayudar a otros como experta en bienestar digital, sino también como activista de salud mental.

Como si un guionista estuviera escribiendo mi vida, pasados unos meses recibí una llamada. El programa «El Intermedio» quería entrevistarme de nuevo. Tenían una nueva sección llamada «Cuéntalo», en la que diferentes personas compartían sus experiencias con asuntos como la depresión o el suicidio. Querían que yo lo hiciera con mi vivencia del síndrome del trabajador quemado. El reportaje salió al aire el 10 de octubre de 2022, Día Mundial de la Salud Mental. Ese día no tuve un sentimiento agridulce como cuando fui a hablar de los Papeles de Panamá, seis años y medio antes. En esta ocasión, el pensamiento que retumbaba en mi cabeza era: «Si el éxito sirve para esto, ha merecido la pena».

AUTOINVESTIGACIÓN: LA MENTE

Ha llegado el momento de enfrentarte a tu «mente mono», distraída por el bombardeo digital:

- ¿Qué te provoca la frase de la canción de El Chojin que abre el capítulo? ¿Cuidarse es egoísmo? Este puede ser un buen tema para tu próxima cena con amigos.
- ¿Cómo viviste el confinamiento? ¿Qué cuestiones positivas recuerdas de aquel momento histórico? ¡Cuídate! Si te resulta muy desestabilizador pensar sobre ello, pasa al siguiente punto.
- Súmate a la causa de la digitalización saludable y actúa para acabar con los tres males que nos impiden promover el foco en el trabajo. Estas preguntas son para ti, pero se las puedes pasar a tu jefe/a de mi parte. Y si ocupas un cargo de gestión, es de vital importancia que realices esta reflexión.
    1. Minimiza las interrupciones: ¿Cómo puedes agendar más periodos de trabajo profundo? ¿En qué momentos de tu jornada podrías evitar la multitarea?
    2. Reduce el número de reuniones: Esta semana, ¿qué reuniones podrías hacer solo con audio o caminando? ¿Sería posible para ti dejar un día entero sin encuentros virtuales? En las reuniones que propongas, piensa si hay más personas invitadas de las que deberían estar y libera a los que no sean esenciales.
    3. Redefine lo urgente: Todo el mundo no es igual de importante, cada mensaje requiere una prisa distinta y tienes derecho a la desconexión digital. ¡No te sientas culpable por ello! Proponte programar el envío de todos los correos que mandes una vez acabado el horario laboral.
- Recuerda proteger tu descanso fuera de la jornada de trabajo. Si no tienes un marco que aclare las expectativas y acuerdos de comunicación digital con tu equipo, sugiérelo. Pide un teléfono corporativo si no lo tienes: te he dado bastantes argumentos que te servirán en la negociación. Y anímate a probar los ayunos digitales.

9
LA COMUNIDAD

El próximo Buda podría tomar la forma de una comunidad.

THICH NHAT HANH

Estábamos sentadas encima de la esterilla en la postura fácil (sukhasana): con las piernas cruzadas de forma relajada y la espalda erguida. Mirábamos hacia el frente de la sala, pero teníamos los ojos cerrados. Eran los minutos finales de una clase de yoga de una hora en un centro de Aguadulce a escasos metros del apartamento de mis padres. Como suele ser habitual en esta práctica, esa mañana solo habíamos asistido mujeres, una decena. La profesora, Victoria, nos propuso hacer un ejercicio.

Te invito a transportarte conmigo a ese momento y que te conviertas en una persona más de la experiencia.

«Piensa en las cinco personas a las que más quieres», dijo Victoria. ¡Hazlo con nosotras! ¿Quiénes te vienen a la mente?

Recuerdo la sensación de quedarme muy a gusto y tranquila con mi respuesta. Hace tanto que ya no sé exactamente quiénes fueron, pero, haciendo un poco de memoria, podrían ser perfectamente: mi madre, mi padre, mi hermana, mi primo Miguel y mi amiga Elsa, con la que estudié arte dramático y que está ahí cada vez que la necesito.

Tras darnos unos segundos para reflexionar, la instructora nos sugirió que abriéramos los ojos y preguntó: «¿Alguna de vosotras se ha puesto en la lista?». Yo, claramente, no. Tampoco lo hizo ninguna de las otras alumnas. ¿Y tú?

Se me cerró el estómago. ¿Cómo podía ser que me hubiera olvidado de incluirme a mí misma? Desde entonces, no he vuelto a cometer el error: me pongo la primera en todas mis listas, empezando por la de tareas diarias. Teletrabajar y tener un horario flexible me ha ayudado a crear una rutina que me funciona: aprovecho el principio de mi jornada para hacer algo que me gusta o me viene bien, como meditar, practicar yoga o ir al gimnasio; desayuno sin prisas y después enciendo el ordenador y comienzo a trabajar. Siempre que puedo, me agendo reuniones a partir de las 11, así me da tiempo a empezar a mi ritmo, no al de los demás. En la mesa tengo un tarjetón amarillo que creamos en The Self-Investigation con este recordatorio: «Eres más importante que tu trabajo». Entiendo que no todo el mundo tiene las mismas opciones de organizarse el horario laboral. Si es tu caso, piensa en qué cosa puedes hacer cada día por ti, por mínima que sea, que te haga sentir que tú también eres tu prioridad.

Hay una metáfora muy visual para entender la importancia de esto. Imagina una jarra colmada de agua, que va llenando un vaso, y luego otro, y otro. ¿Qué ocurre si sigue vertiendo su contenido sin parar? Que se queda vacía. Y entonces, ya no puede servir más. Esto nos suele pasar a muchos, que nos volcamos tanto en nuestras familias, nuestros amigos, en los eventos sociales o en nuestro trabajo, que llega un punto en el que no podemos estar al servicio de los demás. Y, sin embargo, aquí está la paradoja: las relaciones humanas son uno de los factores más determinantes para el bienestar y la salud. Las necesitamos para estar bien.

Esta idea no viene de una frase positiva en una taza de Mr. Wonderful. Es la conclusión de uno de los estudios más extensos sobre la vida adulta que se haya realizado jamás. En 1938, investigadores de la Facultad de Medicina de la Universidad de Harvard se propusieron seguir la vida de 268 alumnos que empezaban sus carreras en esa universidad. En paralelo, estudiaron a 456 jóvenes que crecían en barrios desfavorecidos de Boston, la ciudad de enfrente, al otro lado del río. Siguieron la vida de estos 724 hombres hasta su muerte, preguntándoles de manera regular sobre sus vidas. Normalmente les contactaban cada dos años y recogían información a través de cuestionarios, analizando sus informes médicos o grabándoles mientras hablaban con sus esposas sobre sus principales preocupaciones.[1]

«El mensaje más claro que obtenemos de este estudio de setenta y cinco años es el siguiente: las buenas relaciones nos mantienen más felices y más saludables. Punto», contó en 2016 en una charla TEDx el director del estudio, Robert Waldinger. Era el cuarto en haber ocupado esa posición.[2]

La investigación se volvió viral en todo el mundo gracias al vídeo de esa ponencia. En él Waldinger explicaba, con una evidencia científica sólida, lo que algunos de nosotros hemos sentido a nivel profundo: no son la riqueza, la fama ni el éxito profesional lo que mejor predice una vida plena, sino la calidad de los vínculos que mantenemos. Estas son las tres grandes lecciones que dijo que aprendieron:

1. «Las personas que están más conectadas socialmente con la familia, los amigos y la comunidad son más felices, tienen mejor salud física y viven más que quienes están menos conectados».
2. «La calidad de tus relaciones cercanas es lo que importa», mucho más que la cantidad o si tienes pareja. Se trata de tener ***conexiones significativas***.
3. «Las buenas relaciones no solo protegen nuestro cuerpo, también protegen nuestro cerebro.» No importa si te peleas. Lo verdaderamente importante es sentir que puedes contar con el otro.

La otra cara de la moneda es que no tener esa red de apoyo tiene efectos claramente perjudiciales. «La soledad mata», afirmó Waldinger a conciencia. En sus análisis de los datos comprobaron que la salud de las personas más aisladas se deterioraba antes, el funcionamiento de su cerebro disminuía más pronto y vivían menos que aquellas que no se sentían solas.

Esto es especialmente relevante porque la soledad no deseada es un problema de salud pública creciente a nivel global: diversas encuestas muestran que aproximadamente una de cada cinco personas se siente sola con frecuencia. En España, este fenómeno alcanza cotas aún mayores entre los jóvenes (dieciséis a veintinueve años) y es más común entre las mujeres que entre los hombres. Aunque se agudizó durante periodos como la pandemia, no es un hecho puntual o pasajero: existe un aislamiento crónico o de larga duración. Según datos de 2024 del Observatorio Estatal de la Soledad No Deseada, dos de cada tres personas en esta situación llevan más de dos años así. El coste económico para nuestro país se estima en 14.141 millones de euros, un 1,17 por ciento del PIB anual.[3]

No estás solo, no estás sola

No sería fiel a la realidad —ni honesta conmigo misma— si dijera que mi recuperación fue solo el resultado de todas las mejoras que fui implementando y que he explicado en capítulos anteriores. Mis relaciones fueron uno de los pilares clave: importó lo que hice y también con quién estuve. Tuve una gran cantidad de interacciones que me hicieron sentir que no estaba sola: desde el amor incondicional de mi familia o las risas con mis amigas, a las preguntas reflexivas de Kim o los whatsapps esporádicos de Rigo desde Costa Rica.

Estos apoyos se hicieron aún más evidentes cuando nos confinaron en marzo de 2020. Me quedé encerrada en mi apartamento de alquiler en la ladera de la montaña detrás de Aguadulce. A pesar de que mis padres y hermana estaban a más de 550 kilómetros de distancia, en Madrid, les sentía cerca porque chateábamos y hablábamos todos los días. Además, tuve la suerte de sumar la compañía de otras personas de forma muy próxima.

A mi familia biológica sumé una familia elegida. Mi amiga María del Mar, la profesora de yoga, su pareja y su hijo vivían unas plantas más arriba en el mismo bloque que yo, y pronto se transformaron en mi «unidad familiar». Nadie nos restringía los movimientos dentro del edificio, así que subía a su piso cada varios días. Los viernes al anochecer seguíamos una tradición suya, que se volvió rápidamente mi plan favorito. Hacíamos «PPP»: pizza, palomitas y peli.

Por otro lado, tuve un novio/compañero de piso virtual. Cualquiera que lea esto hoy en día pensará que me enamoré de una inteligencia artificial, como en la película *Her*.[4] Pero esa posibilidad aún no existía. Justo unas semanas antes del confinamiento había estado en Barcelona dando clase y había conocido a un chico que me pareció interesante (y guapo). Le llamaré Jordi, para evitar exponerle demasiado con su nombre real. Era amigo de mi primo Miguel, el que vive en San Francisco, que casualmente se encontraba de visita en la ciudad en esas fechas. Jordi y yo solo nos vimos en una cena, porque cuando me propuso quedar a solas, yo ya estaba de vuelta en Aguadulce. Mantuvimos el contacto por medio de mensajes, pendientes de vernos en persona pronto.

Evidentemente, el encuentro físico no ocurrió de inmediato, visto lo que ocurrió semanas después. No obstante, conviví con él los casi cien días de distanciamiento social gracias a la tecnología digital. Lo llamo convivencia porque realmente sentí que él estaba allí conmigo. WhatsApp nos permitió establecer un túnel secreto que conectaba la puerta de mi casa con la suya, y lo cruzábamos a diario.

Fue la relación más creativa que he tenido. En nuestra primera cita montamos una discoteca improvisada. Yo apagué las luces del salón y solo lo iluminé con un par de lámparas pequeñas que tenía, una de ellas de sal. Compartíamos canciones por turnos en el chat y cada uno las bailaba en su salón. Entre una y otra, poníamos alguna broma y tonteábamos por escrito. Jugando con las palabras, convertimos el *texting* en *danceting* hasta que hicimos una llamada. Aunque la música sonaba mucho peor a través del altavoz de la conversación, esto nos permitió movernos a su ritmo mientras hablábamos y reíamos. Esa noche, dejamos volar la imaginación y no activamos el vídeo. Pasadas unas semanas, llevamos la comunicación al siguiente nivel y probamos el *sexting*.

El trasiego de mensajes incluía audios, palabras bonitas o vídeos de momentos bellos. Almorzábamos o cenábamos por videollamada. Veíamos películas a la par, con una técnica que nos inventamos: nos poníamos auriculares para verla en el ordenador, nos avisábamos de cuándo darle al play y nos conectábamos por audio con el móvil, para poder ir haciendo chascarrillos.

Otro día, nos bloqueamos un hueco en la agenda para hacer un viaje virtual. A través de sus fotografías, me llevó a conocer un lugar en el que había estado. Ahora no recuerdo cuál fue, pero sí que me encantó viajar con él.

El 21 de junio de 2020 terminó el estado de alarma y se dio paso a la «nueva normalidad». Al día siguiente, Jordi estaba cogiendo un avión a Málaga (a Almería aún no había vuelos disponibles) y yo le estaba esperando. Nuestra primera cita física fue maravillosa. Sin embargo, en la semana que estuvimos juntos la presencialidad generó ciertos roces que acabaron rompiendo la magia que habíamos construido. Aproximadamente un mes más tarde, cortamos la relación. En cualquier caso, mi confinamiento sin Jordi habría sido muy diferente. Me proporcionó una compañía y alegría constantes que, definitivamente, me ayudaron a mitigar la tristeza y frustración por la situación tan terrible que se vivía en la calle.

No solo conté con el acompañamiento de personas concretas. También fue fundamental sentirme parte de varias comunidades. El ***sentimiento de pertenencia*** a un grupo que nos acoge y nos respalda actúa como un antídoto frente a la soledad, que refuerza tanto la salud emocional como la resiliencia frente a las dificultades. Los encuentros regulares con las Chicas Poderosas, en un punto con videollamadas semanales, eran espacios de cuidado y complicidad femenina que me llenaban de energía.

A la vez, los veintitrés compañeros del curso de liderazgo de Acumen se convirtieron en una red de apoyo inesperada. Cuando me postulé no lo sabía, pero no era un programa al uso. Lo iniciamos con un primer taller en persona en Bilbao que tuvo lugar, de manera fortuita, a principios de marzo, poco antes de que se paralizara todo. En él nos enseñaron algunas herramientas útiles para la gestión de conflictos. No obstante, el objetivo principal era que nos conociéramos de verdad y que estableciéramos lazos duraderos, más allá de nuestras diferencias. Así nos podríamos acompañar personal y profesionalmente cuando acabara la formación.

Esa cohesión grupal se trabajaba con dinámicas como el ***mapa de la vida.*** En vez de presentarnos explicando a qué nos dedicábamos, nos dieron lápices y rotuladores de colores para que dibujáramos en una cartulina grande lo que considerábamos importante de nuestra historia a todos los niveles. Luego lo compartimos con una pareja y, más tarde, cada uno tenía unos cinco minutos para contárselo al resto, que prestaba atención en silencio y sentados en círculo. Fue sorprendente escuchar a los demás. Algunos relataron experiencias que nunca hubiera imaginado simplemente mirándolos a la cara: maltrato, intentos de suicidio o cuernos. En ese instante aprendí más que nunca a no asumir nada del otro a primera vista, porque realmente no tienes ni la más remota idea de lo que ha vivido o está viviendo por dentro esa persona. Salí de allí sabiendo quiénes eran cada uno de ellos, pero desconociendo en qué trabajaban. «Para eso ya está LinkedIn», pensé.

Los «acuménicos» pasaron a ser mi refugio pandémico y fuente de esperanza. El programa, que debería haber acabado al final de 2020, se extendió hasta abril de 2021 por las circunstancias excepcionales. Aquello fue una bendición. Durante ese periodo, nos veíamos las caras en las inspiradoras sesiones de formación pero también fuera de ellas, organizando videollamadas para cantarnos los cumpleaños o aconsejarnos sobre retos profesionales. A todos nos unía la convicción de que el mundo se puede mejorar aplicando la ***imaginación moral***. Este concepto de filosofía contemporánea era promovido activamente por la fundadora y CEO de Acumen, Jacqueline Novogratz. La organización incluye el término en su manifiesto y lo define como: «La humildad para ver el mundo tal como es, y la audacia para imaginarlo como podría ser».[5] Cinco años después sigo contando con el respaldo de esta comunidad cuando lo necesito. Lo siento como un abrazo silencioso que me mantiene firme.

La urgencia de cambiar la manera de trabajar

La crisis sanitaria del covid-19 nos cambió como sociedad en bastantes aspectos e hizo que muchos nos replanteáramos cómo queríamos vivir. Fue un buen momento para poner en práctica la imaginación moral. A pesar de que llevaba tiempo imaginando cómo podría ser trabajar de una manera más sana, a partir de 2021 me sentí menos sola en esta cruzada. Desde diferentes partes del planeta se fueron alzando voces que decían «basta» a antiguos patrones laborales nocivos.

En febrero, un grupo de trece analistas de banca de inversión de primer año en Goldman Sachs, en Nueva York, respondió a una «Encuesta sobre condiciones de trabajo» y presentó los resultados a la dirección. El informe, que más tarde se filtró a los medios y se volvió viral en redes sociales, sacó a la luz lo que los analistas describieron como condiciones laborales «inhumanas». De media, trabajaban más de noventa y cinco horas a la semana y dormían cinco. Su salud física y mental había decrecido estrepitosamente. La gran mayoría se consideraba víctima de abuso laboral.[6]

«La privación de sueño, el trato por parte de los banqueros sénior, el estrés mental y físico… He pasado por el sistema de acogida de menores y, sin duda, esto es incluso peor», decía una de las declaraciones anónimas. «No llegué a este trabajo esperando un horario de nueve a cinco, pero tampoco esperaba jornadas constantes de nueve de la mañana a cinco de la madrugada», comentaba otra.

Además de proponer mejoras concretas para mitigar el estrés con respecto a reuniones y la creación de materiales para clientes, entre las recomendaciones para corregir la situación pedían poner el tope de horas trabajadas a la semana en ochenta y que se respetasen la noche del viernes y el sábado entero para descansar. El CEO, David Solomon, emitió un mensaje de voz en el que reconocía las preocupaciones planteadas y se comprometió a realizar reformas, que incluían contratar más personal y salvaguardar ese tiempo de descanso semanal. Meses después, la compañía elevó el salario base de los analistas de primer año de 85.000 a 110.000 dólares (de 71.000 a 94.000 euros) y desencadenó una «guerra de sueldos» en Wall Street.

En España, no tardamos en incorporarnos a esta dinámica de cambio. A finales de abril, *El País* publicaba la noticia de un caso similar de revolución interna liderada por jóvenes de veintipocos años en la consultora EY, una de las Big Four. Los auditores de segundo año en la sede de Barcelona escribieron un correo electrónico a los socios de la oficina en el que trasladaban su cansancio ante jornadas alargadísimas, con picos de ochenta y cuatro horas semanales. Trabajaban a destajo con plazos de entrega inalcanzables y sueldos congelados de 24.000 euros anuales. «Nos hemos visto desbordados en innumerables ocasiones, trabajando hasta altas horas de forma continuada de lunes a domingo», explicaban en el correo. Insistían en que les gustaba lo que hacían y que su objetivo era impulsar mejoras para desempeñar sus funciones de manera más eficiente y sostenible. Fuentes de EY confirmaron al periódico que habían convocado una reunión interna con los auditores júnior para diseñar un plan de acción y aseguraban que creían que era una cuestión puntual conectada con la fatiga pandémica.[7]

Curiosamente, por esas fechas la Organización Mundial de la Salud publicó un informe conjunto con la Organización Internacional del Trabajo en el que advertían que trabajar más de cincuenta y cinco horas a la semana no solo agota, sino que puede matar, aumentando drásticamente el riesgo de accidente cerebrovascular y de cardiopatía isquémica, y cifraban en 745.000 las muertes atribuibles en 2016 a nivel global. Este análisis dejaba claro algo aún más inquietante: las largas jornadas laborales se han convertido en uno de los factores de riesgo más invisibles y extendidos de nuestra era, un precio silencioso que pagamos por el mito de la productividad sin límites.[8]

Lo que pasó en Goldman Sachs y en EY no sucedió de manera aislada. Los dos casos mostraban un replanteamiento existencial del trabajo a nivel colectivo y fueron la antesala de una ola de dimisiones masivas que se conoció como la Gran Dimisión. Ocurrió sobre todo en Estados Unidos, cuyo ágil mercado laboral permite cambiar de empleo con cierta rapidez, de modo que entre abril y septiembre de 2021 más de 24 millones de empleados abandonaron sus puestos, un récord histórico. Los economistas determinaron que la tendencia continuó, aunque en menor medida, hasta mediados de 2023.

Lo que movía a la gente no era solo la búsqueda de mejores salarios. La principal causa para dejar las organizaciones en aquella época fue trabajar en una cultura corporativa tóxica, según un análisis de datos obtenidos en grandes empresas estadounidenses liderado por el profesor Donald Sull de la Escuela de Administración y Dirección de Empresas Sloan del MIT. Otros factores que tuvieron mucha más influencia a la hora de dar el salto —más allá de la compensación económica estancada— fueron la inseguridad y reorganización laboral, los altos grados de innovación, la falta de reconocimiento del desempeño y una respuesta deficiente ante el covid-19.[9] Muchos de los que no pudieron cambiar su situación profesional acabaron optando por hacer lo mínimo necesario y estar menos involucrados. Esta caída generalizada en la motivación recibió el nombre de «renuncia silenciosa» (o *quiet quitting*, en inglés).

El fenómeno de la Gran Dimisión transformó las relaciones laborales. La crisis de sentido y el agotamiento generados por la pandemia llevaron a las personas trabajadoras a demandar con firmeza asuntos como flexibilidad, propósito y un equilibrio real que no «encogiera» su vida personal. La salud mental se convirtió en un asunto prioritario también en el mundo laboral. Y es algo que tiene sentido: tres de cada cinco trabajadores afirman que su empleo es el factor que más influye en su bienestar psicológico.[10] Al fin y al cabo, el trabajo es uno de los espacios donde pasamos más tiempo a lo largo de nuestra vida adulta. Desde que empezamos a trabajar, alrededor de los veinte años, hasta la jubilación, cerca de los sesenta y cinco, dedicamos a nuestra vida profesional unas ochenta mil horas. Allí es donde solemos establecer la mayor parte de nuestras relaciones sociales fuera del hogar y la familia, lo que lo convierte en un escenario central de productividad y, al mismo tiempo, de aprendizaje, apoyo y conexión humana.

A partir de 2021, empezaron a publicarse estadísticas que dejaban claro que la manera como trabajábamos no estaba funcionando. Ni siquiera en las profesiones más valoradas socialmente. Uno de cada tres abogados decía que el trabajo tenía un impacto negativo o extremadamente negativo en su bienestar, según informó ese año la International Bar Association (Asociación Internacional de la Abogacía). La Asociación de la Prensa de Madrid reportaba que el 70 por ciento de los periodistas y comunicadores consideraba que el estado de salud mental de sus colectivos era un problema en 2022. Lo peor es que, con el paso de los años, esa imagen negativa se ha ido replicando en distintos países y sectores. Cifras similares se veían entre emprendedores, educadores o sanitarios y se traducían en altos niveles de depresión, ansiedad o *burnout*.[11]

Uno de los motivos que contribuye al empeoramiento de la situación es la creciente precariedad: la inestabilidad contractual, los salarios bajos, el exceso de exigencias y la falta de control sobre el propio trabajo no son solo elementos económicos, sino también determinantes de una mala salud mental. El Ministerio de Trabajo y Economía Social empezó a poner el foco en este tema en 2022 y formó una comisión de expertos que ha ido analizando su magnitud desde entonces. Según sus estimaciones, más de la mitad de los empleos en el país son precarios; aproximadamente una cuarta parte de los trastornos mentales comunes podrían tener su origen en condiciones laborales adversas y, solo en 2022, se habrían evitado alrededor de 170.000 casos de depresión de no existir la precariedad.[12] Además, vivir con inseguridad financiera produce una enorme carga cognitiva que reduce nuestras habilidades, con un efecto comparable a perder unos trece puntos de coeficiente intelectual, según un estudio publicado en la revista *Science*.[13]

Todo esto evidencia un problema sistémico: el trabajo, tal como lo concebimos, se ha convertido en una de las principales fuentes de sufrimiento en nuestra sociedad. Por eso, para afrontar la crisis de salud mental actual es necesario cambiar lo que ocurre dentro de las empresas.

No es oro todo lo que reluce

Aplicaciones de meditación, sesiones de yoga, talleres de resiliencia o fruta ecológica en la oficina. Estas son las respuestas que dan algunas organizaciones para mejorar el bienestar de sus empleados. No obstante, por sí solas, no sirven de mucho. En nombre del cuidado, con estos programas se desplaza toda la responsabilidad hacia el trabajador: si no estás bien, es porque no meditas lo suficiente, no sabes respirar o no eres resiliente. Un *wellbeing washing* con buena prensa y poco impacto duradero. Es cierto que cada uno de nosotros podemos aprender herramientas para sentirnos mejor (¡llevo un montón de páginas explicándote algunas!), pero la transformación real exige cambios organizacionales más profundos. Garantizar que trabajar no duela implica tocar las estructuras, no solo las personas.

El británico William Fleming, doctor en Sociología, que lleva varios años investigando este tema, primero durante sus estudios de doctorado y ahora desde el Wellbeing Research Centre de la Universidad de Oxford, lo ha confirmado con datos: estas intervenciones individuales apenas mueven la aguja del bienestar en las empresas. Sus conclusiones se basan en el análisis de las actividades realizadas sobre más de 46.300 trabajadores de unas 230 organizaciones en el Reino Unido. En una de mis visitas a Londres para dar charlas, conseguí reunirme con él para saber más de sus últimos hallazgos. Nos vimos en la cafetería de un museo-biblioteca del centro de la ciudad.[14]

Fleming lo afirmó con absoluta rotundidad. Lo que no funciona son «los tipos de iniciativas que buscan modificar los recursos y capacidades psicológicas del individuo» porque intentan «cambiar al trabajador, no el lugar donde trabajas». «Si estás completamente estresado por tu trabajo, por tu jefe, y te dicen que te apuntes a un programa de mindfulness o de yoga, eso resulta casi una falta de respeto hacia esas personas», recalcó. Estas actividades pueden ayudar a mitigar algo el estrés que uno siente, pero para él «son completamente ineficaces porque no abordan el origen de los problemas de salud mental». Me explicó que, a nivel laboral, estos suelen tener que ver con asuntos como el excesivo volumen de tareas o un liderazgo deficiente.

Él solo llamaría «programa de bienestar» a lo que sí funciona y genera cambios a largo plazo, como la formación para directivos en el tema o las reformas del sistema de evaluaciones de desempeño. En sus propias palabras, esto equivale a «cualquier medida que transforme la organización para mejorar la experiencia de quienes trabajan en ella».

Este tipo de intervenciones no son las mismas en la actualidad que hace medio siglo. Entonces predominaban las industrias manufactureras y, por ello, las propuestas tenían que ver con cuestiones más físicas o ambientales. Sin embargo, hoy en día, la mayoría somos trabajadores del conocimiento y el tipo de sufrimiento ha cambiado: «Las tensiones son de tipo psicosocial. Provienen de las relaciones y de las demandas psicológicas a las que estás expuesto». Esto se está traduciendo en la creación de nuevas posiciones, como la de responsable de bienestar o la de los especialistas dedicados a la salud psicológica dentro de los departamentos de recursos humanos.

Aun así, el bienestar en el trabajo va mucho más allá de sentirse bien emocionalmente. Incluye la salud física, la seguridad, la autonomía, la claridad de expectativas, la calidad de las relaciones con compañeros y jefes, el sentido de propósito y la oportunidad de crecer y desarrollarse profesionalmente. Un entorno laboral saludable es aquel que permite a las personas desplegar todo su potencial, sentirse apoyadas y reconocidas, de modo que puedan encontrar la armonía con su vida personal.

Para poder ofrecer recomendaciones concretas a las empresas, Fleming y sus colegas del Wellbeing Research Centre revisaron más de tres mil estudios académicos sobre bienestar laboral. Publicaron las conclusiones con la fundación inglesa World Wellbeing Movement en una guía con estrategias específicas.[15] En ellas proponen tres fases para alcanzar resultados con impacto y duraderos:

1. **Medir**. Encuestar a los empleados para evaluar su satisfacción, felicidad, estrés y sentido de propósito, así como los factores organizativos y condiciones de trabajo que influyen en su bienestar.
2. **Comprender**. Identificar los factores que más impactan en el bienestar de los empleados, porque no todos pesan igual en cada organización.
3. **Actuar**. Elegir e implementar intervenciones basadas en evidencia científica, adaptadas al contexto, sin olvidar planificar un proceso de evaluación desde el inicio.

Es decir, no conviene empezar a hacer nada sin saber qué es lo que está pasando en la organización, cómo se sienten los empleados y por qué. Solo en función de los resultados de este análisis se podrán adoptar las acciones más efectivas. En España, evaluar los riesgos psicosociales no es opcional: la ley obliga a las empresas a analizar dimensiones como la carga de trabajo, la presión o las relaciones laborales que afectan la salud mental. Sin embargo, los expertos critican que los instrumentos de medición están anticuados y muchos desconocen cómo traducir los resultados en pasos concretos.

Lo interesante de esta guía es que ayuda justamente con ese reto: conecta el problema con soluciones específicas a poner en marcha. Las agrupa en torno a seis categorías:

- desarrollo y seguridad,
- relaciones,
- independencia y flexibilidad,
- variedad y realización personal,
- remuneración y beneficios,
- riesgo, salud y seguridad.

Es en esta última en la que se proponen medidas para reducir el estrés y aliviar la carga de trabajo. Entre ellas están: ***implementar políticas de desconexión digital***, ***rediseñar las reuniones*** para promover el foco o priorizar la ***prevención del*** **burnout** como estrategia central de bienestar. También recomiendan ***reducir las horas trabajadas***, ya sea mediante horarios comprimidos, arreglos flexibles o una ***semana laboral de cuatro días*** sin reducción salarial. Según un estudio efectuado en varios países con pruebas en más de 140 organizaciones con casi tres mil empleados, esta medida hace disminuir significativamente el síndrome del trabajador quemado y la fatiga, a la vez que mejora la satisfacción, la salud mental y la física.[16]

Además de beneficiar a los empleados, priorizar el bienestar organizacional es una estrategia empresarial con impacto directo en la productividad y la sostenibilidad del negocio. Equipos psicológicamente saludables muestran menos rotación, menor absentismo y más creatividad, compromiso y calidad en la ejecución. Cada euro invertido en crear entornos de trabajo saludables y motivadores suele traducirse en un retorno tangible: menos costes asociados a bajas y reemplazos, más retención de talento y una capacidad mayor de innovar y competir. En un mercado en el que el capital humano es el motor principal, ignorar el bienestar es caro; cultivarlo, rentable.[17]

Una manera más humana de trabajar

¿Quién dirías que es la persona que más influye en tu salud mental? Esta misma pregunta se la hicieron en septiembre de 2022 a 3.400 trabajadores de diez países tan diversos como India, México, Francia o Estados Unidos. El instituto The

Workforce de la empresa UKG analizó las respuestas y la conclusión de su informe quizás te sorprenda: los jefes y jefas tienen tanto impacto en la salud mental de las personas como su pareja (ambos 69 por ciento), mucho más que su médico (51 por ciento) o su terapeuta (41 por ciento). ¿Coincide con tu respuesta?[18]

Una vez más, queda claro que nuestro bienestar psicológico depende en gran parte del trabajo, y el componente social es decisivo. Se pueden hacer más eficientes los procesos, crear políticas que promuevan el cuidado, pero si no se trabaja en el factor humano de las relaciones laborales, los esfuerzos pueden ser en vano.

Ese mismo mes de septiembre, la Organización Mundial de la Salud publicaba sus primeras directrices globales sobre salud mental en el trabajo, así como un informe de políticas o *policy brief*. Entre sus múltiples recomendaciones, destacaban la ***formación a los mánager*** como una acción clave en la protección y promoción de este asunto. «Los gerentes tienen un papel fundamental en atender las necesidades de salud mental de sus subordinados directos y deben estar capacitados (por ejemplo, mediante formación) para hacerlo», decían.

El conjunto de habilidades blandas propuesto incluye: reconocer y responder adecuadamente cuando sus equipos atraviesan dificultades emocionales, comprender cómo afectan los riesgos psicosociales al bienestar y saber ajustar los factores de estrés laboral, fomentar una cultura laboral inclusiva y de apoyo y garantizar que los trabajadores tengan acceso a asistencia a través de sus representantes cuando sea necesario. Eso sí, aclaraban que el objetivo no era convertirse en un terapeuta: «Los responsables no pueden —ni deben— estar en posición de diagnosticar o tratar trastornos mentales».[19]

Por aquel entonces, ya llevábamos tiempo formando a mandos intermedios y directivos desde The Self-Investigation, bien con programas propios o a través de una colaboración con la Universidad de Oxford. Vista la alta demanda de nuestros servicios, nos habíamos constituido como fundación y realizado varios cursos masivos de concienciación en salud mental con los que llegamos a miles de personas. Pero había un problema que se repetía una y otra vez. Nuestros estudiantes salían empoderados y con herramientas para gestionar el estrés o poner límites, pero volvían a lugares de trabajo cuyos jefes no se preocupaban por estos temas ni los respetaban. Esto generaba muchísima frustración y algunos acabaron yéndose de sus empresas o cambiando de profesión. ¡Nada más lejos de nuestra intención! Entendimos que era vital enseñarles a ambos a hablar el mismo idioma y tener valores compartidos.

Una de las preguntas que suelo hacer a los jefes en estos talleres es «¿Cómo sabes cómo están los miembros de tu equipo?». Muchos optan por el silencio como respuesta. Otros me dicen: «De vez en cuando les pregunto, sobre todo si los veo mal. En cualquier caso, mi puerta está siempre abierta». Esto es mejor que nada, pero hay varias cuestiones problemáticas con esta frase. Primero, «de vez en cuando» es demasiado aleatorio y pueden pasar muchos meses sin que ocurra, sobre todo en periodos de mucho estrés. Segundo, no puedes asumir lo que está viviendo una persona por su apariencia. Si miraras la fotografía de cuando ganamos el Pulitzer, nunca habrías dicho que la chica sonriente del centro —yo— estaba quemada. Y tercero, dado el alto nivel de estigma asociado a los asuntos de salud mental, una persona que lo está pasando mal será la última en entrar en tu despacho, si es que alguna vez lo hace.[20]

Hay una viñeta del dibujante Tom Chitty para el *New Yorker* que me encanta y viene muy al caso. Un hombre con barba y traje está de pie en el estrado, con la jueza a su lado. Tiene levantada la mano derecha y la izquierda sobre un libro, probablemente una Biblia, que sostiene el oficial del tribunal. El texto dice así: «Juro decir la verdad, toda la verdad y nada más que la verdad, salvo que me pregunten cómo estoy, en cuyo caso diré "Estoy bien", a pesar de no estarlo».[21]

Desde los departamentos de recursos humanos se adoptan algunas medidas para saber cómo están los empleados. Por ejemplo, las ***encuestas de clima laboral***, que recogen de manera sistemática su percepción sobre el entorno de trabajo, la cultura organizacional y su satisfacción. Dan una foto general, lo cual es útil, pero normalmente son anónimas para garantizar la sinceridad, de modo que no son la herramienta más efectiva para recibir información personalizada o vincular los resultados a un equipo concreto. Y al hacerse una vez al año y, en ocasiones, con versiones más cortas trimestral o semestralmente, no son la forma más ágil para abordar situaciones de malestar.

Por otro lado, están las ***evaluaciones de desempeño***, normalmente anuales. Son revisiones formales, estructuradas y periódicas del rendimiento de un empleado respecto a objetivos, competencias y metas de la empresa. Están centradas en lo que se ha hecho, no en cómo se ha sentido la persona. Con razón: en ocasiones, ayudan a calcular los bonus o incrementos de sueldo. Y por esta razón no es el mejor momento para confesar que te encuentras mal.

Así que estas opciones tampoco son buenas respuestas a mi pregunta de «¿Cómo sabes cómo están los miembros de tu equipo?». Lo que está claro es que, en el entorno laboral, necesitamos más espacios para cuidarnos y compartir cómo nos sentimos. Las dos propuestas que recomiendo a los mánager, sobre todo porque pueden hacerlas fácilmente, son la ***técnica de chequeo del semáforo*** y las ***reuniones uno a uno***.

La técnica de chequeo del semáforo

La gran mayoría de las reuniones se centran en lo que hay que hacer y no en cómo nos sentimos. ¿Y si empiezas algunas de ellas invirtiendo tiempo en saber cómo se encuentran los asistentes? Yo lo hago en mis reuniones semanales de equipo y tardo tan solo cinco minutos. Me sirve para saber cómo está su energía y ajustar expectativas o mostrar el apoyo necesario en función de lo que escuche. Además, ha ayudado a normalizar que está bien sentirse en rojo de vez en cuando, a entender que «está bien no estar bien». Para ello, soy la primera que me muestro vulnerable.

Todos tenemos los tres colores del semáforo en nuestro imaginario. La pregunta es sencilla: hoy, ¿estás en rojo, en amarillo o en verde?

- **Verde**. Estás en un buen momento y tienes la energía necesaria para afrontar tu día de trabajo. Hoy quizás has dormido bien o te sientes especialmente equilibrado/a tanto física como emocionalmente.
- **Amarillo**. Estás «bien, pero…». Hay algo que hoy no está del todo bien en ti. Quizás tienes una situación estresante con la que lidiar en casa, demasiado trabajo o dolor de cabeza: sea lo que sea, está haciendo que hoy no te sientas capaz de estar al cien por cien de tu capacidad.

- **Rojo**. No es tu día y estás haciendo un verdadero esfuerzo por estar concentrado/a en la tarea. Puede que no hayas pegado ojo en toda la noche, que estés angustiado/a por la situación de incertidumbre, que te sientas presionado/a por una circunstancia difícil en el trabajo. Lo más probable es que hoy no puedas ser tan efectivo/a como otras veces.

Hay diferentes maneras de hacer la pregunta, en función del tiempo y de cuán seguras se sientan las personas para hablar abiertamente sobre cómo se encuentran. Lo ideal es escuchar a todos los asistentes, que pueden decir el color y, si quieren, explicar brevemente el porqué de su elección. Una vez que se convierte en una práctica habitual en el equipo y se ha hecho varias veces, puede acabar siendo tan rápido como veinte segundos por persona.

Otra manera de ponerlo en marcha es levantar las manos (presencial o virtualmente), color por color, y preguntando si alguien de cada color quiere compartir. Si es una reunión grande, o en entornos donde se puede temer el señalamiento, quizás hacer una encuesta anónima es la solución. Si sale mucho amarillo o algún rojo, el o la líder puede ofrecer hablar en privado a los que sientan que lo necesiten.

Reuniones uno a uno

Una de las medidas altamente efectivas para mitigar el *burnout* es hacer reuniones regulares entre jefe/a y persona a su cargo. Hay que poner el énfasis en la palabra «regular»: lo ideal es hacerlas cada mes. Son encuentros en los que el objetivo no es solo hablar de las tareas o resolver los problemas.

Se trata de aplicar la ***escucha activa***: escuchar con atención, y sin interrumpir, las necesidades del otro; a veces, solo eso ya marca una gran diferencia.

Un segundo, estoy escuchando una voz crítica: «Mar, ¿no decías que había que reducir las reuniones? ¡Esto las aumenta!». Vale, entiendo que alguno esté pensando esto. Hay que eliminar las innecesarias, pero te aseguro que estas son clave. Está demostrado que además de contribuir al bienestar, mejoran la motivación, la productividad, la satisfacción en el trabajo, la comunicación y fortalecen la confianza.[22] Este último punto es fundamental, porque cuando se hacen encuestas una gran parte de los trabajadores suele decir que no habla de los problemas con sus jefes. Algunos no lo hacen porque creen que no le importarían, otros porque está demasiado ocupado/a como para molestarle o incluso, que deberían resolverlo ellos mismos.

En las reuniones uno a uno, la idea es combinar seguimiento y cuidado, creando una rutina constante para conversar, detectar problemas a tiempo y sostener el rendimiento sin descuidar el bienestar. No tienen por qué durar más de treinta minutos. Y cuidado: los mandos intermedios también deben tenerlas con sus superiores. Suelen ser los grandes olvidados y los que más sufren por estar atrapados entre la dirección y sus subordinados.

Se empieza planteando preguntas abiertas que permiten construir confianza y situarse emocionalmente: «¿Cómo estás, de verdad?» o «¿Cómo ha ido tu semana/mes?». Luego se reconocen los avances —«¿De qué te sientes orgulloso/a?» o «¿Qué ha salido bien?»— para reforzar el esfuerzo y dar crédito. También se revisan los proyectos en marcha, preguntando por actualizaciones, pero sobre todo por obstáculos y posibles ayudas (reajustar las cargas de trabajo puede ser una de ellas). Finalmente, se exploran necesidades y próximos hitos para que la persona se sienta acompañada y respaldada en su trabajo. «¿Cómo puedo apoyarte?» es una muy buena frase que no debe faltar.

En todo caso, los intercambios no serán iguales con todo el mundo. Los jóvenes probablemente se abran más fácilmente y haya resistencia con los más veteranos. O quizás haya reticencias al principio. Por eso, hay que dar tiempo: la confianza se construye con consistencia, honestidad, respeto, empatía y, si se promete algo, cumpliéndolo. Cuando estas conversaciones se desarrollan de manera regular y genuina, permiten que los colaboradores se expresen libremente, compartan dudas o admitan errores sin miedo a represalias.

Este tipo de interacción actúa como un catalizador directo de lo que en psicología organizacional se llama ***seguridad psicológica***, es decir, la percepción de que el entorno laboral es un espacio seguro para tomar riesgos, proponer ideas y mostrar vulnerabilidad. Es un concepto desarrollado por Amy Edmondson, de la Harvard Business School, y popularizado por Google a través del Proyecto Aristóteles, que se llevó a cabo de 2012 a 2014. Tras analizar a ciento ochenta equipos, se puso de manifiesto que los que contaban con mayor seguridad psicológica eran también los más productivos y creativos; la capacidad de hablar abierta y sinceramente dentro del equipo se convirtió en el predictor más importante del éxito, incluso por encima de las habilidades técnicas individuales o cuestiones como el impacto o el propósito.[23]

Muchas personas prefieren abrirse con alguien a su nivel, que les comprenda y con quien no haya jerarquías. Por ello, en los últimos años algunas organizaciones han explorado nuevos modos de fomentar la escucha y el respaldo. Una de ellas es la ***creación de redes de apoyo entre pares***: colegas que han recibido una formación específica para acompañar escuchan y sostienen, lo cual promueve el bienestar y reduce el aislamiento.

Fuera del ámbito laboral, este modelo está siendo altamente eficaz para ofrecer asistencia rápida, cercana y económica en lugares donde acceder a atención psicológica es tabú o complicado por su limitada disponibilidad. En Zimbabue, la ONG Friendship Bench forma a abuelas voluntarias y a trabajadores de salud comunitarios para ofrecer terapia breve y apoyo emocional. En Estados Unidos, The Confess Project empezó su andadura entrenando a barberos que atendían a hombres afroamericanos para generar diálogos de salud mental con sus clientes y conectarles con mecanismos de soporte cuando era necesario. Ambos ejemplos muestran que el cuidado y el acompañamiento pueden integrarse en la vida cotidiana y transformar el bienestar de comunidades enteras.[24]

Brecha generacional

Trabajar de manera directa viendo el sufrimiento de mis antiguos compañeros de profesión, me partía el alma. La presión de cumplir plazos, enfrentarse a hechos traumáticos, sufrir acoso en línea y físico, permanecer hiperconectados constantemente y lidiar con la inestabilidad y precariedad de un sector en crisis les estaba pasando factura de manera alarmante. Encuesta tras encuesta, país tras país, los datos apuntaban a una misma realidad: la salud mental se había convertido en uno de los mayores desafíos para los periodistas. Este fenómeno, que ya se había identificado durante el covid-19, era más extendido de lo que se creía y no una cuestión puntual. Más del 60 por ciento de los trabajadores de los medios en lugares tan diversos como Canadá, España y Ecuador reportaron altos niveles de ansiedad en 2022. Al menos uno de cada cinco informó haber sufrido depresión. A su vez, los niveles de trastorno por estrés postraumático y de *burnout* iban en aumento. Sin embargo, la falta de recursos financieros hacía que la mayoría de los medios no priorizaran el asunto.

A medio plazo, esto iba a tener un efecto en todos nosotros, poniendo en juego la sociedad como la conocemos. Los periodistas, que sustentan el cuarto pilar de la democracia, no estaban sanos y ese pilar podía colapsarse. Tener información veraz es clave, sobre todo en esta era en que las guerras no solo se luchan con tanques, sino con desinformación. Necesitamos profesionales con buena salud para distinguir entre realidad y ficción, para separar el grano de la paja y trasladarnos lo que es importante.

Por todo ello, decidí enfocarme en aportar soluciones a este problema y dejé a un lado algunas de las iniciativas que había iniciado años antes, como la asociación de inteligencia artificial responsable. The Self-Investigation se convirtió en mi ocupación principal y volví de lleno al ruedo del periodismo, dando formaciones y concienciando en las principales conferencias de la industria, como el Congreso Mundial de Medios de Comunicación. En septiembre de 2022, este evento internacional se celebró en Zaragoza. Allí me hicieron una entrevista que me marcó especialmente.

Estábamos en una sala del Palacio de Congresos de la ciudad, donde podíamos tener un poco de silencio entre el bullicio de los cientos de asistentes. Marcos Calvo, el joven periodista de *El Periódico de Aragón*, puso en marcha la grabadora y disparó una batería rápida de preguntas: «A quemarropa. Si yo digo periodismo, usted dice…». Inmediatamente respondí: «Democracia». Y así, sin respiro, durante unos quince minutos hasta la última: «¿Se pueden desvelar los Papeles de Panamá trabajando de ocho a tres?». Hice una pausa. Todo lo que había investigado me llevaba a concluir que esa otra forma de relacionarnos con el trabajo podía igualmente dar lugar a grandes hazañas, pero su pregunta me hizo cortocircuitar. La voz crítica en mi cabeza me cuestionó: «¿Qué es lo que vas a decir? Realmente no puedes *probar* que habríais conseguido sacarlos adelante sin tanta entrega».

Mi diálogo interno ocurrió en milisegundos, tenía que darle una respuesta en seguida. «Hay momentos en la Historia en los que hay que hacer esfuerzos —dije—. No sé si hubiéramos sacado los Papeles de Panamá trabajando de ocho a tres, pero sí de ocho a cinco siendo eficientes si respetamos el descanso para que esas horas que le echamos sean verdaderamente efectivas.» En los cálculos mentales que hice rápidamente de ocho a cinco ocurría una jornada de ocho horas, más una para comer.[25]

Esa misma noche la noticia ya estaba en internet. El titular era: «Mar Cabra: "Se puede ganar un Pulitzer trabajando de ocho a cinco"». Cuando lo vi se me hizo un nudo en la garganta. Primero, porque no era exactamente lo que había dicho. Yo hablé de nuestra investigación, no de ganar el premio. Y segundo, porque ahora mi opinión constaba públicamente. Me invadió una gran sensación de responsabilidad por aquellas palabras. Como no podía retroceder en el tiempo a 2016 para demostrarlo, decidí que, en el futuro, buscaría respuestas haciendo esa pregunta a personas que admiraba.

Unos meses más tarde, en febrero de 2023, la fundadora y CEO de Acumen, Jacqueline Novogratz, pasó por Madrid para participar en un encuentro de fin de semana con los exalumnos del programa de liderazgo en el que yo había participado y que estaba por iniciar su cuarta edición. También aprovechó la visita para dar una ponencia sobre cómo su organización promovía otro tipo de inversión, más centrada en el impacto duradero que en el retorno a corto plazo, de cara a acabar con la pobreza. Entre un evento y otro, conseguí sacarle alrededor de una hora para hablar en privado.[26]

Nos vimos en un hotel de lujo en el centro de Madrid, al lado de donde había dado su charla. Vino vestida de manera elegante y sencilla a la vez. Su pelo rubio ceniza, alisado, caía a la altura de los hombros sobre una delgada figura vestida con una camisa de punto morada realzada por un volante a la altura del pecho. En su mano izquierda, dos pulseras con cuentas de madera, probablemente de origen africano, ya que la mayoría de las joyas que tiene son regalos de miembros de la comunidad.

Como preparación, me había leído su último libro, *Manifiesto para una revolución moral: Ideas para construir un mundo mejor*, si bien mi intención era centrar la conversación alrededor de mi inquietud: «¿Puede lograrse un gran hito trabajando ocho horas al día?».[27] Aun así, Jacqueline me desmontó desde que nos sentamos. Es una mujer con un gran carisma y me hizo sentir en casa desde el minuto cero. Era como si estuviera hablando con una amiga. Con su voz suave, calmada y envolvente se pasó los primeros diez minutos de la entrevista siendo ella la entrevistadora. Con genuina curiosidad me preguntó por mi experiencia con el *burnout*. Me confesó que nunca lo había vivido y quería saber qué se sentía. Se preguntó en voz alta si quizás ella no se había quemado porque siempre había estructurado su vida conservando cierto control y autonomía, lo cual le permitía hacer hueco para aquello que le viene bien. Su fórmula de autocuidado era tener un espacio para ella todas las mañanas. Se levantaba entre las cuatro y las cuatro y media y no se ponía reuniones hasta las ocho y media o nueve. Esto le daba un periodo de varias horas para salir a correr o caminar, hacer yoga, cinco minutos de Duolingo y leer poesía (su cuenta de Instagram está llena de versos). Seguía esa rutina entre cinco y siete días a la semana. «Si tengo eso, estoy bien», remató.

La otra parte importante del puzle que la ayudaba a mantenerse sana era su familia. Jacqueline no tuvo hijos biológicos y, aunque está casada con Chris Anderson, el líder de las conferencias TED, y es madrastra de sus dos hijos, se refería a sus padres y sus seis hermanos, todos emprendedores como ella. A juzgar por lo que contaba, los Novogratz se parecen más a una familia española que a una estadounidense: viven en la misma ciudad, Nueva York, se ven frecuentemente y se mandan whatsapps a diario, sobre todo el grupo de los siete hermanos y sus parejas. A pesar de describirles como «una tribu muy ruidosa de cowboys del rock and roll» eran su espacio seguro: «Nos mantenemos honestos y con los pies en la tierra, recordándonos mutuamente quiénes éramos de niños, y que aún seguimos siendo esas mismas personas». Uno de sus valores clave familiares es «estar presentes los unos para los otros». En el brindis de su boda, uno de sus hermanos pequeños, que entonces se encontraba en un mal momento profesional, reflejó muy bien este sentimiento: «Tener ahí a mi hermana significó que, por muy hondo que cayera, siempre había alguien allí para atraparme».

Escucharla me ayudó a apreciar aún más a mi propia familia, a la que no he reconocido lo suficiente la importancia real que ha tenido en mi desarrollo personal y profesional. También me hizo recordar el estudio de Harvard, que resaltaba la importancia de sentirse sostenido por tu círculo cercano para desplegar todo tu potencial. Hasta ahí, me veía reflejada en ella: sus rutinas de autocuidado y valores familiares eran similares a los míos. Sin embargo, entre Jacqueline —*baby boomer*, sesenta y un años— y yo —milenial, treinta y nueve— había un abismo con respecto a cómo concebíamos el mundo laboral.

La integración es clave en la forma en que ella entiende el trabajo. Ve su vida como algo muy fluido. Un concepto que, recuerda, «ya usaba Aristóteles»: «No hay separación entre quién soy cuando trabajo y cuando estoy en casa; soy la misma persona». Me contó que esto se reflejaba en su manera de liderar: frecuentemente cuenta a su equipo historias sobre miembros de su familia y amigos cercanos. Como le encanta Broadway y escuchar música, suele trazar paralelismos entre esas pasiones y la forma en que Acumen mira el mundo y trabaja. No esconde partes de sí misma, sino que trae consigo todo lo que es a su puesto.

Así llevaba más de dos décadas, desde que empezó la organización en 2001 a sus cuarenta años, tras dejar una carrera en Wall Street poco antes de la caída de las Torres Gemelas. Ni antes, ni ahora, sabría decir cuántas horas trabaja al día, pero seguro que muchas más de ocho. Según ella, su familia diría que, al menos al principio, trabajaba todo el tiempo, siete días a la semana. Esa manera obsesiva, que se suele atribuir a los emprendedores de *start-ups*, es la que ella había usado para conseguir grandes logros y hacer crecer su compañía.

«Las personas que realmente pasan de la nada a construir algo trabajan sin descanso —explicó—. No creo que aquello que necesita ser engendrado pueda lograrse sin un cuidado y un amor constantes.» Esa elección de palabras fue muy reveladora: engendrar es dar vida a un nuevo ser. Acumen era su hijo y su misión de vida. Para ella el trabajo es una vocación, un llamado, no una carrera profesional. Encontrar alegría en el propio hacer es lo que le permitía sostenerse en el tiempo: «Siento que fui puesta en esta tierra para hacer todo lo que estuviera en mi mano para que más personas pudieran vivir con dignidad humana. Pero, por el camino, voy a atesorar historias, bailar y vivir una vida muy colorida junto a la gente que quiero». A pesar de que está constantemente viajando, suele organizar cenas con amigos y tertulias en su apartamento sobre una temática, a las que asisten entre cincuenta y setenta personas.

Se la veía genuinamente feliz con su forma de vivir. Al mismo tiempo, me decepcionó comprobar que esa persona que tanto me inspiraba tenía una visión de la vida tan centrada en el trabajo. Jacqueline no se corresponde al cien por cien con el estereotipo y los valores de alguien de su generación, pero creo que lo que estaba experimentando en tiempo real está relacionado con la ***brecha generacional*** que ocurre hoy día en casi todas las empresas. Allí convivimos principalmente cuatro generaciones: *baby boomers* (nacidos entre 1946 y 1964), generación X (entre 1965 y 1980), milenials (entre 1981 y 1996) y generación Z (entre 1997 y 2012). En España, el 55 por ciento de los directivos percibe problemas de convivencia entre el talento joven y sénior, según la consultora Grant Thornton.[28]

Uno de los motivos principales de ese choque es que nuestros valores y expectativas con respecto al trabajo son muy diferentes. La mayoría de los *boomers* y la generación X tienden a valorar la estabilidad, la jerarquía y la dedicación prolongada a una sola empresa. Ven el empleo como un pilar de identidad y seguridad. Mientras tanto, casi todos los milenials y la generación Z priorizamos la flexibilidad, el propósito, el aprendizaje continuo y, por encima de todo, el equilibrio entre vida personal y profesional. Por eso, no dudamos en cambiar de organización si no encontramos estas condiciones. La inestabilidad del mercado laboral actual nos ha demostrado que el esfuerzo y el compromiso ya no son garantía de un buen sueldo o de progreso.

De esa falta de entendimiento surgen los prejuicios y apreciaciones genéricas como: «Los *boomers* son arrogantes y no quieren que nada cambie», «Los milenials se creen que se lo merecen todo sin trabajar tanto» o «Los de la generación Z son unos vagos». Ese desfase de opiniones sobre lo que significa «trabajar bien» y tener éxito a nivel profesional también está haciendo muy difícil retener el talento emergente. La consultora Gallup informaba en 2022 que el 54 por ciento de la generación Z y los milenials jóvenes no estaba comprometido con su lugar de trabajo y que la mayoría no sentía una conexión cercana con sus compañeros, su jefe ni su empleador. Paradójicamente, esto no significaba que estuvieran descuidando sus labores. Reportaban tener significativamente más estrés y *burnout* que los *boomers* o la generación X.[29]

Para cerrar esa brecha generacional, los expertos recomiendan poner énfasis en ***construir un propósito compartido*** que haga que todas las generaciones se sientan conectadas y motivadas por metas y proyectos significativos. A partir de ahí, se puede fomentar una ***comunicación abierta*** en que cada voz se escuche y cada experiencia se valore, ***formar equipos***

intergeneracionales que combinen la sabiduría de los más veteranos con la creatividad y adaptabilidad de los más jóvenes, y ***promover la mentoría cruzada y la empatía***, de modo que el intercambio de habilidades y la comprensión de valores y motivaciones se conviertan en la base de una colaboración auténtica y enriquecedora.

La entrevista a Jacqueline fue un buen ejemplo de esto último. Fue una especie de mentoría improvisada en las dos direcciones. Aunque me aseguró que le encantaba trabajar con milenials y gen Z, creo que ambas nos despedimos habiendo aprendido más sobre la otra persona y su generación. Yo hice un gran esfuerzo por no juzgar su manera de vivir. Al fin y al cabo, las dos compartíamos el propósito de construir un mundo mejor, solo que con abordajes diferentes sobre cómo llevarlo a cabo. Ella se quedó dándole vueltas al *burnout*. El tema la siguió persiguiendo tras nuestro encuentro, ya que varios estudiantes le preguntaron sobre ello en charlas que dio en universidades de negocios posteriormente.

Meses más tarde, en un correo electrónico, me explicó que seguía cuestionándose por qué no lo había vivido y hasta qué punto había un componente generacional. Incluso le preguntó por ello a sus padres, quienes ni siquiera entendieron de qué les estaba hablando. Al terminar, con su característica amabilidad, me daba las gracias por empujarla a reflexionar sobre el asunto: «Puede que necesitemos una caja de herramientas completamente nueva, al tiempo que revisamos los sistemas que hemos puesto en marcha. ¿Qué es lo que tiene que cambiar?». Me hizo pensar que quizás ella, que se ha pasado la vida asumiendo riesgos y cambiando modelos obsoletos, tendría otra visión del trabajo si hubiera nacido cuando lo hice yo. Leerla me llenó de esperanza. Vi que desde la comprensión y el entendimiento podríamos llegar a cocrear un mundo laboral más saludable entre todas las generaciones.

El poder de unir fuerzas

Un mes después de conocer a Jacqueline, mi vida empezó a parecerse mucho a la de antes, la que tenía antes de quemarme. La salud mental en el trabajo estaba cada vez más en boga y eso generó un gran pico de trabajo. Me pasé dos meses, de mediados de marzo a mediados de mayo de 2023, dando tumbos por el mundo: estuve en nueve ciudades de siete países diferentes dando charlas en conferencias de periodismo y formaciones en empresas de medios. A veces pasaba por Almería; otras, empalmaba un viaje con otro.

De fondo, siempre me acompañaba el miedo a volver a agotarme. Por eso estaba muy atenta para no caer en antiguos patrones y olvidar todo lo que había aprendido que me servía. Protegía ferozmente mis ocho horas de sueño, no me dejaba comer mal, me reservaba ***espacios de no hacer nada*** a lo largo de la jornada y hacía yoga en los estudios locales para ejercitar mi cuerpo-mente. Además, me reservaba ***colchones de descanso*** antes y después de cada tramo: uno o dos días en los que no había reuniones ni tenía que trabajar.

Aun así, tuve que tomar decisiones difíciles. Para entonces me había propuesto comenzar este libro y me estaba acompañando un coach literario. Tenía entregas mensuales y casi nunca llegaba con lo que me había comprometido. Me había vuelto a cargar demasiada exigencia a la espalda y mi salud podría estar rápidamente de nuevo en la cuerda floja. La única manera de llegar a todo era sacrificándola y, esta vez, no estaba dispuesta a hacerlo. Hice un análisis profundo de mis prioridades y mis líneas rojas, sabiendo que tendría que renunciar a algo. Con muchísimo dolor, y tras varias lloreras, decidí dejar aparcada la escritura. No podía escribir un libro sobre cómo no quemarte y quemarme en el camino. No quería ser incoherente, incluso si eso implicaba tener que ir más despacio.

En mis ponencias, se me hacía raro ver a caras conocidas entre la audiencia siendo yo una persona tan distinta. Hablaba a periodistas, pero ya no me sentía una de ellos. Habían pasado cinco años y medio desde que me fui del ICIJ. Sin embargo, el hecho de que yo era como ellos y entendía perfectamente su día a día, hacía que mi discurso calara. Al oírme, los más escépticos acerca del autocuidado y el bienestar empezaban a plantearse estos temas. Escuchar a personas con experiencia vivida en salud mental rompe estigmas, genera empatía y hace que hablar de ello deje de ser un tabú. Y yo era un ejemplo paradigmático: era la premio Pulitzer que se quemó y lo dejó todo. Les podía pasar a ellos.

Aproveché mis viajes para conocer a personas que, como yo, hablaban de bienestar mental y emocional a sus colegas de profesión.

Los chefs quemados

The Self-Investigation apoyaba a profesionales de medios a «investigarse a sí mismos». Nuestro equivalente en la hostelería era The Burnt Chef Project (El proyecto del chef quemado), con sede en el Reino Unido. Ellos tenían aún más fáciles los juegos de palabras, se dedicaban a «quemar el estigma».

Me encontré con su CEO, el británico Kris Hall, en el recinto ferial ExCeL de Londres, el equivalente al IFEMA de Madrid. Estaba participando como expositor en el principal encuentro presencial del sector hostelero y de restauración del país, el Hotel, Restaurant & Catering (HRC), que reúne a más de 25.000 profesionales durante tres días.

Kris, nacido en 1987, me contó que creó la organización en 2019 a raíz de su experiencia personal. Él era proveedor de servicios para chefs y gerentes y observaba cómo sus clientes estaban frecuentemente física y psicológicamente enfermos. Algunos acabaron suicidándose. Al principio, se propuso hacer una exposición fotográfica para visibilizar estas «caras ocultas» de la industria. «Aquellas fotos y aquella campaña de concienciación provocaron que por primera vez alguien en esta industria dijera: "No estoy bien. Necesito ayuda". Porque no es fácil admitirlo en un entorno tan macho y duro.» La buena acogida le animó a seguir adelante.

Su entidad hizo una encuesta a casi 1.300 profesionales de la hostelería y los resultados mostraban una realidad preocupante: ocho de cada diez habían experimentado problemas de salud mental durante su carrera, y casi uno de cada dos no se sentiría cómodo hablando de sus preocupaciones de salud con sus compañeros. Él atribuía muchos de esos problemas a una forma tóxica que se había aceptado como «la manera que es, y punto»: una mezcla de jornadas de ochenta horas a la semana y las estructuras jerárquicas en que se perpetúan los malos modales para rendir bajo presión generan una alta rotación que podría evitarse, según Kris. Pero hay que crear «estructuras de apoyo que nos permitan hacerlo». La gama de servicios que ofrece The Burnt Chef Project incluye apoyo psicológico 24/7, recursos educativos como guías y pódcasts, y formación sobre manejo del estrés, prevención del *burnout* y salud mental, tanto para individuos como para empresas.[30]

Cuando le pregunté si se puede ganar una estrella Michelin sin petar me dijo que estaba convencido de ello: «Un amigo mío tiene una estrella Michelin verde y lleva dos años con el mismo equipo. Todos ellos están contentos, bien alimentados. Él probablemente se encuentra en el mejor estado mental en años». Me argumentó algo con lo que yo estaba totalmente de acuerdo: que parte del problema era la falta de formación en higiene mental y resiliencia. «Sí, puedes recibir reconocimientos. Sí, puedes tener un negocio exitoso y al mismo tiempo mantener un equilibrio entre trabajo y vida personal... pero necesitamos enseñarte cómo cuidar tu propia salud y bienestar, así como la de tu equipo», concluyó.

Emprender sin caer mentalmente

Mis pasos por Madrid también trajeron frutos interesantes en la búsqueda de modelos más saludables para trabajar. Un grupo de reconocidos emprendedores españoles había creado una asociación llamada Ancla.Life para apoyar a sus iguales. Casi todos habían tenido retos con la salud mental y defendían que emprender no tiene por qué ser solitario ni agotador. Se unieron a raíz del revuelo causado por el hilo de posts de uno de ellos, Diego Ballesteros, en Twitter en marzo de 2021, que empezaba diciendo: «"La depresión no existe, es la típica excusa que utilizan las personas débiles para justificar su mediocridad". Así, literal, es lo que toda mi vida había pensado sobre las personas que sufrían esta enfermedad... hasta que caí en ella».[31] Las cifras de su sector tampoco pintan una foto bonita: el 70 por ciento de los emprendedores han experimentado problemas de salud mental como *burnout*, ansiedad o depresión debido al estrés y a la presión habituales en el ecosistema; el 57 por ciento sacrifica su relación de pareja y otras relaciones personales.[32]

Habían tenido mucho éxito con un pódcast de entrevistas en el que visualizaban el tema a través de historias personales, pero en abril de 2023 dieron un salto al siguiente nivel con una plataforma con decenas de recursos y una formación en línea. El programa Healthy Minds for Entrepreneurs (Mentes saludables para emprendedores) tenía módulos sobre asuntos como gestión del estrés y de las emociones o el triángulo básico del bienestar (alimentación, actividad física y sueño). Asistí a la presentación en el centro de Madrid, en las oficinas de Odilo, la empresa de educación digital con la que colaboraban. Había unos cuarenta emprendedores que creían firmemente en un emprendimiento saludable. Entre ellos, varios de los cofundadores de Ancla.Life. Me guardé varios contactos y les entrevisté, tranquilamente, semanas más tarde.

Uno fue el CEO de Brooklyn Fitboxing, Juan Pablo Nebrera, nacido en 1975, que se estaba certificando como coach. Me dijo que estaba convencido de que se podía tener éxito y tener vida: «Creo que se da demasiado valor al tema de la entrega incondicional y las horas». Para él las claves eran el autoconocimiento, que incluye definir lo que para cada uno es triunfar, y mantener el foco. «Aprendí a decir que no a muchas cosas porque al final te das cuenta de que hay un 20 por ciento de factores que generan el 80 por ciento del éxito», me dijo haciendo referencia a la que se conoce como ***Ley de Pareto***. «En la medida en la que te conoces a ti mismo, eres capaz de estar equilibrado e identificas tus miedos y tus limitaciones.»

También me ofreció una perspectiva interesante su director de investigación, Gustavo Diez (1980), que es neurocientífico y es director y fundador de Nirakara, una de las organizaciones referentes en mindfulness en España. Él era el principal formador en Healthy Minds y un ferviente defensor de que podemos aplicar los avances científicos para mejorar nuestra salud mental, lo que él llama «aplicar la medicina del estilo de vida para optimizar el bienestar psicológico». Aunque no creía en cargas de trabajo excesivas porque sí y sin sentido, no pensaba que se pudiera ganar un Pulitzer trabajando ocho horas al día. Estos grandes esfuerzos, que deben ir seguidos de un periodo de recuperación, tienen que ser puntuales y a causa de un propósito mayor: «Cuando vives a pleno pulmón, cuando realmente te metes en lo que haces, hay momentos en los que vas a dar el do de pecho y vas a pagar un precio por ello. Pero eso forma parte de tu camino de evolución; sin eso, no hubieses madurado de la manera en que lo has hecho».

Aunque la mayoría de los socios de Ancla.Life son hombres, la directora general es una mujer, Carlota Mateos (1975), que fue el tercer contacto que entrevisté. Había tenido éxito como emprendedora durante más de veinte años con varias empresas, como Rusticae, una plataforma de alojamientos con encanto en entornos rurales o singulares. Ella tuvo dos *burnouts*, uno de ellos con una depresión asociada por la que se tuvo que medicar. Su terapeuta le diagnosticó que, tal como me había pasado a mí, su desequilibrio entre las energías yin y yang la había llevado a un desgaste emocional excesivo. Un médico en la India le advirtió de que, si no cambiaba su forma de trabajar, podría acabar teniendo una enfermedad más grave: «Tu sistema nervioso ya no soporta más, lo tienes al límite, y los tejidos del cuerpo también. Mucho cuidado». Fue entonces cuando tomó conciencia de que se había «pasado ocho pueblos».

Cuando hablamos, llevaba ya una vida más equilibrada. Estaba en proceso de salida de Rusticae y su ritmo de trabajo era más tranquilo. Consciente de que el bienestar hay que priorizarlo, en su día a día se dejaba huecos para meditar y hacer yoga regularmente. Antes de apagar la luz por las noches, hacía ejercicios de respiración durante veinte minutos. Era optimista sobre la posibilidad de que las organizaciones conscientes se conviertan en la norma. «Hay un movimiento creciente de gente que dice "así ya no" —explicaba—. Están despertando y empezando a buscar y ver de qué manera viven más alineados con lo que es su ser esencial.» A través del paralelismo con el cambio climático —del que se empezó a alertar hace décadas y que ahora pocos niegan— apuntó que contaba con la paciencia para una transformación cultural que, aunque fuera paulatina, era imparable: «¿Cómo empieza a pasar eso? Cuando hay gente valiente en el mundo de las empresas que dice: "En mi empresa esto no se hace y la gente a las seis se va"».

Me trasladó que una de las actividades más potentes y exitosas de Ancla.Life eran los *personal boards*, grupos de menos de diez emprendedores que se reúnen mensualmente para compartir desafíos personales y profesionales, aprender unos de otros y recibir apoyo mutuo con total privacidad. Un buen ejemplo de apoyo entre pares que ayuda a generar un nuevo paradigma. «Los que lo hemos visto con clarividencia temprana tenemos que ser altavoz de esto, porque debemos tener empresas donde se viva dignamente», concluía.

El bienestar inspira el bienhacer

La idea más inspiradora en mi búsqueda de respuestas sobre un éxito saludable me la dio el activista de derechos humanos sudafricano Kumi Naidoo, nacido en 1965. Me conecté con él por Zoom en el verano de 2023. Un año antes le había escuchado compartir su experiencia de salud mental en Bilbao, en el Wellbeing Summit For Social Change (Congreso de Bienestar para el Cambio Social). Kumi se quebró en 2019, cuando era secretario general de Amnistía Internacional, y tuvo que lidiar con múltiples asuntos complejos, incluido el suicidio de uno de sus empleados, que se quitó la vida en la oficina de París.

«Subestimé por completo el efecto que estaba teniendo en mí [...] Trabajaba veinte horas al día y tenía un perpetuo déficit de sueño», contó en el congreso a una audiencia de casi mil agentes de cambio. «Estaba siendo un irresponsable, política y socialmente.» A finales de ese año, dejó la organización y empezó «un proceso de sanación». Desde aprender cómo usar la respiración o la meditación para calmar el sistema nervioso hasta trabajar sobre traumas del pasado, incluido el suicidio de su propia madre. «Nunca más estaré avergonzado o pediré perdón por cuidar de mi propio bienestar —confesaba—. La lucha por un mundo más justo es una maratón, no un esprint.»

Aunque le entrevisté a través de una pantalla, sus palabras me llegaron directamente al corazón. «Einstein dijo una vez que no deberíamos intentar resolver un problema con la misma conciencia que lo creó —dijo—. El desafío es siempre el mismo: ¿cómo cambiar las cosas en la dirección que necesitamos movernos y, a la vez, jugar según las reglas que exige el momento presente?» Por eso, según él, no podía saber si habríamos ganado el Pulitzer sin trabajar en ocasiones dieciséis horas al día, porque aún estamos creando los nuevos sistemas que retan a un sistema laboral caduco y enfermo.

Una pregunta que se hacía de manera constante era: «¿Es posible, de una forma muy práctica, diseñar un activismo que esté alineado con el estilo de vida que queremos llevar?». La compartía mucho con su pareja, Louisa Zondo, también líder social, con la que había creado una fundación familiar para promover el activismo a través del arte o artivismo, la Riky Rick Foundation for the Promotion of Artivism. La establecieron en memoria del hijo de ella, un conocido rapero, que se había quitado la vida recientemente. Por eso, la salud mental era uno de sus pilares principales.[33]

Entre las posibilidades que pensaban para su ONG estaba establecer como rutina organizacional las «caminatas de bienestar mental». «Si esos paseos estuvieran programados como una actividad de la fundación, te garantizo que iría a todos, puntualmente, cinco minutos antes. Porque estarían incorporados en la agenda, y aun así los disfrutaría, ya que es lo que quiero hacer.» Así que, para él, parte de la solución iba por ahí: «¿Podemos integrar aquello que nos divierte y apasiona dentro de un marco con propósito?».

Kumi me hizo comprender que aún estábamos en un momento de experimentación en el que se necesitaban muchos intentos, con una fase de prueba y error constante. Y que la fórmula exitosa dependería de cada persona, entidad o contexto. Este mismo mensaje me lo reforzó el indocanadiense Aaron Pereira, nacido en 1980, con quien me tomé un café cuando visité París por trabajo. En 2014, consiguió involucrar a varias organizaciones para cocrear The Wellbeing Project, el movimiento global para promover el bienestar interior de las personas que trabajan por el cambio social que había impulsado el congreso de Bilbao. Su motivación, de nuevo, su propia experiencia personal (tuvo *burnout* tras ser un exitoso joven emprendedor social) y el malestar psicológico generalizado entre sus compañeros.

Originalmente apostaron por retiros, apoyo personalizado y trabajo grupal para líderes sociales, pero se dieron cuenta de su importante papel como catalizadores de un cambio cultural del ecosistema. Desde ese rol, apostaban por los grupos de trabajo de entidades de diferentes campos, como la educación, y por la concienciación a través de conferencias con sus valores y principios, pero autogestionadas localmente alrededor del mundo. El mantra que promovían era «*wellbeing inspires welldoing*», que en español se traduciría como «el bienestar inspira el bienhacer».[34]

«Cuando alguien te pregunta: "¿Crees que habrías podido ganar el Pulitzer trabajando de ocho a cinco?", la respuesta es no», afirmó. Para él, no es tanto una cuestión de horas, sino de adoptar un enfoque integral que incorpore el bienestar. «La verdadera pregunta podría ser: ¿Cómo podría haber estado bien, y qué habría significado estar bien, incluso mientras trabajaba en algo tan profundamente significativo y tan profundamente importante?»

Periodistas saludables

Todas estas conversaciones me animaron a movilizar aún más a los profesionales de medios conectados con The Self-Investigation y convertirlos en una verdadera comunidad. Una comunidad no es solo un grupo de personas que comparten un espacio o intereses, sino un tejido de relaciones y vínculos que permite a sus miembros sentirse parte de algo más grande que ellos mismos, cuidándose los unos a los otros. La etimología de la palabra —*communitas*, «cualidad de lo común» o «compartir responsabilidades y bienes»— refleja precisamente esta idea. El monje budista Thich Nhat Hanh dijo en los años noventa[35] que «el próximo Buda podría tomar la forma de una comunidad». Nosotras no buscábamos la iluminación, pero sí ser parte de esa expansión de la consciencia alrededor del mundo. Nuestro lema era: «Para mantener un periodismo de calidad, necesitamos periodistas saludables».

En otoño, lanzamos la Comunidad de Agentes de Bienestar con sesenta periodistas de habla hispana, a los que dotamos de las habilidades para promover conversaciones y conocimientos sobre salud mental en decenas de redacciones. También empezamos a planificar un encuentro global en inglés y en español que fuera anualmente el punto de encuentro de la profesión sobre el tema, la Cumbre de Salud Mental en el Periodismo, que celebramos un año más tarde por primera vez.[36]

Mientras tanto, las diferentes expertas de la fundación —éramos todas mujeres— seguíamos propagando nuestros conocimientos en las conferencias clave. Eventualmente, en una de ellas, me crucé con Gerard, el director del ICIJ. Le pedí vernos a solas y le compartí ese agradecimiento que sentí tras mi retiro vipassana. A pesar de que mi *burnout* y nuestros desencuentros habían sido duros, me habían ayudado a estar plenamente alineada conmigo misma.

A finales de 2023 estaba en mi mejor momento desde que lo había dejado. Habían pasado ya seis años de aquello y por fin encajaban todas las piezas del puzle. Me sentía saludable y con energía, priorizaba mi bienestar, tenía familia, amigos y varias comunidades que me apoyaban, vivía en el paraíso y, encima, a nivel profesional me iba bien: The Self-Investigation estaba teniendo un gran impulso y yo me sentía feliz sirviendo a mis colegas de profesión a nivel internacional como su directora ejecutiva. Además, me surgían oportunidades interesantes, como ser una de las presentadoras del Wellbeing Summit en Bogotá, uno de los cinco encuentros regionales que realizó el Wellbeing Project ese año, o como tener una oferta de un sello del Grupo Planeta para escribir este libro. Por último, empezaron a llegar los premios. Entre ellos, me reconocieron como emprendedora social Ashoka. Esta organización apoya a personas que desarrollan soluciones innovadoras para afrontar problemas sociales, ambientales o culturales con financiación y mentorías para que puedan generar un impacto a gran escala.[37] ¿Qué más podía pedir?

Vivir a jornada completa

Vivimos en un mundo inestable. Los expertos lo llaman ***entorno VUCA***, que es el acrónimo en inglés de estas cuatro dimensiones: la rapidez y alta frecuencia del cambio (volatilidad), la incertidumbre, la complejidad de las situaciones y la ambigüedad de las soluciones. Desde hace miles de años los budistas han difundido que «nada es permanente, todo cambia» (lo malo y lo bueno). Ahora esos cambios van a mayor velocidad.

El 5 de noviembre de 2024 marcó un antes y un después en la historia moderna. Donald Trump fue elegido presidente de Estados Unidos por segunda vez y, poco a poco, ha impuesto un nuevo orden mundial. Sus decisiones e influencia han sacudido mercados, empresas y la vida cotidiana de millones de personas, que cada mañana se despiertan preguntándose cuánto habrá cambiado su realidad.

Aquello también me desestabilizó, pero el verdadero terremoto que movió mis cimientos ocurrió un mes antes. Pasé menos de un año en mi burbuja de felicidad. A principios de octubre de ese año, recibí una llamada de mi madre mientras estaba en un festival de periodismo constructivo en la ciudad alemana de Bonn. Me contaba que iba a ir a urgencias porque no se encontraba bien, que le dolía la tripa y tenía diarrea desde hacía unos días. Para tranquilizarla le dije: «No te preocupes, mamá. Ya verás como no es nada». Me equivoqué. En la ecografía abdominal le encontraron unos bultos y se quedó ingresada. Adelanté mi avión y me volví a Madrid en cuanto di mi charla. Días después, el diagnóstico acabó siendo cáncer de estómago de estadio IV con metástasis en el hígado. Le daban entre doce y quince meses de vida.

Ya no volví a Aguadulce. Me quedé en la capital. Madrid, esa ciudad de la que yo había huido siete años antes, volvía a ser mi hogar. Merecía la pena: estar allí me permitía acompañar a la persona que más amaba y que me había dado la vida, sosteniéndola en el final de su propio camino. Para ello, desaceleré mi ritmo laboral o, más bien, lo situé en otro lugar de importancia en mi lista de prioridades.

Según Bronnie Ware, enfermera australiana de cuidados paliativos, los cinco remordimientos más comunes de las personas al final de su vida son: «Ojalá hubiera tenido el valor de vivir una vida fiel a mí mismo, no la que los demás esperaban de mí»; «Ojalá no hubiera trabajado tan duro»; «Ojalá hubiera tenido el valor de expresar mis sentimientos»; «Ojalá me hubiera mantenido en contacto con mis amigos»; y «Ojalá me hubiera permitido ser más feliz».[38] Yo sentía que estaba cumpliendo todos y cada uno de esos puntos estando con ella. Mi hermana estaba viviendo en Australia y mi padre aún no se había jubilado. Me convertí en su cuidadora principal y me alojé en la casa familiar. La acompañé a la mayoría de las visitas médicas, incluida la quimioterapia cada quince días, y aprendí todo lo que pude sobre el cáncer y terapias complementarias de tratamiento.

También me convertí en su portavoz de comunicación. Lo primero que dejó de mirar tras el diagnóstico fue el móvil. Yo informaba a familiares y amigos de sus progresos a través de una lista de WhatsApp. Pero lo más importante que hice fue darle todo el cariño que pude: la abrazaba y le decía «te quiero» a diario. Acostarla era mi momento preferido. Le ponía aceite esencial de lavanda para que se relajase y decíamos cada una tres agradecimientos de nuestro día. En numerosas ocasiones su respuesta era: «Gracias por todo tu cuidado».

Pasé a su lado más de trescientos cincuenta días. Falleció a los setenta y cuatro años el 6 de diciembre de 2025 ingresada en la unidad de cuidados paliativos del Hospital de La Paz. Me encantaría que mi madre siguiera viva. No obstante, me queda el consuelo de que, quizás, compartimos más tiempo juntas que si hubiéramos continuado con nuestras rutinas anteriores, cada una en una ciudad.

¿Cuántas veces ves tú a tus padres al año, si es que siguen vivos? Te invito a hacer el cálculo, puede ser muy revelador para ti. Sin embargo, ¿por qué tenemos que esperar a estar próximos a morir o tener una enfermedad (o que la tenga un ser querido) para realizar cambios? Solemos preguntarnos si trabajamos para vivir o vivimos para trabajar. Para mí, la cuestión está mal planteada. Deberíamos tener una vida fiel a nosotros mismos siempre: vivir a jornada completa. Tengo pocas certezas, pero una de ellas es que tenemos el deber de crear un movimiento de personas que luchen por ello.

Acompañando a mi madre en su enfermedad, experimenté de primera mano las dificultades de ser cuidadora. Por suerte, tenía las herramientas necesarias para cuidarme, para sostener mi energía sin agotarme. Los cinco pilares que he compartido contigo fueron mi sostén: protegía mi atención con uñas y dientes; escuchaba las necesidades de mi cuerpo y el gimnasio se convirtió en mi lugar favorito, a pesar de odiarlo; nutría mi corazón con momentos especiales con mi familia y recibiendo amorcito de mis amigos; calmaba mi mente con meditación y ejercicios de respiración y me apoyaba en los hermanos de mi madre y la fantástica red de amistades que ella había creado para que me relevasen.

Los humanos solemos creernos la especie superior, pero no lo somos. Los árboles nos enseñan lo que significa la verdadera sabiduría de la existencia. Ellos cuidan de sus raíces, permanecen sanos, firmes y enraizados. Al mismo tiempo, se sostienen unos a otros, conectados bajo tierra por redes de filamentos de hongos que entrelazan sus raíces y permiten el flujo de nutrientes, agua y mensajes químicos.[39] Aprender a vivir como ellos, con esa combinación de atención hacia uno mismo y cuidado de nuestra comunidad y del planeta, es quizás la clave de un modelo de existencia exitoso. O, al menos, es el que yo quiero alimentar. Al fin y al cabo, los árboles llevan mucho más tiempo que nosotros sobre la faz de la Tierra, y en su quietud y conexión guardan secretos que, claramente, todavía tenemos que aprender.

AUTOINVESTIGACIÓN: LA COMUNIDAD

Has llegado al final del libro. ¡Enhorabuena! Antes de pasar a otra cosa, no dejes de hacerte estas últimas reflexiones:

- Revisa tu lista de tareas. ¿Cómo te podrías poner tú primero, o al menos hacer algo de hueco para ti?
- Ya lo has visto: las conexiones significativas son fundamentales para ser feliz. ¿Quiénes son esas personas clave en tu vida? Piensa si les dedicas el tiempo suficiente, y si no, ¡cámbialo! ¿Formas parte de alguna comunidad?
- Te propongo hacer el ejercicio del mapa de vida en algún entorno seguro: con tus amigos, tu familia directa, o algunos compañeros de trabajo. Será revelador, créeme.
- En la organización en la que trabajas: ¿miden, comprenden y actúan sobre el bienestar organizacional? Si no, regálales una copia de este libro como indirecta ;)
- Si eres mánager y no te han dado formación sobre salud mental en el trabajo: ¡pídela!
- Recuerda la técnica del semáforo: ¿y si la pruebas en la próxima reunión que lideres o sobre la que tengas influencia?
- Piensa si puedes implementar las reuniones uno a uno y qué pasos conllevaría hacer esto para ti.
- Haz una mentoría cruzada: busca a alguien de tu empresa que sea de una generación diferente y proponle un café para entenderos mejor.
- Te he hablado de periodistas, chefs, emprendedores y agentes de cambio quemados: ¿Qué sabes de cómo está la salud mental en tu profesión? Investiga, que seguro que hay datos.
- Incorpora la rutina de gratitud en tu día a día. ¿Con quién puedes tener ese momento de compartir diario, como el que yo tenía con mi madre? ¡Hazlo! Está al alcance de cualquiera y es un auténtico regalo.
- Por último, no dejes de releer de vez en cuando los arrepentimientos que nos planteaba Bronnie Ware. Te servirán como un faro que te guíe para vivir a jornada completa.

NOTAS

Capítulo 1: Érase una vez el éxito

[1] The Pulitzer Prizes. (s. f.). *2017 Pulitzer Prize announcement* [Vídeo]. <https://www.pulitzer.org/news/video-2017 pulitzer-prize-announcement>.

[2] Graves, L., y Shabbir, N. (2019). *Gauging the global impacts of the "Panama Papers" three years later*. Reuters Institute for the Study of Journalism. <https://reutersinstitute.politics.ox.ac.uk/our-research/gauging-global-impacts-panama-papers-three-years-later>.

[3] International Consortium of Investigative Journalists. (2016, 3 de abril). *Giant leak of offshore financial records exposes global array of crime and corruption*. <https://www.icij.org/investigations/panama-papers/20160403-panama-papers-global-overview/>.

Capítulo 2: Apasionada, pero quemada

[1] Freudenberger, H. J. (1980). *Burn-out: The high cost of high achievement*. Anchor Press; Maslach, C., y Jackson, S. E. (1981). The measurement of experienced burnout. *Journal of Organizational Behavior, 2*, 99-113. <https://doi.org/10.1002/job.4030020205>; Maslach, C. (1982). *Burnout: The cost of caring*. Prentice-Hall; Maslach, C., y Leiter, M. P. (2024). *The burnout challenge: Managing people's relationships with their jobs*. Harvard University Press. ISBN 9780674297272.

[2] World Health Organization. (2019, 28 de mayo). *Burn-out an occupational phenomenon: International Classification of Diseases*. <https://www.who.int/news/item/28-05-2019-burn-out-an-occupational-phenomenon-international-classification-of-diseases>; World Health Organization (s. f.). *ICD-11 for mortality and morbidity statistics (Spanish version)*. <https://icd.who.int/browse/2025-01/mms/es#129180281>.

[3] Nagarajan, R., Ramachandran, P., Dilipkumar, R., y Kaur, P. (2024). Global estimate of burnout among the public health workforce: A systematic review and meta-analysis. *Human Resources for Health, 22*. <https://doi.org/10.1186/s12960-024-00917-w>; Adecco Institute. (2023). *Global workforce of the future 2023*. <https://www.adeccoinstitute.es/futuro-del-trabajo-y-tecnologia/global-workforce-of-the-future-2023/>.

[4] Harvard Business Review. (s. f.). *HBR guide to beating burnout*. <https://store.hbr.org/product/hbr-guide-to-beating-burnout/10406>.

[5] Gallup. (s. f.). *Employee burnout, part 1: The main causes*. <https://www.gallup.com/workplace/237059/employee-burnout-part-main-causes.aspx>.

[6] Petersen, A. H. (2019). *How millennials became the burnout generation*. BuzzFeed News. <https://www.buzzfeednews.com/article/annehelenpetersen/millennials-burnout-generation-debt-work>; LifeWorks. (s. f.). *Senior leaders' state: Wellbeing and resiliency in a compromising post-pandemic workplace*. <https://lifeworks.com/en/resource/senior-leaders%E2%80%99-state-wellbeing-and-resiliency-compromising-post-pandemic-workplace/>; Garton, E. (2018). How are you protecting your high performers from burnout? *Harvard Business Review*. <https://hbr.org/2018/06/how-are-you-protecting-your-high-performers-from-burnout>.

[7] Kark, R., y Carmeli, A. (2019). When passion leads to burnout. *Harvard Business Review*. <https://hbr.org/2019/07/when-passion-leads-to-burnout>.

[8] International Consortium of Investigative Journalists. (s. f.). *Luxembourg Leaks*. <https://www.icij.org/investigations/luxembourg-leaks/>.

[9] International Consortium of Investigative Journalists. (s. f.). *Swiss Leaks*. <https://www.icij.org/investigations/swiss-leaks/>.

[10] International Consortium of Investigative Journalists. (2016, octubre). *Center for Public Integrity spins off ICIJ*. <https://www.icij.org/inside-icij/2016/10/center-public-integrity-spin-icij/>.

[11] Center for Public Integrity. (2016). *Center spins off international arm*. <https://publicintegrity.org/inside-publici/center-spins-off-international-arm/>.

[12] International Consortium of Investigative Journalists. (s. f.). *Paradise Papers*. <https://www.icij.org/investigations/paradise-papers/>.

Capítulo 3: Vencer el miedo

[1] The Pulitzer Prizes. (s. f.). *The Pulitzer Prizes.* <https://www.pulitzer.org/>.

[2] The Pulitzer Prizes. (2017). *2017 Pulitzer luncheon* [Vídeo]. YouTube. <https://www.youtube.com/watch?v=Y5l7Q-265cYU&t=733s>.

[3] Bernstein, J. (2017). *Secrecy world: Inside the Panama Papers investigation of illicit money networks and the global elite.* St. Martin's Press.

Capítulo 4: A la deriva

[1] YouTube. (s. f.). [Vídeo]. <https://www.youtube.com/watch?v=r1kjgoC_o4M>.

[2] Lovin Malta. (2017, 16 de octubre). *Breaking: Daphne Caruana Galizia reported dead in car explosion.* <https://lovinmalta.com/news/news-breaking/breaking-daphne-caruana-galizia-reported-dead-in-car-explosion/>.

[3] Daphne Caruana Galizia. (s. f.). *Daphne Caruana Galizia.* <https://daphnecaruanagalizia.com/>.

[4] The Guardian. (2022, 14 de octubre). *Daphne Caruana Galizia brothers admit murder on first day of trial.* <https://www.theguardian.com/world/2022/oct/14/daphne-caruana-galizia-brothers-admit-murder-first-day-trial>.

[5] The Daphne Caruana Galizia Foundation. (s. f.). *The Daphne Caruana Galizia Foundation.* <https://www.daphne.foundation/en/>.

Capítulo 5: La atención

[1] Hart, W. (1987). *The art of living: Vipassana meditation as taught by S. N. Goenka.* Harper y Row. <https://dn790002.ca.archive.org/0/items/artoflivingvipasanameditationasthoughtbygonekas.n.williamhart_202002/Art%20of%20Living%20Vipasana%20Meditation%20As%20thought%20by%20GonekaS.N.%20William%20Hart%21.pdf>. Más en la web <https://www.dhamma.org>.

[2] YouTube. (s. f.). [Vídeo]. <https://www.youtube.com/watch?v=tGwPg9I98jk>.

[3] Thompson, D. (2016, noviembre). The binge breaker. *The Atlantic.* <https://www.theatlantic.com/magazine/archive/2016/11/the-binge-breaker/501122/>.

[4] Minimize Distraction. (s. f.). *Minimize Distraction.* <http://www.minimizedistraction.com/>.

[5] Newton, C. (2018, 17 de enero). Time well spent: Facebook, Tristan Harris, and Mark Zuckerberg. *The Verge.* <https://www.theverge.com/2018/1/17/16903844/time-well-spent-facebook-tristan-harris-mark-zuckerberg>.

[6] Center for Humane Technology. (s. f.). *Center for Humane Technology.* <https://www.humanetech.com/>; The Social Dilemma. (s. f.). *The Social Dilemma.* <https://thesocialdilemma.com/>.

[7] Cadwalladr, C., y Graham-Harrison, E. (2018, 17 de marzo). Cambridge Analytica: How Facebook influenced the US election. *The Guardian.* <https://www.theguardian.com/news/2018/mar/17/cambridge-analytica-facebook-influence-us-election>; Netflix. (2020). *The social dilemma* [Documental]. <https://www.netflix.com/es/title/80117542>.

[8] Zuboff, S. (2020). *La era del capitalismo de la vigilancia:*

La lucha por un futuro humano frente a las nuevas fronteras del poder (A. Santos Mosquera, Trad.). Ediciones Paidós. ISBN 978-84-493-3693-5.

[9] Carleton University. (2017, 20 de abril). *Carleton study finds people spending a third of job time on email.* <https://newsroom.carleton.ca/archives/2017/04/20/carleton-study-finds-people-spending-third-job-time-email>.

[10] Lanier, J. (2018). *Ten arguments for deleting your social media accounts right now*. Henry Holt and Company. ISBN 978-1250196682; Lanier, J. (2018). *Diez razones para borrar tus redes sociales de inmediato = Ten arguments for deleting your social media accounts right now* (M. Pérez Sánchez, Trad.). Debate. ISBN 978-84-9992-917-0.

[11] Killingsworth, M. A., y Gilbert, D. T. (s. f.). *A wandering mind is an unhappy mind.* <https://greatergood.berkeley.edu/images/uploads/A_Wandering_Mind_Is_an_Unhappy_Mind.pdf>.

[12] Thompson, D. (2018). Netflix CEO Reed Hastings: "Sleep is our competition". *Fast Company*. <https://www.fastcompany.com/40491939/netflix-ceo-reed-hastings-sleep-is-our-competition>; Eyal, N. (2019). *Indistractable: How to control your attention and choose your life.* BenBella Books. ISBN 9781948836531; Eyal, N. (2025). *Inmune a la distracción: Cómo controlar tu atención ante la epidemia de la interrupción constante* (G. Moraleda, Trad.). Ediciones Península. ISBN 9788411003933.

[13] HuffPost. (s. f.). Just breathe: Building the mindful workplace. <https://www.huffpost.com/entry/just-breathe-building-the_b_85651>.

[14] Brod, C. (1984). *Technostress: The human cost of the computer revolution*. Addison-Wesley. ISBN 9780201112115.

[15] YouTube. (s. f.). [Vídeo]. <https://www.youtube.com/watch?v=XSBuVM0u3f0&t=8s&ab_channel=elrubiusOMG>.

[16] Belmonte, E. (s. f.). Soy una floja. *Medium.* <https://medium.com/@evabelmonteb/soy-una-floja-e34b3d3984f3>.

[17] Yong, E. (2022). [Publicación en X]. <https://x.com/edyong209/status/1575838235129180160>.

[18] Ardern, J. (2023, 19 de enero). For me, it's time: Jacinda Ardern's resignation speech in full. *The Spinoff.* <https://thespinoff.co.nz/politics/19-01-2023/for-me-its-time-jacinda-arderns-resignation-speech-in-full>; YouTube. (2023). *Jacinda Ardern resignation speech* [Vídeo]. <https://www.youtube.com/watch?v=qSUgBuSwFK8>.

[19] Petersen, A. H. (2020). *Can't even: How millennials became the burnout generation.* Houghton Mifflin Harcourt; Petersen, A. H. (2021). *No puedo más: Cómo se convirtieron los millennials en la generación quemada.* Capitán Swing.

Capítulo 6: El cuerpo

[1] Obermayer, B., y Obermaier, F. (2016). *Los papeles de Panamá: Los evasores de impuestos, los políticos corruptos y la industria mundial del delito financiero.* Península.

[2] Rath, T. (2013). *Eat move sleep: How small choices lead to big changes.* Missionday.

[3] Walker, M. (2018). *¿Por qué dormimos? La nueva ciencia del sueño y los sueños.* Capitán Swing.

[4] National Aeronautics and Space Administration. (1995). *NASA technical report.* <https://ntrs.nasa.gov/citations/19950006379>.

[5] Huberman, A. (2023). *Protocols: An operating manual for the human body*. Yellow Kite.

[6] Beno, M. (2023). Re-establish home and work boundaries by pseudo-commute whilst working from home. *Central European Business Review, 12*. <https://doi.org/10.18267/j.cebr.335>.

[7] Salazar, R. (Director). (2005). *20 centímetros* [Película]. Aligator Producciones / Estudios Picasso / Divine Productions.

[8] Teixeira-Machado, L., Arida, R. M., y de Jesus Mari, J. (2019). Dance for neuroplasticity: A descriptive systematic review. *Neuroscience & Biobehavioral Reviews, 96*, 232–240. <https://doi.org/10.1016/j.neubiorev.2018.12.010>.

[9] Noetel, M., Sanders, T., Gallardo-Gómez, D., Taylor, P., del Pozo Cruz, B., van den Hoek, D., *et al.* (2024). Effect of exercise for depression: Systematic review and network meta-analysis of randomised controlled trials. *BMJ, 384*, e075847. <https://doi.org/10.1136/bmj-2023-075847>; Punkanen, M., *et al.* (2017). Emotions in motion: Depression in dance-movement and dance-movement in treatment of depression. En V. Karkou *et al.* (Eds.), *The Oxford handbook of dance and wellbeing*. Oxford Academic. <https://doi.org/10.1093/oxfordhb/9780199949298.013.58>; Fong Yan, A., Nicholson, L. L., Ward, R. E., *et al.* (2024). The effectiveness of dance interventions on psychological and cognitive health outcomes compared with other forms of physical activity. *Sports Medicine, 54*, 1179-1205. <https://doi.org/10.1007/s40279-023-01990-2>.

[10] Cell Press. (2024). *Current Biology article*. <https://www.cell.com/current-biology/fulltext/S0960-9822(24)00698-5>; Kobe University. (s. f.). *Academic paper*. <https://da.lib.kobe-u.ac.jp/da/kernel/0100492874/0100492874.pdf>; Basso, J. C., Satyal, M. K., y Rugh, R. (2021). Dance on the brain: Enhan-

cing intra- and inter-brain synchrony. *Frontiers in Human Neuroscience, 14*, 584312. <https://doi.org/10.3389/fnhum.2020.584312>.

[11] Petrie, N. (s. f.). *Nicholas Petrie*. <https://nicholaspetrie.com/>.

[12] Sapolsky, R. M. (1994). *Why zebras don't get ulcers* (3rd ed.). W. H. Freeman / Holt Paperbacks; Sapolsky, R. M. (2008). *¿Por qué las cebras no tienen úlcera?*. Alianza.

[13] Tseng, J., y Poppenk, J. (2020). Brain meta-state transitions demarcate thoughts across task contexts. *Nature Communications, 11*, 3480. <https://doi.org/10.1038/s41467-020-17255-9>.

[14] Nagoski, E., y Nagoski, A. (2019). *Burnout: The secret to unlocking the stress cycle*. Ballantine Books; Nagoski, E., y Nagoski, A. (2021). *Hiperagotadas*. Diana.

[15] Castellanos, N. (2021). *Neurociencia del cuerpo*. Kairós.

[16] Frontiers in Human Neuroscience. (2018). *Research article*. <https://www.frontiersin.org/journals/human-neuroscience/articles/10.3389/fnhum.2018.00353/full>.

[17] Röttger, S., Theobald, D. A., Abendroth, J., *et al.* (2021). The effectiveness of combat tactical breathing. *Applied Psychophysiology and Biofeedback, 46*, 19-28. <https://doi.org/10.1007/s10484-020-09485-w>.

[18] Hanley, A. W., Warner, A. R., Dehili, V. M., *et al.* (2015). Washing dishes to wash the dishes. *Mindfulness, 6*, 1095-1103. <https://doi.org/10.1007/s12671-014-0360-9>.

[19] Bourne, E. J. (2011). *The anxiety and phobia workbook*. New Harbinger Publications.

[20] Loehr, J., y Schwartz, T. (2005). *El poder del pleno compromiso*. Ediciones Urano; Loehr, J., y Schwartz, T. (2003). *The power of full engagement*. Free Press; Covey, S. R. (2013).

Los 7 hábitos de la gente altamente efectiva. Paidós; Covey, S. R. (1989). *The 7 habits of highly effective people*. Free Press.

[21] Wong, Y., Owen, J., Gabana, N., *et al.* (2018). Does gratitude writing improve mental health? *Psychotherapy Research, 28*(2), 192-202. <https://doi.org/10.1080/10503307.2016.1169332>; Zahn, R., Moll, J., Paiva, M., *et al.* (2008). The neural basis of human social values. *Cerebral Cortex, 19*(2), 276-283. <https://doi.org/10.1093/cercor/bhn080>.

[22] Ikonn, A., y Ikonn, M. (2016). *The five minute journal.* Intelligent Change.

[23] Obama, M. (2020). *The light we carry*. Crown Publishing Group; Obama, M. (2022). *Con luz propia* (G. Dols Gallardo, Trad.). Espasa.

[24] Instagram. (s. f.). [Reel]. <https://www.instagram.com/reel/DF-mCj9sbws/>.

[25] Trougakos, J. P., y Hideg, I. (2009). Momentary work recovery. En S. Sonnentag *et al.* (Eds.), *Current perspectives on job-stress recovery*. Emerald. <https://doi.org/10.1108/S1479-3555(2009)0000007005>; Lee, K. E., Sargent, L. D., Williams, N. S. G., y Williams, K. J. H. (2018). Linking green micro-breaks with mood and performance. *Journal of Environmental Psychology, 60*, 81-88. <https://doi.org/10.1016/j.jenvp.2018.10.010>; Rath, T. (2018). *Eat, move, sleep*. Gallup Press; Rath, T. (2018). *Descansa*. Conecta.

[26] Neurointegration. (s. f.). *Neurointegration*. <https://neurointegration.org/>.

[27] DeskTime. (s. f.). *52/17 rule*. <https://desktime.com/blog/52-17-updated>.

[28] Kleitman, N. (1982). Basic rest-activity cycle—22 years later. *Sleep, 5*(4), 311-317. <https://doi.org/10.1093/sleep/5.4.311>; Kleitman, N. (1970). The basic rest–activity cycle.

En *The nervous system and electric currents*. Springer. <https://doi.org/10.1007/978-1-4684-1836-1_21>.

[29] Hersher, N., y Blankson, A. (2021). *Digital wellness*. Independently published.

[30] ManpowerGroup. (2025). *Global talent barometer*. <https://www.manpowergroup.com/-/media/project/manpowergroup/mpg-marketing/PDF/Insights/MPG-Global-Talent-Barometer-June-2025-Global-Report.pdf>.

[31] Medicina Preventiva. (s. f.). *Mi historia: Mi vida cambiada por un herpes zóster*. <https://medicinapreventiva.info/salud/4792/mi-historia-mi-vida-cambiada-por-un-herpes-zoster-por-leticiamenar>.

[32] Siegel, D. J. (s. f.). *Dr. Dan Siegel*. <https://drdansiegel.com/>.

[33] Quigley, K. S., Kanoski, S., Grill, W. M., *et al.* (2021). Functions of interoception. *Trends in Neurosciences, 44*(1), 29-38. <https://doi.org/10.1016/j.tins.2020.09.008>.

[34] YouTube. (s. f.). [Vídeo]. <https://www.youtube.com/watch?v=vr3x_RRJdd4>.

[35] Spitz, R. A. (1945). Hospitalism. *The Psychoanalytic Study of the Child, 1*(1), 53-74. <https://doi.org/10.1080/00797308.1945.11823126>.

[36] Harlow, H. F. (1958). *The nature of love. American Psychologist, 13*, 573-685; Harlow, H. F., Dodsworth, R. O., y Harlow, M. K. (1965). Total social isolation in monkeys. *PNAS, 54*(1), 90-97. <https://doi.org/10.1073/pnas.54.1.90>.

[37] Packheiser, J., Hartmann, H., Fredriksen, K., *et al.* (2024). A systematic review and multivariate meta-analysis of the physical and mental health benefits of touch interventions. *Nature Human Behaviour, 8*, 1088-1107. <https://doi.org/10.1038/s41562-024-01841-8>.

[38] Lakshmanjoo, S., y Dyczkowski, M. (Trads.). (1992). *Vijnana Bhairava Tantra: The manual for self-realization*. SUNY Press; Figueroa, Ó. (Trad. y coment.). (2017). *Vijñana Bhairava Tantra*. Editorial Kairós. ISBN 978-84-9988-556-8.

[39] Schirmer, A., Croy, I., y Ackerley, R. (2023). What are C-tactile afferents and how do they relate to "affective touch"? *Neuroscience & Biobehavioral Reviews, 151*, 105236. <https://doi.org/10.1016/j.neubiorev.2023.105236>; Rolls, E. T. (2010). The affective and cognitive processing of touch, oral texture, and temperature in the brain. *Neuroscience & Biobehavioral Reviews, 34*(2), 237-245. <https://doi.org/10.1016/j.neubiorev.2008.03.010>.

[40] Li, T., Jiang, Y. H., Wang, X., Hou, D., Jia, S. W., y Wang, Y. F. (2024). Immune-regulating effect of oxytocin and its association with the hypothalamic-pituitary axes. *Journal of Neuroimmunology, 394*, 578419. <https://doi.org/10.1016/j.jneuroim.2024.578419>; Carter, C. S., Kenkel, W. M., MacLean, E. L., Wilson, S. R., Perkeybile, A. M., Yee, J. R., Ferris, C. F., Nazarloo, H. P., Porges, S. W., Davis, J. M., Connelly, J. J., y Kingsbury, M. A. (2020). Is oxytocin "Nature's Medicine"? *Pharmacological Reviews, 72*(4), 829-861. <https://doi.org/10.1124/pr.120.019398>; Dreisoerner, A., Junker, N. M., Schlotz, W., Heimrich, J., Bloemeke, S., Ditzen, B., y van Dick, R. (2021). Self-soothing touch and being hugged reduce cortisol responses to stress: A randomized controlled trial on stress, physical touch, and social identity. *Comprehensive Psychoneuroendocrinology, 8*, 100091. <https://doi.org/10.1016/j.cpnec.2021.100091>; Coan, J. A., Schaefer, H. S., y Davidson, R. J. (2006). Lending a hand: Social regulation of the neural response to threat. *Psychological Science, 17*(12), 1032-1039. <https://doi.org/10.1111/j.1467-9280.2006.01832.x>;

Kraus, J., Frick, A., Roman, R., Jurkovičová, L., Mareček, R., Mikl, M., Brázdil, M., y Fredrikson, M. (2019). Soothing the emotional brain: Modulation of neural activity to personal emotional stimulation by social touch. *Social Cognitive and Affective Neuroscience, 14*(11), 1179-1185. <https://doi.org/10.1093/scan/nsz090>.

[41] Dueren, A. L., Vafeiadou, A., Edgar, C., y Banissy, M. J. (2021). The influence of duration, arm crossing style, gender, and emotional closeness on hugging behaviour. *Acta Psychologica, 221*, 103441. <https://doi.org/10.1016/j.actpsy.2021.103441>.

[42] Cohen, S., Janicki-Deverts, D., Turner, R. B., y Doyle, W. J. (2015). Does hugging provide stress-buffering social support? A study of susceptibility to upper respiratory infection and illness. *Psychological Science, 26*(2), 135-147. <https://doi.org/10.1177/0956797614559284>; Murphy, M. L. M., Janicki-Deverts, D., y Cohen, S. (2018). Receiving a hug is associated with the attenuation of negative mood that occurs on days with interpersonal conflict. *PLOS ONE, 13*(10), e0203522. <https://doi.org/10.1371/journal.pone.0203522>; Romney, C. E., Arroyo, A. C., Robles, T. F., y Zawadzki, M. J. (2023). Hugs and cortisol awakening response the next day: An ecological momentary assessment study. *International Journal of Environmental Research and Public Health, 20*(7), 5340. <https://doi.org/10.3390/ijerph20075340>; Hajek, A., Stickley, A., Zwar, L., Peltzer, K., Pengpid, S., y Gyasi, R. M. (2025). Association of hugs with depression, anxiety, and suicidal ideation: Findings based on data from the general adult population in Germany. *Journal of Public Health (Berl.)*. <https://doi.org/10.1007/s10389-025-02627-6>; Packheiser, J., Sommer, L., Wüllner, M., Malek, I. M., Reichart, J. S., Katona, L.,

Luhmann, M., y Ocklenburg, S. (2024). A comparison of hugging frequency and its association with momentary mood before and during COVID-19 using ecological momentary assessment. *Health Communication, 39*, 951-959. <https://doi.org/10.1080/10410236.2023.2198058>.

[43] Vostok 6. (s. f.). *T01E09 – Mar Cabra* [Pódcast, episodio]. <https://omny.fm/shows/vostok-6/t01e09-mar-cabra>.

[44] Docter, P., y Del Carmen, R. (Directores). (2015). *Inside Out* [Película]. Walt Disney Pictures / Pixar Animation Studios.

[45] Nummenmaa, L., Glerean, E., Hari, R., y Hietanen, J. K. (2014). Bodily maps of emotions. *Proceedings of the National Academy of Sciences, 111*(2), 646-651. <https://doi.org/10.1073/pnas.1321664111>.

Capítulo 7: El corazón

[1] Nieman Foundation for Journalism. (s. f.). *Nieman Fellowships*. <https://nieman.harvard.edu/fellowships/>; John S. Knight Journalism Fellowships. (s. f.). *JSK Stanford*. <https://jsk.stanford.edu/>.

[2] National Institute on Aging. (s. f.). *NIA On Demand*. <https://niaondemand.com/>; National Institute on Aging. (s. f.). *NIA Now*. <https://nianow.com/>.

[3] Nieman Foundation for Journalism. (s. f.). *Nieman Foundation for Journalism at Harvard announces the 82nd class of Nieman Fellows*. <https://nieman.harvard.edu/nieman foundation-for-journalism-at-harvard-announces-the-82nd-class-of-nieman-fellows>; Knight Journalism Fellowships. (2020). *Meet the international fellows for the John S. Knight Journalism Fellowships class of 2020. Medium*. <https://me

dium.com/@JSKstanford/meet-the-international-fellows-for-the-john-s-knight-journalism-fellowships-class-of-2020-6485d5f8619e>.

[4] Kübler-Ross, E. (1969). *On death and dying.* Scribner; Kübler-Ross, E. (1975). *Sobre la muerte y los moribundos.* Grijalbo.

[5] Rozin, P., y Royzman, E. B. (2001). Negativity bias, negativity dominance, and contagion. *Personality and Social Psychology Review, 5*(4), 296-320; Ito, T. A., Larsen, J. T., Smith, N. K., y Cacioppo, J. T. (1998). Negative information weighs more heavily on the brain. *Journal of Personality and Social Psychology, 75*(4), 887-900.

[6] Stanford University. (2005, junio). *You've got to find love in your jobs, says...* <https://news.stanford.edu/stories/2005/06/youve-got-find-love-jobs-says>.

[7] YouTube. (s. f.). [Vídeo]. <https://www.youtube.com/watch?v=GKSRyLdjsPA&ab_channel=SiaVEVO>.

[8] YouTube. (s. f.). [Vídeo]. <https://www.youtube.com/watch?v=09Jeyu4-Fcc&ab_channel=MichaeldeGroot>.

[9] Dweck, C. S. (2006). *Mindset: The new psychology of success.* Random House; Dweck, C. S. (2017). *Mindset: La actitud del éxito* (M. López, Trad.). Editorial Deusto.

[10] YouTube. (s. f.). [Vídeo]. <https://www.youtube.com/watch?v=1_zgKRBrT0Y&ab_channel=capoVEVO>.

[11] Lonely Planet. (s. f.). *Cerro Chirripó.* <https://www.lonelyplanet.es/america-del-norte-y-central/costa-rica/imprescindible/cerro-chirripo>.

[12] Bowler, D. E., Buyung-Ali, L. M., Knight, T. M., *et al.* (2010). A systematic review of evidence for the added benefits to health of exposure to natural environments. *BMC Public Health, 10*, 456. <https://doi.org/10.1186/1471-2458-10-456>;

McDonnell, A. S., y Strayer, D. L. (2024). The influence of a walk in nature on human resting brain activity. *Scientific Reports, 14*, 27253. <https://doi.org/10.1038/s41598-024-78508-x>; Logan, A. C., y Selhub, E. M. (2012). Vis medicatrix naturae: Does nature "minister to the mind"? *Biopsychosocial Medicine, 6*(1), 11. <https://doi.org/10.1186/1751-0759-6-11>; Shuda, Q., Bougoulias, M. E., y Kass, R. (2020). Effect of nature exposure on perceived and physiologic stress. *Complementary Therapies in Medicine, 53*, 102514. <https://doi.org/10.1016/j.ctim.2020.102514>.

[13] Sudimac, S., Sale, V., y Kühn, S. (2022). How nature nurtures: Amygdala activity decreases as the result of a one-hour walk in nature. *Molecular Psychiatry, 27*(11), 4446-4452. <https://doi.org/10.1038/s41380-022-01720-6>; Sudimac, S., y Kühn, S. (2024). Can a nature walk change your brain? *Environmental Research, 262*(1), 119813. <https://doi.org/10.1016/j.envres.2024.119813>.

[14] La Nación. (s. f.). *Muere atleta de 54 años en carrera del Chirripó*. <https://www.nacion.com/puro-deporte/otros-deportes/muere-atleta-de-54-anos-en-carrera-del-chirripo/N473KJREMVCM3AJ5HQTN4XKT7I/story/>; Carrera Chirripó. (s. f.). *Información de la carrera*. <https://www.carrerachirripo.com/informacion-de-la-carrerra/>.

[15] Kantrowitz, J. (2019). [Publicación en X]. <https://x.com/justinkan/status/1099368044759941120>.

[16] Brooks, D. (2019). *The second mountain: The quest for a moral life*. Random House; Brooks, D. (2020). *La segunda montaña: La búsqueda de una vida con sentido* (A. Pareja Rodríguez, Trad.). Gaia Ediciones.

[17] Seelig, T. (2012). *inGenius: A crash course on creativity*. HarperOne; Catmull, E., y Wallace, A. (2014). *Creativity, Inc.:*

Overcoming the unseen forces that stand in the way of true inspiration. Random House; Catmull, E., y Wallace, A. (2018). *Creatividad, S. A.: Cómo llevar la inspiración hasta el infinito y más allá*. Conecta.

[18] Aristarain, A. (Director). (1997). *Martín (Hache)* [Película]. Tornasol Films / Alta Films.

[19] Soderbergh, S. (Director). (2019). *The laundromat: Dinero sucio* [Película]. Netflix / Fingerprint Releasing.

[20] International Consortium of Investigative Journalists. (s. f.). *Pop culture and the Panama Papers: Music*. <https://www.icij.org/investigations/panama-papers/pop-culture-panama-papers-music/>.

[21] Hay un libro, posterior a mis intentos, que desarrolla esta idea: Le Cunff, A. (2025). *Tiny experiments: How to live freely in a goal-obsessed world*. Profile Books Ltd.

Capítulo 8: La mente

[1] YouTube. (s. f.). [Vídeo]. <https://www.youtube.com/watch?v=IFGNOyrNuj4>.

[2] Boletín Oficial del Estado. (2020). *Real Decreto 463/2020, de 14 de marzo*. <https://www.boe.es/buscar/act.php?id=-BOE-A-2020-3692>; Presidencia del Gobierno de España. (2020, 13 de marzo). *Intervención del presidente del Gobierno*. <https://www.lamoncloa.gob.es/presidente/intervenciones/Paginas/2020/prsp20200313.aspx>.

[3] RTVE. (2025, 13 de marzo). *España después de la COVID-19: Datos de muertes y economía*. <https://www.rtve.es/noticias/20250313/espana-despues-covid-19-datos-muertes-economia/16488142.shtml>.

[4] World Health Organization. (s. f.). *Coronavirus disease (COVID-19).* <https://www.who.int/es/news-room/fact-sheets/detail/coronavirus-disease-%28covid-19%29>.

[5] CNBC. (2019, 19 de noviembre). *Microsoft Teams reaches 20 million daily active users.* <https://www.cnbc.com/2019/11/19/microsoft-teams-reaches-20-million-daily-active-users.html>; Newton, C. (2020, 29 de abril). *Microsoft Teams now has 75 million daily active users. The Verge.* <https://www.theverge.com/2020/4/29/21241972/microsoft-teams-75-million-daily-active-users-stats>; Newton, C. (2020, 30 de abril). *Zoom says it has 300 million meeting participants, not users. The Verge.* <https://www.theverge.com/2020/4/30/21242421/zoom-300-million-users-incorrect-meeting-parti cipants-statement>.

[6] YouTube. (s. f.). [Vídeo]. <https://www.youtube.com/watch?app=desktop&v=oiKj0Z_Xnjc>.

[7] International Center for Journalists. (s. f.). *Journalism and the pandemic survey.* <https://www.icfj.org/our-work/journalism-and-pandemic-survey>.

[8] The Self-Investigation. (s. f.). *Special posts anniversary.* <https://theselfinvestigation.com/special-posts-anniversary/>.

[9] Sádaba, I. (2020, 8 de mayo). Tecnosaturados por el confinamiento. *El País.* <https://elpais.com/tecnologia/2020-05-08/tecnosaturados-por-el-confinamiento-abuela-que-quieres-que-te-cuente-si-cada-dia-es-igual.html>.

[10] Sádaba, I. (2020, 27 de junio). Cuando la mente cae esclava de la tecnología. *El País.* <https://elpais.com/tecno logia/2020-06-27/cuando-la-mente-cae-esclava-de-la-tecnologia.html>.

[11] El Confidencial. (s. f.). *Tecnosaludables.* <https://blogs.alimente.elconfidencial.com/bienestar/tecnosaludables/>.

[12] Microsoft. (s. f.). *Work trend index: Hybrid work.* <https://www.microsoft.com/en-us/worklab/work-trend-index/hybrid-work>.

[13] Hari, J. (2022). *Stolen focus: Why you can't pay attention—and how to think deeply again.* Crown Publishing Group; Hari, J. (2023). *El valor de la atención* (Trad.). Ediciones Península.

[14] Spira, J. B. (2011). *Overload!: How too much information is hazardous to your organization.* Wiley.

[15] Mark, G. (2023). *Attention span.* Hanover Square Press; Mark, G. (2023). *Cómo recuperar la capacidad de atención.* Urano World; Mark, G., González, V. M., y Harris, J. (2005). No task left behind? En *Proceedings of the SIGCHI Conference on Human Factors in Computing Systems* (pp. 321-330). ACM Press.

[16] Watson, J. M., y Strayer, D. L. (2010). Supertaskers. *Psychonomic Bulletin & Review, 17*, 479-485. <https://doi.org/10.3758/PBR.17.4.479>.

[17] Rubinstein, J. S., Meyer, D. E., y Evans, J. E. (2001). Executive control of cognitive processes in task switching. *Journal of Experimental Psychology: Human Perception and Performance, 27*(4), 763-797. <https://doi.org/10.1037/0096-1523.27.4.763>.

[18] Uncapher, M. R., y Wagner, A. D. (2018). Minds and brains of media multitaskers. *PNAS, 115*(40), 9889-9896. <https://doi.org/10.1073/pnas.1611612115>.

[19] Flowtrace. (s. f.). *State of meetings report.* <https://www.flowtrace.co/collaboration-blog/state-of-meetings-report>; Archie. (s. f.). *Meeting statistics.* <https://archieapp.co/blog/meeting-statistics/>; Fellow. (2024). *State of meetings 2024.* <https://fellow.ai/resources/state-of-meetings-2024>; Calendly. (2024). *State of meetings report.* <https://calendly.

com/resources/guides/2024-state-of-meetings-report>; Otter.ai. (s. f.). *Meeting statistics.* <https://otter.ai/blog/meeting-statistics>; Atlassian. (s. f.). *The psychological price of meetings.* <https://www.atlassian.com/blog/workplace-woes-meetings>; Calendar.com. (s. f.). *The psychological price of meetings.* <https://www.calendar.com/blog/the-psychological-price-of-meetings/>.

[20] Adecco Institute. (2022). *Tendencias empresariales.* <https://www.adeccoinstitute.es/wp-content/uploads/2022/07/AF-tendencias-empresariales.pdf>.

[21] Otter.ai. (s. f.). *The cost of unnecessary meeting attendance.* <https://go.otter.ai/hubfs/Report_The%20Cost%20of%20Unnecessary%20Meeting%20Attendance.pdf>.

[22] Fortune. (2023, 14 de julio). *Shopify CFO meeting cost calculator.* <https://fortune.com/2023/07/14/shopify-cfo-meeting-cost-calculator/>.

[23] Bailenson, J. N. (2021). Nonverbal overload. *Technology, Mind, and Behavior, 2*(1). <https://doi.org/10.1037/tmb0000030>.

[24] Grant, A. M. (2022). [Publicación en X]. <https://x.com/AdamMGrant/status/1575919115621249025>.

[25] Cao, H., Lee, C.-J., Iqbal, S., *et al.* (2021). Large scale analysis of multitasking behavior during remote meetings. En *CHI '21 Proceedings*. ACM. <https://doi.org/10.1145/3411764.3445243>.

[26] TED. (s. f.). *Why meetings suck—and how to fix them* [Pódcast]. <https://www.ted.com/podcasts/worklife/why-meetings-suck-and-how-to-fix-them-transcript>.

[27] Asana. (s. f.). *No-meeting Wednesdays.* <https://asana.com/es/inside-asana/no-meeting-wednesdays>; Whereby. (s. f.). *Dave King wants you to keep your Wednesdays to yourself.*

<https://whereby.com/blog/asana-dave-king-wants-you-to-keep-your-wednesdays-to-yourself/>.

[28] MIT Sloan Management Review. (s. f.). *The surprising impact of meeting-free days.* <https://sloanreview.mit.edu/article/the-surprising-impact-of-meeting-free-days/>.

[29] Korn Ferry. (s. f.). *Monday meetings and engagement.* <https://www.kornferry.com/insights/this-week-in-leadership/monday-meetings-workplace-engagement>; TeamStage. (s. f.). *Meeting statistics.* <https://teamstage.io/21-monumental-meeting-statistics/>.

[30] Roh, T., Esomonu, C., Hendricks, J., *et al.* (2023). Examining workweek variations in computer usage patterns. *PLOS ONE, 18*(7), e0287976. <https://doi.org/10.1371/journal.pone.0287976>.

[31] El Periódico. (2025, 25 de abril). *El exceso de reuniones pone en riesgo la productividad.* <https://www.elperiodico.com/es/economia/20250425/exceso-reuniones-trabajo-ponen-productividad-116732958>.

[32] El País. (2023, 17 de abril). *Así serán las nuevas reuniones.* <https://elpais.com/economia/negocios/2023-04-17/asi-seran-las-nuevas-reuniones-se-acabo-calentar-la-silla-en-el-trabajo.html>.

[33] The New York Times. (2021, 24 de marzo). *Citi's Zoom-Free Fridays.* <https://www.nytimes.com/2021/03/24/business/citi-zoom-free-fridays.html>; Fraser, J. (s. f.). *The way we were, and now. LinkedIn.* <https://www.linkedin.com/pulse/way-we-were-now-jane-fraser/>.

[34] Microsoft. (s. f.). *Brain research.* <https://www.microsoft.com/en-us/worklab/work-trend-index/brain-research>.

[35] Superhuman. (2021). *Workplace wellness report.* <https://blog.superhuman.com/workplace-wellness-report-2021/>.

[36] Radicati Group. (s. f.). *Email statistics.* <https://www.radicati.com/?p=17209>; Radicati Group. (2015). *Email statistics report 2015-2019.* <https://www.radicati.com/wp/wp-content/uploads/2015/02/Email-Statistics-Report-2015-2019-Executive-Summary.pdf>.

[37] Giurge, L. M., y Bohns, V. K. (2021). You don't need to answer right away! *Organizational Behavior and Human Decision Processes, 167*, 114-128. <https://doi.org/10.1016/j.obhdp.2021.08.002>.

[38] Microsoft. (s. f.). *Breaking down the infinite workday.* <https://www.microsoft.com/en-us/worklab/work-trend-index/breaking-down-infinite-workday>.

[39] United Nations. (1948). *Universal declaration of human rights.* <https://www.un.org/en/about-us/universal-declaration-of-human-rights>.

[40] Eurofound. (2023). *Right to disconnect.* Publications Office of the European Union.

[41] Le Monde. (2022, 12 de mayo). *France Telecom suicides.* <https://www.lemonde.fr/en/france/article/2022/05/12/france-telecom-suicides-angry-defendants-at-start-of-appeal-hearing_5983270_7.html>; The New York Times. (2019, 20 de diciembre). *France Telecom suicides.* <https://www.nytimes.com/2019/12/20/world/europe/france-telecom-suicides.html>.

[42] European Parliament Research Service. (2020). *The right to disconnect.* <https://www.europarl.europa.eu/RegData/etudes/BRIE/2020/642847/EPRS_BRI(2020)642847_EN.pdf>.

[43] España. BOE. (2018). *Ley Orgánica 3/2018, de 5 de diciembre, de protección de datos personales y garantía de los derechos digitales. Boletín Oficial del Estado.* <https://www.

boe.es/buscar/act.php?id=BOE-A-2018-16673>; España. BOE. (2020). *Real Decreto-ley 28/2020, de 22 de septiembre, de trabajo a distancia. Boletín Oficial del Estado.* <https://www.boe.es/buscar/act.php?id=BOE-A-2020-11458>.

[44] Eurofound. (2023). *Right to disconnect.*

[45] Rua, M., y Fernández, P. M. (2021). *Cómo domar tus pantallas.* Conecta.

[46] International Journalism Festival. (2023). *Staying sane and healthy as a journalist.* <https://www.journalismfestival.com/programme/2023/staying-sane-and-healthy-as-a-journalist-in-an-always-on-culture>.

[47] Shlain, T. (2019). *24/6: The power of unplugging one day a week.* Gallery Books.

[48] El País. (2025, 3 de mayo). *Las bajas laborales por salud mental no paran de crecer.* <https://elpais.com/sociedad/2025-05-03/las-bajas-laborales-por-salud-mental-no-paran-de-crecer-sanidad-y-educacion-los-sectores-mas-afectados.html>.

[49] World Health Organization. (s. f.). *Mental health at work.* <https://www.who.int/news-room/fact-sheets/detail/mental-health-at-work>.

[50] El País. (2021, 17 de marzo). *"Vete al médico".* <https://elpais.com/espana/2021-03-17/vete-al-medico-el-grito-de-un-diputado-del-pp-a-errejon-en-el-congreso-mientras-hablaba-de-los-problemas-de-salud-mental.html>.

[51] Olympics. (s. f.). *Simone Biles y la salud mental.* <https://www.olympics.com/es/noticias/simone-biles-exclusiva-salud-mental-gimnasia-influencia-debate>; CNN. (2021, 27 de julio). *Simone Biles steps back.* <https://edition.cnn.com/2021/07/27/sport/simone-biles-tokyo-2020-olympics>.

[52] European Commission. (s. f.). *In this together.* <https://health.ec.europa.eu/inthistogether_en>.

[53] Forbes España. (s. f.). *Top 50 españoles más premiados.* <https://forbes.es/forbes-top-50-espanoles-mas-premiados/>.

Capítulo 9: La comunidad

[1] Harvard Study of Adult Development. (s. f.). *Grant and Glueck Study.* <https://www.adultdevelopmentstudy.org/grantandglueckstudy>; Waldinger, R., y Schulz, M. (2023). *The good life: Lessons from the world's longest scientific study of happiness.* Simon & Schuster. ISBN 978-1982166694.

[2] TED-Ed. (s. f.). *Lesson.* <https://ed.ted.com/lessons/zt8LPHB1>.

[3] Gallup. (2023). *People worldwide feel lonely a lot.* <https://news.gallup.com/poll/646718/people-worldwide-feel-lonely-lot.aspx>; Soledades. (s. f.). *Soledades.* <https://www.soledades.es/>.

[4] Jonze, S. (Director). (2013). *Her* [Película]. Annapurna Pictures / Warner Bros. Pictures.

[5] Acumen. (s. f.). *Nuestro manifiesto.* <https://acumen.org/es/nuestro-manifiesto/>.

[6] Goldman Sachs. (2021, febrero). *Working Conditions Survey.* <https://drive.google.com/file/d/1jyeu-wvS3Z10xQ0BlMIDOkh_INoP_Nnb/view>.

[7] El País. (2021, 27 de abril). *Auditores de EY en España denuncian semanas de trabajo de 84 horas.* <https://elpais.com/economia/2021-04-27/auditores-de-ey-en-espana-denuncian-ante-sus-superiores-semanas-de-trabajo-de-84-horas-es-insostenible.html>.

[8] World Health Organization. (2021, 17 de mayo). *Long*

working hours increasing deaths from heart disease and stroke: WHO/ILO. <https://www.who.int/news/item/17-05-2021-long-working-hours-increasing-deaths-from-heart-disease-and-stroke-who-ilo>.

[9] MIT Sloan Management Review. (s. f.). *Toxic culture is driving the Great Resignation.* <https://sloanreview.mit.edu/article/toxic-culture-is-driving-the-great-resignation/>.

[10] UKG. (s. f.). *Mental health at work: Managers and money.* <https://www.ukg.com/learn/resources/white-paper/mental-health-work-managers-and-money>.

[11] International Bar Association. (s. f.). *Mental wellbeing in the legal profession.* <https://www.ibanet.org/document?id=IBA-report-Mental-Wellbeing-in-the-Legal-Profession-Spanish>; Cuadernos de Periodistas. (2025). *Artículo.* <https://www.cuadernosdeperiodistas.com/wp-content/uploads/sites/2/2025/01/67_76-Mar-Cabra.pdf>; Éxito Educativo. (s. f.). *La carga burocrática y el estrés docente.* <https://exitoeducativo.net/la-carga-burocratica-los-cambios-legislativos-o-el-estres-que-genera-la-formacion-continua-situan-a-1-de-cada-3-docentes-al-borde-de-la-depresion/>; Fundación ICAM. (s. f.). *I estudio sobre salud mental de la abogacía madrileña.* <https://fundacion.icam.es/i-estudio-sobre-salud-mental-de-la-abogacia-madrilena-el-icam-rompe-el-tabu-de-la-salud-mental-en-el-sector-legal/>; Mind. (s. f.). *Mental wellness in hospitality.* <https://www.mind.org.uk/news-campaigns/campaigns/mental-health-at-work-commitment/case-studies/mental-wellness-in-hospitality-using-my-experiences-to-change-the-workplace/>; Inter-American Development Bank. (s. f.). *El factor invisible.* <https://publications.iadb.org/es/el-factor-invisible-bienestar-y-salud-mental-para-fortalecer-el-ecosistema-emprendedor-de-alto>.

[12] Presidencia del Gobierno de España. (2023). *Informe sobre salud mental.* <https://www.lamoncloa.gob.es/serviciosdeprensa/notasprensa/trabajo14/Documents/2023/170323-informe-salud-mental.pdf>; Benach, J. (Coord.). (2025). *Precarios, inestables y estresados.* Ministerio de Trabajo y Economía Social.

[13] Mani, A., Mullainathan, S., Shafir, E., y Zhao, J. (2013). Poverty impedes cognitive function. *Science, 341*, 976. <https://doi.org/10.1126/science.1238041>.

[14] Fleming, W. J. (2024). *Employee well-being outcomes from individual-level mental health interventions: Cross-sectional evidence from the United Kingdom. Industrial Relations Journal, 55*(2), 162-182. <https://doi.org/10.1111/irj.12418>.

[15] World Wellbeing Movement. (2025). *Playbook 2025.* <https://worldwellbeingmovement.org/playbook-2025/>.

[16] Fan, W., Schor, J. B., Kelly, O., *et al.* (2025). Work time reduction via a 4-day workweek. *Nature Human Behaviour, 9*, 2153-2168. <https://doi.org/10.1038/s41562-025-02259-6>.

[17] De Neve, J.-E., y Ward, G. (2025). *Why workplace well-being matters.* Harvard Business Press.

[18] UKG. (s. f.). *Mental health at work: Managers and money.* <https://www.ukg.com/learn/resources/white-paper/mental-health-work-managers-and-money>.

[19] World Health Organization. (s. f.). *Mental health at work.* <https://www.who.int/publications/i/item/9789240053052>; World Health Organization. (s. f.). *Guidelines on mental health at work.* <https://www.who.int/publications/i/item/9789240057944>.

[20] Henderson, C., Evans-Lacko, S., y Thornicroft, G. (2013). Mental illness stigma, help seeking, and public health

programs. *American Journal of Public Health, 103*(5), 777-780. <https://doi.org/10.2105/AJPH.2012.301056>; Hanisch, S. E., Twomey, C. D., Szeto, A. C. H., *et al.* (2016). The effectiveness of interventions targeting the stigma of mental illness at the workplace. *BMC Psychiatry, 16*, 1. <https://doi.org/10.1186/s12888-015-0706-4>.

[21] Condé Nast Store. (s. f.). *Nothing but the truth.* <https://condenaststore.com/featured/nothing-but-the-truth-tom-chitty.html>.

[22] Kravets, M. (2025). *Analysis of the impact of one-on-one meetings on employee retention and motivation in distributed teams.* Zenodo. <https://doi.org/10.5281/zenodo.14649798>.

[23] Google re:Work. (s. f.). *Understanding team effectiveness.* <https://rework.withgoogle.com/intl/en/guides/understanding-team-effectiveness/>; Duhigg, C. (2016, 28 de febrero). *What Google learned from its quest to build the perfect team. The New York Times.* <https://www.nytimes.com/2016/02/28/magazine/what-google-learned-from-its-quest-to-build-the-perfect-team.html>; Edmondson, A. C. (2018). *The fearless organization.* Wiley; Edmondson, A. C. (2024). *La organización sin miedo.* Arpa Editorial.

[24] Friendship Bench. (s. f.). *Friendship Bench.* <https://www.friendshipbench.org/>; The Confess Project. (s. f.). *The Confess Project of America.* <https://theconfessprojectofamerica.org/>.

[25] El Periódico de Aragón. (2022, 30 de septiembre). *Mar Cabra: ganar el Pulitzer trabajando la salud mental.* <https://www.elperiodicodearagon.com/aragon/2022/09/30/mar-cabra-ganar-pulitzer-trabajando-salud-mental-76436119.html>.

[26] YouTube. (s. f.). [Vídeo]. <https://www.youtube.com/live/rgW_3CkUouA>.

[27] Novogratz, J. (2020). *Manifesto for a moral revolution*. Henry Holt and Company; Novogratz, J. (2021). *Manifiesto para una revolución moral* (V. Puertollano López, Trad.). Deusto / Ariel.

[28] Grant Thornton. (s. f.). *El desafío de la diversidad generacional en la empresa*. <https://www.grantthornton.es/especiales/el-desafio-de-la-diversidad-generacional-en-la-empresa/>.

[29] Gallup. (s. f.). *Generation disconnected*. <https://www.gallup.com/workplace/404693/generation-disconnected-data-gen-workplace.aspx>.

[30] The Burnt Chef Project. (s. f.). *The Burnt Chef Project*. <https://www.theburntchefproject.com/>.

[31] Diego Teca. (2021). [Publicación en X]. <https://x.com/diegoteca/status/1377317300534120450>.

[32] Ancla. (s. f.). *Ancla*. <https://ancla.life/>; Spotify. (s. f.). [Pódcast]. <https://open.spotify.com/show/2I0sq8YuoNBSkBAf5ePyHH>.

[33] Riky Rick Foundation. (s. f.). *Riky Rick Foundation*. <https://www.rikyrickfoundation.co.za/>.

[34] The Wellbeing Project. (s. f.). *The Wellbeing Project*. <https://wellbeing-project.org/>.

[35] Inquiring Mind. (s. f.). *Thich Nhat Hanh*. <https://inquiringmind.com/article/1002_41_thich-nhat_hanh/>.

[36] The Self-Investigation. (s. f.). *The Self-Investigation*. <https://theselfinvestigation.com/>.

[37] Ashoka. (s. f.). *Ashoka*. <https://www.ashoka.org/es-es>.

[38] Ware, B. (2011). *The top five regrets of the dying*. Hay House; Ware, B. (2013). *De qué te arrepentirás antes de morir* (Trad.). Grijalbo Mondadori.

[39] TED. (s. f.). *How trees talk to each other*. <https://www.ted.com/talks/suzanne_simard_how_trees_talk_to_each_other>.

AGRADECIMIENTOS

Hay un proverbio africano que me encanta: «Se necesita un pueblo para criar a un niño». Me voy a permitir adaptarlo a estas circunstancias: «Se necesita un pueblo para sacar a la luz un libro». Mi nombre está en la portada, pero detrás hay una red invisible de personas que me han apoyado para llegar hasta aquí y a hacerlo posible. Sin ellas, *Vivir a jornada completa* no existiría.

Para empezar, quiero aplicarme el mismo consejo que he compartido contigo en el capítulo «La comunidad» y me voy a poner primera de mi lista. Gracias a mi cuerpo, a mi mente y a mi corazón por sostenerse/sostenerme de la manera más equilibrada posible a lo largo de esta creación —y por darme las señales necesarias cuando me estaba pasando de la raya.

No estaríamos aquí, en Temas de Hoy, sin que su director, Sergi Álvarez, decidiera un día escribirme diciendo que estaba convencido de que podíamos «hacer un libro fascinante» juntos. Esta frase embaucadora no es lo que más me convenció, sino su cercanía y apoyo constante. Él comprende que la vida es más que trabajar. Publicar en este sello ha sido una experiencia profundamente humana, gracias a él y a la maravillosa edición de Andrea Bescós, que es un ángel profesionalmente brillante que ha hecho magia para que mis palabras llegaran de la mejor manera posible y que me ha recordado en numerosas ocasiones mi valor. También fueron vitales las aportaciones de mi primera editora, Sandra Beltrán. Le debo muchas cosas, entre ellas el título y un inicio más potente de esta obra. Ellos tres son las caras más visibles de un equipo extendido dentro de Planeta que me ha cuidado maravillosamente, en especial Narcís (que es un santo varón), los correctores de estilo y la gente de Twist Editors, los diseñadores y Elia Crego, Mireia Alonso y Clara Ferrer, las grandes mujeres detrás de prensa y márquetin. Gracias a su vez a los *coach* literarios del principio de esta aventura.

Ya he contado que no siempre le he dado el valor que se merece a mi familia y ahora quiero hacerlo. Mamá, aunque no vayas a poder leer esto, sabes que eres mi maestra de vida y que sin tu amor y sabiduría yo seguiría confundida sobre lo que verdaderamente es vivir. Papá, gracias por enseñarme el valor del trabajo y por hacerme creer que todo es posible, así como por estar ahí para mí en cualquier momento. Roci, gracias por enseñarme a ser más humana y por confrontarme cuando no estoy siendo coherente. Fali Valero, Miguel Ángel Cabra y Rocío Cabra: ¡os quiero infinito!

Mucho de lo que has leído no es mío. No me refiero solo a que cite a decenas de personas que han ido demostrando científicamente durante décadas la importancia del cuidado. Mis grandes maestras en gestión del estrés son Kim Brice y Aldara Martitegui. Gran parte de lo que he escrito lo he aprendido con ellas. Gracias por ser tan buenas compañeras de camino y por sumaros a la idea loca de emprender.

«¿Pero entonces de qué vives?», suele ser una pregunta frecuente que me hacen para saber en qué trabajo. A principios de 2026, mi principal dedicación laboral es la fundación The Self-Investigation, que creamos Kim, Aldara y yo allá por el año 2020. Ha habido momentos en los que me ha sido imposible compaginar mis funciones como directora ejecutiva con escribir este libro y he tenido la suerte de que nuestro excelente equipo me haya permitido mis periodos sabáticos de escritura. Gracias Paula, Silvia y Mariam por tirar del carro cuando no estaba y por seguir generando un impacto positivo en el mundo. Agradezco también a todas las personas expertas que colaboran con nosotras, especialmente a Emma Thomasson, cuyos materiales sobre seguridad psicológica y reuniones uno a uno han sido fuente de inspiración para lo que he escrito en estos temas.

Necesitaría más páginas de las que tengo para nombrar a todas las personas de mi comunidad que me han acompañado para llevar este proyecto a buen puerto, incluidas aquellas que han sido parte fundamental de mi camino en esta última década. El primero en ver claro que tenía que escribir un libro fue Jay, así que gracias por ser un visionario y plantar esta semilla que germinó muchos años después. Mi psicóloga, Paula, ha escuchado mis neuras con atención y me ha dado las herramientas necesarias para estar bien. Ha sido clave para mí sentir el abrazo silencioso de las familias de Ashoka, TRIPLE y Acumen, sobre todo de mi cohorte y los acuménicos almerienses. A su vez, estoy tremendamente agradecida a todas aquellas personas que han compartido conmigo su conocimiento a través de entrevistas, salgan o no en el texto final, y a los que han escrito recomendaciones para poder venderlo. Gracias Aaron, Almudena, Ana, Anita, Antoni, Borja, Carlota, Delia, Gustavo, Juan Pablo, Jordi, Kris, Kumi, Molo, Nacho, Nick, Sandrine y William. Entre ellos, un especial agradecimiento a Jacqueline Novogratz, que le ha puesto un mimo extraordinario a nuestra relación y con la que me ha encantado filosofar sobre el *burnout*.

No quiero dejar de mostrar mi gratitud a todos aquellos que cuidaron de mi madre durante su cáncer. Por un lado, están aquellos que me liberaron de mis funciones de cuidadora para poder escribir. Gracias a Yolanda, tío Cristóbal, tía Mariana y a mis vecinos Edu, Tanci y Yolanda, así como a las fieles amigas de mi madre. Por otro lado, están los que hicieron posible que su vida tuviera calidad hasta el final: doctores Custodio, Pérez Wert, Vilches y la psicooncóloga Rodríguez Nodal del Hospital de La Paz; Lola y Candela, de Emuná; doctor Calvo y la enfermera Marta; Julio de Ejercicio y Cáncer y Joao de la Escuela de Fisioterapia de la ONCE; además de la Asociación Española Contra el Cáncer.

«¿Cómo llevas tu libro?», es otra de las preguntas que he escuchado mucho durante este tiempo. Gracias a todos y todas los que os habéis interesado y me habéis dado el cariño necesario para levantarme cuando veía que esto no salía adelante. Aquí incluyo a la reina Letizia. Majestad, su interés genuino me sirvió como fuego cuando la llama se apagaba. Unas sinceras gracias por todo su trabajo para visibilizar la salud mental. Gracias también a los que no me apoyasteis y/o rechazasteis. Habéis sido personas catalíticas que me han hecho mejor.

Si sientes que has contribuido a este arduo proceso y no te he mencionado, discúlpame por favor. Soy humana. Gracias por tu contribución.

Y para finalizar, quiero mencionar a la última persona en hacer este libro posible: tú. Gracias por haberlo comprado. Espero que hayas sacado ideas útiles para poner en marcha en tu vida y que puedas, a partir de ahora, vivir a jornada completa.